당신의 일터에 하나님의 나라가
임하기를 축복합니다.

방선기 드림

출근하는 작은 예수

출근하는 작은 예수

지은이 | 방선기
초판 발행 | 2023. 6. 21
3쇄 발행 | 2024. 10. 2
등록번호 | 제1988-000080호
등록된 곳 | 서울특별시 용산구 서빙고로 65길 38
발행처 | 사단법인 두란노서원
영업부 | 2078-3333 FAX | 080-749-3705
출판부 | 2078-3331

책값은 뒤표지에 있습니다.
ISBN 978-89-531-4495-8 03230

독자의 의견을 기다립니다.
tpress@duranno.com www.duranno.com

* 본문에 인용한 성경 본문은 대한성서공회에서 펴낸 새번역판을 따랐습니다.

두란노서원은 바울 사도가 3차 전도여행 때 에베소에서 성령 받은 제자들을 따로 세워 하나님의 말씀으로 양육하던 장소입니다. 사도행전 19장 8-20절의 정신에 따라 첫째 목회자를 돕는 사역과 평신도를 훈련시키는 사역, 둘째 세계선교(TIM)와 문서선교 (단행본·잡지) 사역, 셋째 예수문화 및 경배와 찬양 사역, 그리고 가정·상담 사역 등을 감당하고 있습니다. 1980년 12월 22일에 창립된 두란노서원은 주님 오실 때까지 이 사역들을 계속할 것입니다.

방선기의 하나님 나라와 일터 신학

출근하는 작은 예수

방선기 지음

두란노

차례

3

구약 성경 속 하나님 나라와 일

4

예수님이 보이신 하나님 나라와 일

교회 울타리 안은 거룩한 영역으로, 일터는 세속적인 영역으로 여기는 한국 교회의 고질적인 이원론은 성도들의 신앙을 왜곡시킨다. "은퇴하였으니 이제부터 하나님의 일을 해보려고 합니다"라는 말이 전형적인 이원론 신앙의 예다. 신앙생활이 생활신앙이 되지 못하는 것은 이러한 이원론에 사로잡혀 있기 때문이다.

오랫동안 일터 사역에 헌신해 오신 방선기 목사님께서 이러한 문제를 해결할 수 있는 귀한 책을 펴내신 것은 너무나 소중한 일이다. 이 책은 하나님 나라 신학으로 일터 신앙을 바로 세울 수 있는 기념비적인 책으로 평가될 수 있다. 성경적인 일의 신학에 기초하여 교회가 하나님 나라의 비전을 실현하는 공동체가 되려면 어떻게 존재해야 하는 것인지 잘 보여 준다. 이 책을 통해 일터와 하나님 나라 신학을 공부하고 적용하면 한국 교회가 이원론에서 벗어나 일터에 하나님 나라를 세우는 축복을 경험하게 될 것이라 확신한다.

이재훈 온누리교회 담임목사

직장 신우회 활동을 하면서 2% 부족함을 느끼던 내게 큰형이신 방선기 목사님은 고질적인 이원론의 문제 해결을 통해 일터 사역(workplace ministry)에 눈뜨고 일터 사역자로 세움 받게 해 주었기에 항상 감사한 마음이다.

그러나 일터 사역 중에도 허전함과 갈증이 있었는데, 이 책을 읽고 하나님 나라를 통해 꽉 채워지는 듯하다. 일터 사역에 하나님 나라가 들어오니 협소했던 안목이 넓어지고 새롭게 눈이 열린다. 난해한 신학적 용어가 아니라 성경 말씀을 통해 일터에서 하나님 나라 시민으로 어떻게 살아야 할지 쉽고 명확하게 콕 집어 가르쳐 준다. 일터 사역이 다시 한 번 한 단계 업그레이드 된 지평으로 나아가는 데 디딤돌이 되는 책의 출판을 축하하고 감사드린다.

방선오 명지전문대 교수, 《일터행전》 저자

주님을 영접한 후에 주기도문의 "(아버지) 뜻이 하늘에서 이룬 것같이 땅에서도 이루어지이다"라는 구절과 기독실업인회(CBMC)의 비전 "비즈니스 세계에 하나님 나라가 임하게 하라"를 보고 감동을 받았다. 그래서 하나님 나라가 비즈니스에 임하기 위해서는 어떻게 해야 할지 고민하던 중 방선기 목사님께 일터 신학에 대해 배우게 되었다.

이 책을 보니, 지난 시간 내가 목사님에게서 하나님 나라와 일터에 대해 배운 것을 정리한 것처럼 느껴졌다. 자신의 비즈니스에 하나님 나라가 임하기를 원하는 사람들이 이 책을 꼭 읽으면 좋겠다. 함께 동역해 온 CBMC 회원은 물론 일터 사역에 관심 있는 모든 분들에게 이 책을 강력하게 추천한다.

호미해 ㈜메리퀸 대표, 일터개발원 상임이사

'하나님 나라'는 시간이나 장소의 개념이 아니라 하나님의 통치가 임하는 모든 영역이다. 그러므로 가장 많은 시간을 보내는 일터에 하나님 나라가 임하게 하는 것은, 그리스도인의 당연한 의무이다. 그러나 막상 일터 현장에 나서면 무엇을 어떻게 해야 할지 어려움을 느끼기 마련이다. 《출근하는 작은 예수》는 구약과 신약을 두루 오가며 성경 말씀을 통해 풍부한 사례와 근거뿐 아니라, 현 시대에 맞는 다양한 대안까지 제시하고 있다. 하나님 나라를 일터 속에 이루는 것이 구체적으로 어떤 것인지 이해를 돕는 좋은 책이다.

특히 기업을 경영하는 입장에서 '킹덤 컴퍼니'의 개념을 정확하게 정리해 주어 큰 도움이 된다. 경영인들에게 갈등을 일으키는 기업의 성장과 하나님 나라의 확장이라는 두 가지 목표를 동시에 이루어 가기 위한 균형점을 잡게끔 좋은 가이드라인이 되어 준다.

일터에 하나님의 나라를 세우고자 하는 신실한 그리스도인 직장인과 경영인들에게 이 책을 적극 추천한다.

류영석 ㈜썬앤쉴드 대표

일터에 부름 받은 자로 살아가는 그리스도인이자 온누리교회 일터 사역을 감당하는 지체로서 본질적인 질문이 쭉 있었다. '나를 구별하여 세우신 정체성과 사명은 무엇인가? 일과 일터, 하나님 나라에 대해 바르고 충분한 지식이 있는가? 일과 일터, 하나님 나라의 관계는 어떤 것인가? 하나님의 선하신 뜻에 따라 충성되게 살아 내고 사역하기 위한 관점, 하나님께서 이루실 열매 등은 무엇인가?' 이런 질문에 대한 답을 정리하는 데 애를 먹고 있었는데, 이 책을 통해 명쾌하게 정리되었다.

일터에서 그리스도인임을 드러내며 살아 내려고 결단한 성도(흩어진 교회 일터 사역자)나, 일터에서의 회복이 필요한 성도를 돕거나, 그리스도인을 일터로 파송하는 사역을 하는 성도(모인 교회 일터 사역자) 모두에게 꼭 필요한 책이라 생각한다. 하나님 나라를 세우는 동역자로서 이 귀한 책을 일독하기를 기쁨과 감사하는 마음으로 추천한다.

오세현 경영 컨설턴트

하나님 나라와 일터의 연결

일터 사역에 헌신한 지 벌써 30년이 흘렀다. 처음 시작할 때만 해도 일터 사역에 대한 이해가 없어서 그저 직장 선교의 연장으로 생각했다. 신우회 같은 조직을 만들어 예배드리거나 그리스도인 기업인이 경영하는 기업 내에서 예배드리는 사역쯤으로 이해했다. 복음 사역에 좀 더 관심이 있는 사람들은 여기서 만족하지 않고, 동료 직원이나 동료 기업인들에게 복음을 전하는 전도 사역으로 발전시켰다. 이 둘은 지역 교회로만 제한했던 예배와 전도 활동을 일터 현장으로 옮겼다는 면에서 역사적으로 의미 있는 변화였다.

그러나 직장 선교는 직장이라는 삶의 현장을 지나치게 종교적으로만 접근했기에 예배와 전도를 강조할 뿐, 일이나 삶 자체를 복음과 연결시키지는 못했다. 나중에 깨달은 것은 사람들이 자신의 일터 자체에 관심을 가지고 감당해야 할 사역, 또 그들이 그러한 사역을 감당할 수 있도록 섬기는 것이 일터 사역이라는 사실이다. 바꿔 말하면 일터 사역은 그리스도인들이 세속 직장에서 하는 일을 신앙의 관점으로 이해하고, 삶을 통해 믿음을 드러내도록 돕는 사역이다. 이런 사역이 선행되어야 기존의 직장 선교도 제대로 이루어지고 열매 맺을 수 있다.

직장 선교 개념에서는 현장이 교회에서 일터로 바뀌었을 뿐 기본적인 내용은 예배와 전도였다. 그렇기에 예배와 복음 전도를 강조해 온 전통 복음주의 신학에서 사역의 신학적 근거를 찾기에 충분했다. 그런데 일터 사역으로의 변화를 위해서는 새로운 신학이 필요했다.

이를 위한 첫 번째 시도가 아마 기독교 세계관 운동이 아닌가 생각한다. 기독교 세계관 운동은 성경적 직업관을 강조하면서 믿음과 일의 관계에 이론적으로 접근했다. 아쉽게도 다소 지적이고 관념적인 운동이다 보니 일터에 있는 사람들의 삶에 영향을 주기에는 부족했다.

그즈음 나는 캐나다 리젠트신학교에서 폴 스티븐스(R. Paul Stevens) 교수와 교류하면서 일상생활의 신학이 일터 사역의 신학적인 근거가 될 수 있다고 생각했다. 특별히 로버트 뱅크스(Robert J. Banks)의 《일상생활 속의 그리스도인》(IVP, 1994)은 아주 중요한 책이다. 이 책은 그리스도인의 일상을 믿음과 연결시키는데 성경적으로도 충분히 설득력이 있고 시대의 변화에도 적절히 부응한다. 삶을 믿음과 연결시키다 보면 일상 중 아주 중요한 부분인 일과 일터를 빼놓을 수 없다. 그래서 나는 일터 사역을 뒷받침하는 신학으로 일상생활의 신학을 소개하기 시작했다. 더불어 이를 보완하기 위해 일반 은총의 개념을 적용하기도 했다. 그러나 이런 시도들의 성과에도 여전히 부족한 느낌을 지울 수 없었다.

그러다 일터 사역자들 가운데 '하나님 나라 신학'에 대한 관심이 점증하는 것을 보았다. 깊은 공감에도 하나님 나라 신학에 기초한 일터 사역을 다루는 것이 부담스러웠다. '하나님 나라'는 매우 중요한 만큼 다루기 힘든 주제이기에 신학적 소양이 부족한 내게 버겁다 느꼈다.

하지만 하나님 나라 신학에 대한 관심이 전문적인 신학자들이 아니라 일터 사역 헌신자들로부터 나왔기에, 점차 생각을 바꾸게 되었다. 그들은 '하나님 나라'라는 표현을 주저하지 않았다. 예를 들면, 한국기독실업인회(CBMC)의 주제 표어는 "비즈니스 세계에 하나님 나라가 임하게 한다"이다. 온누리교회 일터 사역부의 이름은 "일터에 하나님 나라를 세우자"의 약어인 "일하세"이다. 이 둘은 작은 예에 불과하지만 하나님 나라가 일터 사역의 신학적인 근거가 될 수 있음을 시사한다.

이런 변화들을 보면서 하나님 나라의 신학이 일터 사역의 기초가 될 수 있으며, 그렇게 하는 것이 하나님의 뜻이라고 생각하게 되었다. 한마디로 일터 사역을 제대로 이해하고 실천하기 위해서는 성경이 가르치는 하나님 나라에 대해서 제대로 알아야 한다는 것이다.

이 책은 성경에서 가르치는 중요한 주제이면서 우리 시대에 현실적으로 필요한 주제인 '하나님 나라'를, 이제 막 걸음마를 시작하는 일터 사역의 신학적인 근거로 삼아 보려는 시도이다. 그러기 위해 무엇보다 하나님 나라에 관한 신학적인 이해가 필요하며, 그다음으로 이것을 일과 현장과 연결하기 위해 일터 사역의 경험이 필요하다. 그런데 안타깝게도 하나님 나라에 관해서 해박한 지식을 가진 사람들 중에는 일터 사역의 경험이 있는 사람이 별로 없고, 반대로 일터 사역에 헌신한 사람들 중에는 하나님 나라에 관해 충분한 지식을 갖춘 사람이 많지 않다. 나 역시 그렇다. 하나님 나라와 일터의 관계를 신학적으로 연구하는 것은 전문 신학자들의 몫으로 남겨 두고, 나는 일터 사역의 경험을 하나님 나라와 연결하는 시도를 해보기로 했다. 그 결과가 바로 이 책이다.

앞서 소개한 두 표어("비즈니스 세계에 하나님 나라가 임하게 한다"와 "일터에 하나님 나라를 세우자")의 공통점은 일터 사역의 신학적 뿌리를 하나님 나라에서 찾은 것이다. 일터 사역에 대한 신학적인 수사로서는 아주 참신하고 효과적이다. 그러나 표어의 내용을 신학적으로 생각해 보면 고개를 갸우뚱하게 된다. 하나님 나라를 임하게 하는 것은 무엇을 의미하는가? 또 하나님 나라를 세운다는 의미는 무엇일까? 구체적으로 어떻게 하라는 것인지 대답하기가 쉽지 않다.

아마도 대부분의 그리스도인이 하나님 나라에 대해 수도 없이 들었지만 그것이 도대체 어떤 것인지 정확하게 알지 못하기 때문일 것이다.

신학자들이 두툼한 책들을 써 놓아도 일반 성도들이 이해하기에는 쉽지 않다. 그나마도 교회에서 제대로 가르치지 않기에 일반 성도들은 하나님 나라에 관한 피상적인 지식조차 없는 경우가 많다. 특히 비즈니스 세계나 일터와 연계하는 가르침은 정말 찾기가 어렵다. 혹 연계했다고 하더라도 여전히 질문이 남는다. "현재 이 땅에서 하나님 나라를 세우거나 하나님 나라를 임하게 하는 일은 과연 성도들이 해야 하는 일인가?", "가능한 일인가?", "어떻게 할 수 있는가?" 현재 일터가 우리가 기대하고 사모하는 하나님 나라가 될 수는 없다는 것을 우리는 너무도 잘 안다. 그러기에 하나님 나라에 대한 연구와 일터를 연계시키려는 노력 그리고 상황에 맞는 적합한 신학적 용어를 찾아내는 것이 필요하다.

이를 위해 기존에 알려진 하나님 나라에 대한 신학을 정리하기보다는 성경 속 일터와 관련된 내용들을 묵상하면서 이를 하나님 나라와 연결하며 정리했다. 그러기에 이 책에서 다루는 하나님 나라는 기존의 신학적인 내용과 약간의 차이가 있을 수도 있고, 신학적으로 부족한 부분도 있을 수 있다. 그것은 후에 누군가 보완하거나 수정해 주기를 기대한다.

이 책은 일터 현장에 있는 대다수의 평범한 그리스도인들에게, 성경이 말하는 하나님 나라가 그들의 현재 삶과 무관하지 않음을 알려 주기 위해서 쓰였다. 부디 이 책을 통해서 우리가 일터에서 하는 일이 하나님 나라와 어떤 관계가 있는지 이해하고, 하나님 나라 백성에게 일터의 삶이 얼마나 중요한지를 깨달았으면 한다. 자신이 일하는 곳에 하나님 나라가 임하도록 기도하고 헌신하는 사람들이 많아졌으면 좋겠다.

방선기

1

하나님 나라는
무엇인가?

하나님 나라는
언제 어디에?

전통적으로 하나님 나라는 천국 혹은 천당으로, 죽은 후에 예수 믿는 사람들이 가게 될 미지의 장소로 여겨졌다. 그리고 그 천국의 반대는 예수를 믿지 않는 사람이 가게 될 지옥이라고 믿었다. 그래서 '예수 천당 불신 지옥'이라는 아주 간단한 구호를 대표적인 전도 표어로 활용했다. 이 말은 비신자들에게는 아주 역겨운 말이 되었고, 신자들에게도 불편한 느낌을 주곤 한다. 그러면서 하나님 나라는 여전히 시간적으로 미래에 속한 것이며 비가시적인 공간으로 이해되어 왔다.

• 하나님 나라에 대한 오해

하나님 나라를 장소의 개념으로 생각하게 된 것은 마태복음에서 하나님 나라를 천국(하늘나라)으로 표현했기 때문이 아닌가 한다. 우리나라에서는 하늘나라를 천국으로 번역했고 실생활에서는 천국과 함께 천당이란 말을 사용했기에 장소적인 이미지가 강해진 것 같다. 장례와 관련된 찬송을 보아도 천국은 다 죽은 후에 가는 곳으로 묘사된다. 대부분의 장례 예배 설교를 들어 보면 천국을 살아 있는 성도들이나 그들의 삶과는 무관한 미래의 이야기로 간주하는 것을 알 수 있다.

이렇듯 하나님 나라를 '미래에 갈 어떤 장소'로 이해하면 현재 우리가 사는 곳에 적용할 수 없다. 굳이 적용하면 '지상 천국'이란 말로 바꾸어서 사용하는데 그것은 성경이 가르치는 천국이 아니다. 한편, '심령 천국'이나 '가정 천국'이라는 말을 종종 사용하기도 하는데, 신학적으로 평가하자면 성경적 표현이라고 하기에는 다소 부족하다.

하나님 나라를 미래에 속한 물리적 공간으로 생각한 것은 성경이 가르치는 하나님 나라를 온전히 이해하지 못하게 했으며, 결과적으로 기독교 신앙을 심각하게 오해하도록 만들었다. 만일 하나님 나라를 전통적인 의미에서만 이해한다면 "일터에 하나님의 나라가 임한다"는 말은 논리적으로 성립할 수가 없다. 미래에 우리가 살게 될 장소가 지금 일터에 임한다는 말은 신학적으로도 논리적으로도 말이 되지 않는다. 이것은 교회를 공간적인 건물로 이해할 때 "아굴라와 브리스가와 그 집에 모이는 교회가 다 함께, 주님 안에서 진심으로 문안합니다"(고전 16:19b)라는 말씀을 이해할 수 없는 것과 비슷하다. 어렸을 때 이 구절을 읽고는 '도대체 집에 얼마나 크기에 그 큰 예배당이 집 안에 들어갈 수 있을까?'라는 의문을 가진 적이 있다. 교회를 건물로 생각하는 사람이라면 얼마든지 할 수 있는 오해다. 하나님 나라도 미래에 가게 될 공간으로 이해하면 비슷한 오해가 일어날 수 있다.

· **하나님 나라는 통치의 개념**

원래 성경이 가르친 하나님 나라는 장소적 개념이 아니라 통치의 개념이다. 시간적으로는 미래에'만' 속한 것이 아니라 현실에'도' 이미 존재하는 것이다. 이를 이해하기 위해서 이 세상에 존재하는 국가와 비교해 보는 것이 큰 도움이 된다. 일반적으로 국가를 이루는 세 가지 요소는 주권, 영토, 국민이다. 하나님 나라도 국가라면 이 세 가지가 있어야 한다.

하나님 나라는 하나님께서 '주권'을 갖고 다스리시는 나라이다. 하나님 나라의 '국민'은 하나님을 믿는 사람들로 구성되지만 구성원은 시대와 상황에 따라 달라진다. 하나님 나라의 '영토'는 좀 더 애매하다. 하나님 나라는 한편으로는 하늘에 있다고도 할 수 있고, 지금 우리가 사는 이 땅에 있다고도 할 수 있다. 하나님 나라에 대한 변치 않고 확실한 진리는 주권이 하나님께 있는 나라라는 것이다. 그래서 신학자들은 하나님 나라(Kingdom of God)라는 표현 대신 하나님의 통치(Reign of God)라는 표현을 사용하기도 한다. 하나님 나라는 하나님의 통치가 이루어지는 것을 말한다.

•   **하나님 나라의 시작과 완성**

하나님 나라는 이미 이천 년 전에 예수님이 이 땅에 오셨을 때 시작되었다. 예수님은 "때가 찼다. 하나님의 나라가 가까이 왔다"(막 1:15a)고 하심으로 하나님 나라 시작을 알리셨다. 그리고 눈먼 사람을 보게 하고, 다리 저는 사람을 걷게 하고, 나병 환자를 낫게 하며, 듣지 못하는 사람이 듣게 하며, 죽은 사람을 살리시며, 가난한 사람에게 복음을 전하심으로 하나님 나라의 일면을 보여 주셨다(마 11:5). 또한 하나님의 능력을 힘입어 귀신들을 내쫓음으로 하나님 나라가 이미 온 것을 증거하셨다(눅 11:20). 빌라도의 법정에서는 그 당시 이스라엘을 식민 통치하던 빌라도에게 "내 나라는 이 세상에 속한 것이 아니오"라고 하시면서 자신이 그 나라의 왕인 것을 담대히 선포하셨다(요 18:36-37). 그리고 나서 십자가에서 우리 죄를 위한 대속의 죽음을 통해 하나님 나라를 대적하는 사탄의 세력을 정복하심으로써 하나님 나라를 개시하셨다(골 2:15). 그리고는 부활 후에 그 나라의 왕으로서 하늘과 땅의 모든 권세를 받았다고 선포하셨다(마 28:18). 이렇게 예수님은 이 땅에서 이미 하나님 나라를 시작하셨다. 그래서 사도 바울은 예수를 믿는 사람들을 하나님이 암흑의 권세에서 건져내어 '사랑하는 아들의 나라'로 옮겨 주셨다고 했던 것이다(골 1:13). 하나님 나라는 그때 이미 시작되었다.

물론 아직 그 나라가 완성되지는 않았다. 하나님 나라가 완성되는 것은 예수님이 다시 오실 때 이루어지므로 그것은 전적으로 미래에 속하는 일이다. 이 땅에 오셔서 하나님 나라를 시작하신 예수님은 나중에 다시 오셔서 하나님 나라를 완성시킬 것이다(살전 4:16-17). 그 나라가 완성되었을 때의 모습은 지금 우리가 사는 하늘과 땅과 크게 다를 것인데, 이를 표현하는 말이 "새 하늘과 새 땅"이다(벧후 3:10-13; 계 21:1). 완성된 하나님 나라는 지금 우리가 사는 세상과는 분명히 구별되지만 완전히 무관하지는 않다. 요한은 그때의 상황을 이렇게 기술한다. "세상 나라는 우리 주님의 것이 되고, 그리스도의 것이 되었다…"(계 11:15b). 세상 나라가 하나님 나라로 바뀐다는 말이다. 이렇게 하나님 나라가 완전히 세워지는 것은 아직 이루어지지 않은 미래의 일이다.

여기서 '이미'(already)와 '아직'(not yet)이란 유명한 표어가 등장한다. 신학자들은 하나님 나라를 설명할 때 2차 대전 당시 노르망디 상륙 작전에 비유하곤 한다. 상륙 작전에 성공한 날을 D-day라고 하고, 연합군이 완전히 승리한 날을 V-day라고 할 때, 이 전쟁의 승패는 D-day 때 결정적으로 판가름 났지만, 승리는 V-day 때 완전해졌다. 하나님 나라도 이와 유사하다. 예수 그리스도의 십자가 죽음과 부활(D-day)로 하나님 나라는 시작되었으나, 완성은 그리스도의 재림의 때(V-day)에 이루어질 것이다. 결국 하나님 나라에 있어서 우리는 지금 D-day와 V-day 사이에 있는, '이미' 시작되었지만 '아직' 완성되지 않은 상태이다.

- 하나님 나라의 오늘

그렇다면 과거에 이미 시작되었고, 미래에 완성될 하나님 나라는 지금 어떤 모습으로 존재하는가? 이에 대해서 성경은 구체적으로 가르쳐 주지는 않지만 예수님의 말씀과 사도들의 증언으로 대충 짐작할 수 있다. 하나님 나라가 언제 오느냐고 묻는 바리새인들에게 예수님은 "하나님의 나라는 너희 가운데에 있다"(눅 17:21b)라고 하셨다. 그리고 예수님은 하나님 나라를 씨가 땅속에 뿌려진 후 싹이 트고 자라나서 열매를 맺는 식물에 비유하셨다(막 4:26-29). 이 비유대로라면 하나님 나라는 지금 보이지 않게 우리와 함께한다. 이제 우리는 이 나라에 속한 사람으로서 부분적으로라도 하나님 나라를 이 땅에서 구현하기 위해 애써야 한다.

만일 우리가 하나님 나라를 이렇게 이해한다면 "일터에 하나님 나라가 임한다"는 말도 논리적으로 이해할 수 있다. 물론 일터를 하나님이 통치하는 곳이 되게 하는 것은 쉬운 일이 아니다. 하지만 논리적으로는 충분히 가능한 표현이다.

이를 위해 가장 먼저 할 일은 일터에 하나님 나라가 임하도록 기도하는 것이다. 예수님은 우리에게 이렇게 기도하라고 하셨다. "하늘에 계신 우리 아버지, 그 이름을 거룩하게 하여 주시며, 그 나라를 오게 하여 주시며"(마 6:9b-10a). 그다음으로 우리의 일과 삶을 통해서 일터에 하나님 나라가 이미 임한 것을 드러내야 한다. "하나님의 나라는 … 성령 안에서 누리는 의와 평화와 기쁨입니다"(롬 14:17). 마지막으로 중요한 것은 하나님 나라가 속히 완성되도록 준비하는 것이다. "이 하늘나라의 복음이 온 세상에 전파되어서, 모든 민족에게 증언될 것이다. 그때에야 끝이 올 것이다"(마 24:14).

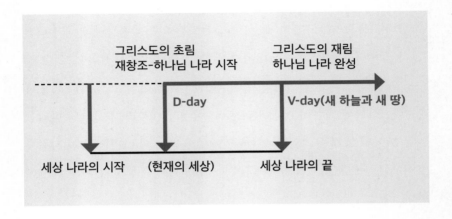

거룩한 일과
속된 일

전통적으로 그리스도인은 사회에서 하는 일을 종교적인 사역과 구별해 세속적이라고 여겨 왔다. "내 평생 소원 이것뿐, 주의 일 하다가 이 세상 이별하는 날 주 앞에 가리라. 꿈같이 헛된 세상일 취할 것 무어냐. 이 수고 암만 하여도 헛된 것뿐일세." 많은 그리스도인이 이 찬송가(450장) 속 '주의 일'을 경건 생활이나 교회 활동 등이라 생각하고, '세상 일'은 세속 일터에서 하는 일이라 여긴다. 이는 교회가 그런 식으로 가르쳐 왔기 때문인데, 두 종류의 왜곡된 이원론이 기독교 신앙에 스며든 것이 원인이다.

• 육체와 육적인 것에 대한 오해

첫 번째는 헬라 철학에서 유래된 잘못된 이원론이다. 그것은 영혼과 육체의 분리에서 시작된다. 영혼과 육체는 관념적으로 구별된다. 사람은 영혼과 육체로 구성되어 있는데 영혼은 볼 수 없는 부분이고 육체는 볼 수 있는 부분이기에 분명히 다르다. 문제는 헬라 철학의 영향을 받은 기독교 영지주의자들이 이 둘을 구별하는 것을 넘어, 분리하고 우열을 가리기까지 한 것이다. 그들은 영혼은 깨끗하지만, 육체는 더럽다고 생각했다. 그러다 보니 예수님이 육신을 입고 온 것을 인정할 수 없었다. 하나님이 더러운 육체를 입는다는 것을 상상할 수도 없었기 때문이다.

영지주의자들의 사상은 이단으로 정죄되었음에도 기독교 신앙에 스며들었다. "생명을 주는 것은 영이다. 육은 아무 데도 소용이 없다. 내가 너희에게 한 이 말은 영이요 생명이다"(요 6:63)라는 주님의 말씀이 그런 생각을 정당화하는 데 아주 유용하게 인용되었다. 그러나 이 말씀은 영혼만 가치 있고 육체는 가치 없다는 뜻이 결코 아니다. 만일 예수님이 그렇게 생각했다면 배고파하는 무리를 향해 "사람이 떡으로만 살 것이 아니요, 하나님의 입에서 나오는 말씀으로 산다"라는 말씀만 던지고 나 몰라라 하셨을 것이다. 그러나 예수님은 빵과 물고기로 그들의 배를 채워 주셨다. 영혼의 필요뿐 아니라 육체의 필요도 똑같이 중요시 하신 것이다.

이러한 이원론의 왜곡은 성경에서 말하는 '육체의 요소'와 '육적인 것'을 혼동해서 생긴 것이다. 헬라어로 육체라는 뜻을 가진 단어는 '소마'(soma)와 '사르스'(sarx) 두 개이다. 이 둘은 비슷한 것 같지만 분명히 구별된다. '소마'는 우리말로 '육체'보다는 오히려 '몸'(body)에 가깝다. 현재 우리의 몸에는 죄악의 요소가 스며들어 있지만 몸 자체가 더러운 것은 아니다. 하나님이 창조하신 인간의 몸이나 나중에 부활해서 갖게 되는 몸은 완전히 거룩하다. '사르스'는 '죄악의 본성'(sinful nature) 같은 말로 번역하는 것이 더 정확할 것이다. 이것은 통제되지 않으면 죄에 빠지게 되는 죄악된 욕망을 말한다. 그런데 이원론자들은 '소마'(body)와 '사르스'(sinful nature)를 혼동하여, 육체를 죄악의 통로로 생각한 것이다.

이런 혼동은 남녀가 결혼해서 성관계를 갖는 것은 거룩한 일인데도 이를 육적인 일, 심지어 죄악이라고 폄하하게 만든다. 거룩하게 살기 위해서 결혼도, 성관계도 하지 말아야 한다고 주장하게 한다(딤전 4:1-3). 사도 바울은 이런 잘못된 이단을 향해 단호하게 진리를 선포했다. "하나님께서 지으신 것은 모두 다 좋은 것이요, 감사하는 마음으로 받으면, 버릴 것이 하나도 없습니다. 모든 것은 하나님의 말씀과 기도로 거룩해집니다"(딤전 4:4-5). 여기에는 당연히 사람의 몸도 포함된다. 육신도 얼마든지 거룩하게 될 수 있다는 말이다.

여기서 혼동하지 말아야 할 것은 성경은 '영적인 것'과 '육적인 것'을 분명히 구분할 뿐 아니라 전자를 귀하게 여기고 격려하는 데 반해, 후자는 정죄한다는 점이다. 바울은 육적인 것을 육체의 행실로 표현하면서 그것을 "음행과 더러움과 방탕과 우상 숭배와 마술과 원수 맺음과 다툼과 시기와 분 냄과 분쟁과 분열과 파당과 질투와 술 취함과 흥청망청 먹고 마시는 놀음과, 그와 같은 것들"이라고 했다. 반대로 영적인 것을 성령의 열매로 표현하면서 "사랑과 기쁨과 화평과 인내와 친절과 선함과 신실과 온유와 절제"(갈 5:19-23)라고 했다.

안타깝게도 많은 사람이 영적인 일은 영혼과 관련된 일이고, 육적인 일은 육체와 관련된 일이라 착각했다. 그래서 영적인 일은 성경 묵상이나 기도, 예배, 복음 전하기 등 종교적인 영역의 일을 말하고, 육적인 일은 세상에서 육신을 위해서 하는 일을 말한다고 생각했다. 그러면 세속 일터에서 하는 일은 당연히 육신의 일의 범주에 들어가 영적인 일이 될 수 없는 것이다.

하지만 성경이 말하는 영적인 것은 하나님의 영을 따르는 모든 것을 의미하고, 육적인 것은 하나님의 영을 대적하는 모든 것을 의미한다. 그렇기에 하나님을 대적하는 사람의 영혼은 육적이고, 하나님과 연합된 사람의 몸이나 몸으로 하는 일은 영적일 수 있는 것이다. 좀 더 구체적으로 말해서, 세속 일터에서 성령을 따라 일하면서 성령의 열매를 맺는다면 그는 일터에서 영적인 일을 하고 있는 것이다. 반대로 교회에서 영혼을 돕는 일을 한다면서도 욕망을 따라 행하여 육체의 행실이 나타난다면 그 일이 얼마든지 육적인 일로 변할 수 있는 것이다.

- ### 복음으로 변화된 거룩한 것과 부정한 것

두 번째는 구약 율법에서 반복 강조한 성과 속의 이원론이다. 성경은 성과 속을 분명하게 구별한다. "여러분은 이 시대의 풍조를 본받지 말고, 마음을 새롭게 함으로 변화를 받아서, 하나님의 선하시고 기뻐하시고 완전하신 뜻이 무엇인지를 분별하도록 하십시오"(롬 12:2). 여기서 바울은 세속적인 풍조를 따르지 말고 거룩하신 하나님의 뜻을 찾으라고 한다. 문제는 많은 사람이 구약의 율법에서 강조했던 대로 성과 속의 구별을 지속하려고 한다는 것이다. 그러나 구약의 율법이 가르치는 성과 속의 구별은 복음으로 말미암아 새롭게 변화되었다. 이 사실을 기억할 필요가 있다.

가령 구약에서 성속의 분리를 가장 극적으로 강조하는 것은 성막이다. 성막은 제사장이 평소에 제사드리는 성소와 대제사장이 일 년에 한 번만 들어갈 수 있는 지성소로 나뉘어 있다. 그리고 이 둘 사이에 휘장이 드리워 있었다. 그런데 예수님이 십자가에 죽으신 순간에 성소 휘장이 위에서 아래로 찢어졌다. 이것은 거룩한 하나님과 죄인을 가로막던 것이 사라졌음을 의미한다. 히브리서 기자는 이렇게 표현한다. "그러므로 형제자매 여러분, 우리는 예수의 피를 힘입어서 담대하게 지성소에 들어가게 되었습니다. 예수께서는 휘장을 뚫고 우리에게 새로운 살길을 열어 주셨습니다. 그런데 그 휘장은 곧 그의 육체입니다"(히 10:19-20). 예수 그리스도의 십자가 이후로, 율법에서 강조하던 성속을 구별하는 벽이 무너져 공간적인 성속의 차별은 더 이상 존재하지 않는다. 이런 변화는 구체적으로 안식일을 비롯한 절기와 음식 문제 그리고 제사장직의 변화 등으로 나타났다.

하나님께서 안식일을 구별해서 거룩하게 하셨기에(출 20:8-11) 나머지 날은 자연히 거룩하지 않은 속된 날이 되었다. 이 율법은 예수님의 공생애 3년 내내 바리새인들과의 논쟁거리였다. 그런데 예수님이 안식 후 첫날 부활하시면서 성별된 날이 변화하게 되었다. 그래서 사도 바울은 "또 어떤 사람은 이 날이 저 날보다 더 중요하다고 생각하고, 또 어떤 사람은 모든 날이 다 같다고 생각합니다. 각각 자기 마음에 확신을 가져야 합니다"(롬 14:5)라고 말했다. 예배와 안식을 위한 날을 정하는 것은 여전히 필요하다. 그러나 그날만 거룩하고 다른 날은 거룩하지 않다는 성속의 이분법은 더 이상 의미가 없어졌다.

하나님은 음식도 거룩하게 구별하셨다. 먹을 수 있는 음식과 금하는 음식에 대한 구별이 레위기에 지나칠 정도로 자세히 기록되어 있다. 그런데 하나님은 베드로의 환상 가운데 나타나서 율법이 금했던 고기를 먹으라고 하셨다. 음식 규정을 너무나 잘 아는 베드로가 그 음식 먹기를 거절하자 이런 음성이 들렸다. "하나님께서 깨끗하게 하신 것을 속되다고 하지 말아라"(행 10:15b). 이후로 음식에 대한 규정은 선택 사항이 되었다. 사도 바울은 "… 먹는 사람도 주님을 위하여 먹으며, 먹을 때에 하나님께 감사를 드립니다. 그리고 먹지 않는 사람도 주님을 위하여 먹지 않으며, 또한 하나님께 감사를 드립니다"(롬 14:6)라고 했다. 이제 음식에 대한 성속의 이분법도 사라졌다.

하나님은 제사장을 구별해서 거룩하게 하셨다. 그들만이 성소에 들어갈 수 있었고 하나님과 백성들 사이에서 제사를 드릴 수 있었다. 그렇기에 제사장들은 제사드리는 일 외에 다른 일은 할 수 없었다. 그런데 예수님이 십자가에서 피 흘려 죽으심으로 자기를 제물로 드리는 대제사장이 되셔서 더 이상 거룩하게 구별된 제사장이 필요 없어졌다. 그 후에는 예수를 믿는 모든 성도가 예수 그리스도로 말미암아 하나님이 기쁘게 받으실 신령한 제사를 드리는 거룩한 제사장이 되었다(벧전 2:5). 새롭게 제사장이 된 성도들과 그들이 하는 일에는 성속의 이분법이 더 이상 존재하지 않게 된 것이다.

율법 시대의 편견을 가진 사람들은 종교적인 일만 거룩하다 여기며 비종교적인 일들은 자연스럽게 속된 일로 생각했다. 목회와 관련된 일은 거룩한 일이지만 일반 성도들이 일터에서 하는 일은 속된 일이 되고만 것이다. 일반 성도들의 종교적인 활동이나 경건 생활은 거룩한 일이지만 세속 일터에서 하는 일은 속된 일로 여겼다.

그러나 복음으로 말미암아 예수를 믿는 사람들에게는 이제 영과 육의 이분법도 없고, 성속의 이분법도 없다. 그리스도와 연합된 것이면 무엇이든지 영적인 것이 되고 무엇이든지 거룩한 것이다. 일도 마찬가지로 거룩한 일과 속된 일의 구별은 사라졌다. 주님께 하듯이 할 수 있는 일은 거룩한 일이고, 그렇지 않은 일은 종교적인 행위라도 속된 일이다.

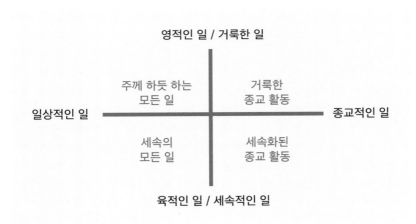

다시
보기

✓ 하나님 나라는 장소적 개념이 아니라 하나님의 통치가 이루어
지는 상태를 뜻한다.

✓ 하나님 나라는 이미 시작되었지만 아직 완성되지는 않았다.

✓ 성속의 구별은 일 자체에 있지 않다. 그리스도의 영을 따라 하
는 일은 무슨 일이든지 영적인 일이 되고, 그렇지 않은 일은 종
교적인 일이라도 육적인 일이 된다.

나눠
보기

1 하나님 나라는 언제 시작되었고 언제 완성될까?

2 하나님 나라가 일터에 임하게 하기 위해 가장 먼저 해야 할 일은 무얼까? 이를 위해 내가 했던 노력들을 나눠 보자.

3 많은 그리스도인들이 세상일과 주의 일을 나누어 생각하는 이유는 무엇일까?

4 구약의 율법에서 거룩한 것과 부정한 것을 나누는 기준이 새롭게 된 이유는 무엇일까? 그에 대한 예를 들어 보자.

5 세속 일터에서의 일이 영적인 일이 되는 경우와 교회에서의 종교적 영역의 일이 세속적 일이 되는 경우에 대해 예를 들어 보자.

2

기독교 세계관으로 보는
하나님 나라와 일

창조:
에덴에서의 일

하나님 나라가 처음 소개된 것은 신약 성경이다. 이사야가 언급한 새 하늘과 새 땅이나(사 65:17) 다니엘이 하나님이 이루실 그 나라를 소개한 것도(단 2:44) 다 미래에 메시아가 이룰 나라를 의미했지, '하나님 나라'라고 규정한 것은 아니었다.

그러나 만일 하나님 나라를 하나님의 통치로 이해한다면, 창조 세계에서부터 이미 하나님 나라가 존재했다고 할 수 있다. 에덴은 하나님의 통치가 처음으로 시작된 곳이자 사람들이 경험한 첫 번째 하나님 나라 혹은 하나님 나라의 원형일 것이다.

- **하나님 나라와 창조**

첫 사람 아담과 하와는 하나님 나라의 첫 번째 백성이자 하나님과 공동 통치자였다. 하나님은 자기의 형상대로 사람을 창조하시고 그에게 만물을 다스리는 일을 맡기셨다. "하나님이 그들에게 복을 베푸셨다. 하나님이 그들에게 말씀하시기를 '생육하고 번성하여 땅에 충만하여라. 땅을 정복하여라. 바다의 고기와 공중의 새와 땅 위에서 살아 움직이는 모든 생물을 다스려라' 하셨다"(창 1:28). 사람이 하나님과 공동 통치자가 되었다는 말이 거북하게 들린다면 '통치를 위임받은 자'로 이해해도 좋겠다. 중요한 것은 만물을 창조하고 다스리시는 하나님이 그 일을 사람이 똑같이 하도록 하셨다는 것이다. 창세 이후 인류가 해 온 각종 일들은 의식했든 의식하지 못했든 하나님이 위임한 일을 수행한 것이라고 할 수 있다.

하나님을 믿는 사람은 자신이 하는 일이 하나님의 통치를 대행한, 하나님 나라에 속한 일임을 알아야 한다. 어떤 영역에서든지 하나님이 세상을 다스리는 데 필요한 일이라면 하나님이 명하신 일이다. 이것은 하나님의 통치와 무관하지 않다. 하나님 나라와 일의 관계는 창조에서부터 시작되었기에 창조 세계가 존재하는 한 영원히 지속된다. 우리가 하나님의 통치를 대행한다면 바로 그 일이 하나님의 일이고 바로 그곳에 하나님 나라가 임하리라 기대할 수 있다.

여기서 의문이 생길 수 있다. '믿지 않는 사람들이 하는 일도 하나님 나라의 일이 될 수 있는가?' 믿지 않는 사람들은 자신이 하는 일이 하나님의 나라나 하나님과 무슨 관계가 있는지 알 수 없다. 그렇지만 그들이 하는 일 역시 하나님이 세상을 다스리는 일의 한 부분을 담당한다. 하나님은 그들의 수고를 통해서도 이 세상을 통치하신다. 과거 앗수르나 바벨론 왕을 막대기로 사용하셨듯이, 하나님은 창세 이후 지금까지 온 인류가 해 온 일을 도구로 이 세상을 통치해 오신 것이다.

이를 위해 하나님은 모든 사람에게 은혜를 베푸셨다. "아버지께서는, 악한 사람에게나 선한 사람에게나 똑같이 해를 떠오르게 하시고, 의로운 사람에게나 불의한 사람에게나 똑같이 비를 내려 주신다"(마 5:45b). 신학자들은 이것을 모두에게 주어진 일반 은혜(혹은 일반 은총)라고 한다. 하나님의 형상으로 창조된 사람이라면 믿는 사람에게나 부정하는 사람에게나 다 똑같이 베풀어 주신 은혜이다. 모든 사람들은 그 은혜 안에서 하나님이 맡기신 일을 열심히 해 왔다. 그것이 인류의 역사를 만들어 냈고 앞으로도 세상의 마지막 날까지 계속될 것이다.

• **최초의 일을 보게 하는 에덴**

하나님 나라의 공동 통치자로서 아담이 제일 먼저 한 일은 에덴동산을 돌보는 일이었고(창 2:15), 함께 지내게 된 동물들의 이름을 짓는 것이었다(창 2:19). 그는 하나님이 주신 지혜와 힘을 가지고 맡기신 일을 했다. 하나님 나라 최초의 일은 에덴동산에서 시작되었다. 그렇게 본다면 지금 일터에 하나님 나라가 임하게 하는 것은 에덴에서의 일을 회복하는 것이며 지금의 일터를 에덴의 모습으로 바꾸는 것이라고도 할 수 있다.

물론 우리 힘으로 일터를 에덴으로 바꾸는 것은 불가능하다. 일단 에덴에 대한 정보가 별로 없기도 하고 그렇게 할 만한 능력도 없다. 그러나 아담이 죄짓기 이전의 에덴의 모습을 상상할 수는 있다. 그리고 그 상상을 조금씩 실천해서 에덴의 모습을 조금이라도 회복한다면 일터에 하나님 나라가 임하게 하는 시작이 될 수 있을 것이다.

인류 최초의 일터인 에덴에 대해 몇 가지를 짐작할 수 있다. 우선 아담이 에덴에서 일할 때 월요병은 없었을 것이다. 사실 일하는 사람들 대부분이 월요일을 힘들어한다. 미국에서는 월요일 아침이나 금요일 오후에 제조된 차는 불량품이 많다는 말이 있다. 그만큼 일에 집중하기 힘든 시간이기에 나온 말일 것이다.

반면 에덴에서는 매일 매일 일이 즐거우니 월요병이 없지 않았을까. 언젠가 강의 중에 월요일에 일하러 갈 생각만 하면 신나는 분은 손을 들어 보라고 했다. 대부분 가만히 있는데 청년 하나가 손을 들었다. 그래서 "무슨 일을 하기에 월요일 아침에도 신이 나서 일하러 가십니까?"라고 물었다. 그랬더니 이 청년이 "막노동을 합니다. 하나님이 건강 주셔서 일할 수 있고, 또 일하면서 함께 일하는 사람들과 하나님 말씀도 나눌 수 있어서 신이 납니다"라고, 무슨 정답을 말하기로 작정한 사람처럼 대답하는 것이 아닌가? 그 대답을 들으면서 이 말이 진심이라면 이 청년은 지금 에덴동산에서 일하고 있는 거라는 생각이 들었다.

• 일의 스트레스가 없었던 에덴

에덴동산에서 아담은 자유롭고 즐겁게, 성실하게 일했을 것이다. 현대인들이 느끼는 스트레스도 없었을 것이다. 굳이 스트레스가 있었다면 일의 동기와 의욕이 되는 '좋은 스트레스'만 있었을 것이다. 그는 전도서 3장 22절 말씀처럼 하는 일에 아주 보람을 느끼면서 했을 것이다. "그리하여 나는, 사람에게는 자기가 하는 일에서 보람을 느끼는 것보다 더 좋은 것은 없다는 것을 알았다."

현대인이 삶에서 제일 힘들어하는 부분은 바로 스트레스로 인해 겪는 피로감이다. 이 스트레스는 주로 일터에서 겪는다. 그래서 사람들은 스트레스를 부정적으로 생각하는 경향이 있다. 그러나 본래 스트레스는 인간에게 동기를 부여하는 힘으로서, 하나님의 선물이다. 하나님이 사람들에게 생육하고 번성하라고 하시면서 땅을 정복하고 만물을 다스리라고 하셨는데 이것이 하나님이 사람에게 처음 준 스트레스였다. 이 스트레스 덕분에 아담은 즐겁게 일할 수 있었고, 일을 통해 보람을 느낄 수 있었다. 그러니 에덴동산에서 일하는 아담에게 스트레스 때문에 힘들지 않느냐고 물었다면 무슨 말인지 이해하지 못했을 것이다.

즐겁게 일하는 아담에게 하나님은 아내 하와를 보내 주셨다. 이 둘은 결혼해서 부부가 되고 가정을 이루었으며, 동시에 함께 일하는 동역자가 되었다. 하와가 에덴에서 어떤 일을 했는지는 기록에 없지만 남자가 혼자 있는 것이 좋지 않았다고 한 것을 보면 여성이 가정뿐 아니라 일터에서도 필요했던 것 같다. 에덴동산은 요즈음 말로 표현하면 가족 기업

(family business)이라고 보아도 좋다. 분명 아담은 혼자서 일할 때보다 하와와 함께 일하면서 훨씬 더 행복했을 것이다. 전도서 기자는 이런 현실을 실감 나게 표현했다. "혼자보다는 둘이 더 낫다. 두 사람이 함께 일할 때에, 더 좋은 결과를 얻을 수 있기 때문이다"(전 4:9). 둘이 한마음이 되어 일하는 에덴동산은 아무런 갈등이 없는 행복한 일터였다.

지금도 특별한 경우를 제외하면 대부분의 일터에서는 여러 사람이 함께 일한다. 그런데 두 사람 이상이 함께 일하다 보면 거의 예외 없이 갈등이 일어난다. 언젠가 한 여성이 상담을 요청한 적이 있다. 사무실에서 언니와 둘이서 사이좋게 일했는데 새 직원이 들어오면서 관계가 어려워졌다는 것이다. 언니가 새로 들어온 직원과 잘 지내면서 자신과는 관계가 멀어졌는데 이런 상황에서 자신이 어떻게 처신하면 좋겠느냐고 물었다. 나는 그저 두 사람과 다 잘 지내라는 뻔한 대답밖에 해 줄 말이 없었다. 그분 얘기를 들으면서 함께 일하는 사람과 어떻게 지내느냐가 일터에서의 삶의 질을 결정하겠구나 하는 생각이 들었다. 결국 일터에서 하나님 나라를 이루는 것은 함께 일하는 사람들 가운데 에덴에서 누렸던 평화를 이루는 것이 아닌가 생각한다.

• **유혹거리가 있었던 에덴**

그런데 에덴에서 일하는 이들의 마음을 흔드는 것이 있었다. 동산 중앙에 있는 선악을 알게 하는 나무였다. 이들은 이 나무를 볼 때마다 호기심이 생겼다. 호기심 자체는 죄가 아니다. 오히려 하나님이 주신 창의력의 원천이다. 그런데 선악과 주변을 자주 거닐면서 호기심이 욕심으로 변했고, 그 욕심이 잉태하여 죄를 짓게 되었다(약 1:15). 그로 말미암아 세상에 죄가 들어왔고, 사람은 에덴에서 쫓겨날 수밖에 없었다. 더 정확히 말하면 이 세상에서 에덴이 사라져 버렸다. 이런 과거의 역사를 보면 일터에 하나님 나라가 임하게 하려면 다양한 종류의 유혹을 경계하는 것이 가장 중요함을 알 수 있다. 이상적인 일터였던 에덴동산에도 유혹거리가 있었는데 지금의 일터는 말할 것도 없이 유혹거리가 도처에 널려 있다.

"여자가 그 나무의 열매를 보니, 먹음직도 하고, 보암직도 하였다. 그뿐만 아니라, 사람을 슬기롭게 할 만큼 탐스럽기도 한 나무였다"(창 3:6a). 그때 하와를 유혹했던 선악을 알게 하는 나무의 열매는 지금 우리의 일터 어디서든 볼 수 있다. 요한 사도는 이렇게 표현한다. "여러분은 세상이나 세상에 있는 것들을 사랑하지 마십시오. 누가 세상을 사랑하면, 그 사람 속에는 하늘 아버지에 대한 사랑이 없습니다. 세상에 있는 모든 것, 곧 육체의 욕망과 눈의 욕망과 세상 살림에 대한 자랑은 모두 하늘 아버지에게서 온 것이 아니라, 세상에서 온 것이기 때문입니다"(요일 2:15-16).

나름대로 괜찮은 일터가 많다. 그런데 그곳에서도 사람들의 호기심이 욕심으로 변하고, 욕심이 잉태하면 죄를 짓게 된다. 아내 하와가 사탄의 사주를 받아서 하나님이 금하신 선악과 열매를 따 먹었고, 아담 역시 아내의 유혹에 거의 동시에 선악과 열매를 먹으면서 세상이 변했다.

세속 일터에서 예전 에덴의 모습을 회복해서 하나님 나라를 이루기 위해서는 아담과 하와가 받았던 유혹을 이겨내야 한다. 그렇게 생각하면 요셉이 주인 아내의 유혹을 떨쳐 버렸던 것도 일터를 에덴과 같은 곳으로 유지하려 했던 작은 몸부림이 아니었을까.

에덴은 하나님 나라의 완전한 모습으로 존재했던 첫 사람의 일터였다. 그곳에서 사람들은 하나님이 부탁하신 일, 곧 땅을 정복하고 만물을 다스리는 일을 했다. 그 과정에서 첫 부부 아담과 하와는 가정에서 부부로서 한 몸이 되었을 뿐 아니라 일터에서도 한마음으로 일했다. 그들이 선악과를 먹고 에덴을 떠나기 전까지는 에덴에서 하나님 나라를 유지할 수 있었다. 바로 그 시절의 에덴이, 지금 이 땅에 하나님 나라를 이루기 원하는 사람들이 추구해야 할 일터의 원형이다.

타락:
죄악 세상에서의 일

어느 날 에덴에 비극이 찾아왔다. 아담과 하와가 사탄의 유혹을 이기지 못하고 선악과를 따 먹은 것이다. 인간의 타락과 범죄의 시작이었다. 이로써 하나님이 통치하는 완전한 하나님 나라에 사탄이 다스리는 세상이 스며 들어왔다. 한 사람으로 말미암아 죄가 세상에 들어오고 죄로 말미암아 사망이 모든 사람에게 임하게 되었다(롬 5:12). 세상은 악마의 세력 아래 놓인 것처럼 보였다. "그런데, 온 세상은 악마의 세력 아래 놓여 있습니다"(요일 5:19b).

•   **죄악 세상으로의 변화**

　　하나님 나라가 죄악 세상으로 변하면서 구체적으로 세 가지 변화가 일어났다. 첫째는 하나님과 인간의 관계가 깨지고, 둘째는 인간들 사이의 관계가 깨지고, 셋째는 하나님과 하나님이 창조한 만물과의 관계가 깨진 것이다.

　　첫째, 인간은 죄를 짓자마자 하나님으로부터 멀어졌다. 그들은 자기를 부르는 하나님을 피해 숨어 버렸다. 죄로 인해 하나님과의 관계가 깨진 것이다. 그때 아담이 하나님께 나와서 "하나님 죄송합니다. 하나님이 조심하라고 하셨는데 제가 그 말씀을 무시하고 나무 근처를 맴돌다가 그만 유혹에 못 이겨 열매를 따 먹고 말았습니다. 죄를 지었으니 무슨 벌이라도 달게 받겠습니다"라며 자신의 죄를 인정하고 회개했더라면 아마 인류의 역사는 완전히 달라졌을 것이다. 그러나 죄의 힘은 워낙 강력해서 하나님과 사람 사이를 막아 더 이상 교제할 수 없게 만들었다. "오직, 너희 죄악이 너희와 너희의 하나님 사이를 갈라놓았고, 너희의 죄 때문에 주님께서 너희에게서 얼굴을 돌리셔서, 너희의 말을 듣지 않으실 뿐이다"(사 59:2). 죄로 인해 하나님과 멀어진 사람들은 하나님을 부정하거나 하나님을 무시함으로, 때로는 좀 더 적극적으로는 하나님을 대적함으로, 또는 피조물로 하나님을 대체함으로 죄를 쌓았다. 그 결과, 모든 사람이 죄를 범했으므로 사람은 하나님의 영광에 미치지 못하는 처지에 놓이게 되었다(롬 3:23).

둘째, 사람들 사이의 관계도 깨졌다. 아담은 범죄 후에 하나님께 "하나님께서 저와 함께 살라고 짝지어 주신 여자, 그 여자가 그 나무의 열매를 저에게 주기에, 제가 그것을 먹었습니다"(창 3:12)라고 변명했다. 사실 아주 틀린 말은 아니다. 일어난 사실을 그대로 전한 것이다. 그러나 죄를 지은 사람이 해서는 안 될 말이었다. 그때 아담이 하나님께 하는 말을 옆에서 들은 하와가 어떤 생각을 했을지 생각해 보면 남자 중 하나로서 부끄러움을 느낀다. 만일 그때 아담이 아내를 감싸면서 "하나님, 이번 일은 전적으로 제가 잘못한 것입니다. 제가 아내에게 제대로 일러주지 못해서 이런 일이 벌어진 겁니다. 제 아내는 나무라지 말아 주세요. 다 제 책임입니다"라고 말했다면 역시 인류의 역사는 달라졌을 것이다. 강력한 죄의 힘은 가장 친밀했던 부부 관계도 여지없이 깨뜨리고 말았다. 아담의 가정에서 일어난 범죄는 그들의 자녀들 사이의 관계도 깨뜨렸다. 가인이 동생 아벨을 시기하여 죽인 것이다. 이후로 사람들은 서로를 미워하고 싸우고 죽이는 데까지 이르렀다. 민족 간에 갈등이 끊이지 않고, 서로를 죽이는 전쟁도 끊이지 않게 되었다.

셋째, 죄는 하나님과 자연 만물과의 관계도 망가뜨렸다. 아담의 죄로 인해 땅이 저주를 받았다(창 3:17). 죄는 아담이 지었는데 아무런 잘못도 없는 땅이 저주를 받았다. 땅이 말을 할 수 있다면 하나님께 이렇게 말했을 것이다. "하나님, 죄는 사람들이 지었는데 왜 아무런 죄도 짓지 않은 제가 저주를 받아야 하나요?" 그러나 실제로 땅이 저주를 받은 것은 범죄한 사람에게 적절한 징계였다. 원래 에덴에서 아무 걱정 없이 즐겁게 일하면서 만족하며 살았던 사람이 죽는 날까지 수고를 해야만 땅에서 나는 것을 먹을 수 있게 되었고(창 3:17), 죽을 때까지 얼굴에 땀을 흘려야만 낟알을 먹을 수 있는 처지가 된 것이다(창3:19). 그 이후로 저주받은 자연은 사람들과 함께 신음하며 함께 해산의 고통을 겪고 있다(롬 8:22). 세상에서는 각종 자연재해가 끊임없이 일어난다. 과학과 기술이 아무리 발전해도 막을 수 없다. 도리어 과학과 기술의 발전 때문에 이전에 없던 새로운 자연재해까지 일어나는 상황이다. 이것이 오늘 우리가 목도하는 죄악 세상의 현실이다. 이 모든 것이 땅이 하나님께로부터 저주를 받은 결과이다.

우리는 이런 세상을 '죄악 세상'이라고 하며 부정적으로 보기도 한다. 그러나 세상을 창조하신 하나님은 피조 세계가 사탄의 세력 아래 놓인 후에도 여전히 이 세상을 통치하시며 변질된 세상을 다시 하나님 나라로 회복하기를 원하셨다. 그래서 한 민족을 택하여 하나님 나라를 이루려 하셨고, 마지막으로 자기 아들을 이 땅에 보내 하나님 나라를 회복하려고 하신 것이다.

그러나 아직은 그 나라가 이 땅에 완성되지 않았기에 우리가 사는 세상은 변질된 죄악 세상의 모습 그대로이다. 그래서 때로는 세상에서 하나님 나라는 보이지 않고 죄악이 판치는 것처럼 보이기도 한다. 그런 세상에 대해 주님은 두 가지 중요한 원칙을 가르치셨다.

첫째는 죄악 세상이 먼저 주님을 미워한다는 것과 주님을 믿는 사람들을 미워한다는 것이다. 그들이 세상에 속하지 않기 때문이다(요 15:18-19). 둘째는 그렇기 때문에 예수 믿는 사람들은 세상이나 세상에 있는 것들을 사랑하지 말아야 한다는 것이다. 하나님의 사랑이 있는 사람은 세상을 사랑할 수가 없다(요일 2:15). 하나님을 대적하는 세상은 하나님을 믿는 사람들과도 좋은 관계를 가질 수 없게 되었다.

죄로 인해 변질된 세상의 모습을 상징적으로 보여 주는 곳이 바로 세속의 일터다. 사람들이 일하는 곳도 하나님이 통치하기에 사람들은 하나님의 청지기로서 일한다. 그런데 그곳에도 악마의 세력이 막강한 영향을 미치기 때문에 많은 사람이 하나님의 통치가 이루어진다는 사실을 느끼지 못한다. 그러나 죄로 인해 하나님의 통치를 느끼지 못하고 완벽한 형태의 통치를 누리지 못할 뿐, 하나님의 통치가 완전히 사라진 것은 아니다.

하나님은 언제 어디서나 당신의 백성이 있는 곳에 거하시면서 뜻을 이루어 가신다. 다만 죄로 인해 땅이 저주를 받는 바람에 이전에 사람이 하나님의 청지기로서 하던 일이 죽을 때까지 수고해야 하는 힘든 일이 되고 말았다(창 3:18-19). 그렇게 된 데는 몇 가지 요인이 있다.

- ## 죄로 인한 변화 1 : 일하는 사람

첫째, 죄로 인해서 일하는 사람이 변했다. 하나님과의 관계가 깨진 동시에 인간관계도 깨졌다. 아담과 하와도 죄짓기 전에는 한 몸이었다. 에덴에서 일할 때도 완전히 하나 되어서 일했다. 그러나 죄를 짓고 나서 갈등이 시작되었는데, 그 갈등은 가정뿐 아니라 일터에도 나타났다. 창조 때 사람은 하나님의 형상으로 창조된 귀중한 존재였는데 이제 하나님을 대적한 죄인이 되었다. 죄 때문에 하나님 나라의 가장 중요한 본질인 서로에 대한 사랑을 놓치고 서로를 미워하게 되었다. 죄악 세상의 일터에서 보편적으로 나타나는 현상은 사람보다 그들이 하는 일을 더 사랑하고, 또 일보다 돈을 더 사랑하는 것이다. 그러므로 일터에 하나님 나라를 회복하기 위해서는 사랑을 다시 회복해야 한다. 하나님은 그 사랑을 보여 주기 위해서 예수 그리스도를 보내 주셨고(요 3:16), 그를 십자가에 죽게 하심으로 그 사랑을 확증하셨다(롬 5:8). 일터에 하나님 나라가 임하기 위해서는 바로 이 사랑이 나타나야 한다.

창조 때 사람은 스스로를 "남을 돕는 사람"이라고 생각했는데 이제는 "남은 나를 위한 도구"라고 생각하게 되었다. 하나님은 여자를 남자를 돕는 배필이 되게 하셨다. 이 말은 여자가 남자를 위한 도구라는 게 아니라, 사람이 타인을 돕도록 창조되었다는 말이다. 즉 남자 역시 여자를 돕는 사람이 되어야 했다. 그런데 죄는 여자를 남자를 위한 도구로 보게 했고, 그것이 일터를 비롯한 사회의 모든 영역에서 보편화되었다. "남편이 너를 다스릴 것이다"(창 3:16b). 사람을 일을 위한 도구로 생각하는 것은 하나님의 아이디어가 아니다. 하나님은 사람을 만물을 주관하는 사역의 동역자로 만드셨지 도구로 사용하려고 창조하신 게 아니다. 그러니 사람이 다른 사람의 도구가 된다는 것은 더더욱 있을 수 없는 일이다.

하지만 죄는 사람이 같은 사람을 도구로 생각하게 했다. 이것이 극단적으로 나타난 예시가 노예제이다. 노예제도는 죄악의 산물이며 하나님의 형상으로 창조된 인간의 가치를 완전히 무시하는 것이다. 이제 대부분의 사회에서 노예제도는 사라졌지만, 사람을 도구로 여기는 생각은 여전히 사람들의 의식 속에 남아 있다. 그러므로 일터에 하나님 나라를 회복하기 위해서는 인간의 가치를 원래대로 회복해야 한다.

비록 인간이 죄를 지었으나 하나님은 여전히 그를 귀하게 여기셨다. 자기 아들의 생명으로 대신할 만큼 사람들을 사랑하셨다. 예수님이 사람을 위해 죽으면서 인간은 하나님 아들의 가치를 갖게 되었다. 욥이 자기 집의 노예들에 대해 한 말이 주님의 정신을 잘 보여 준다. "나를 창조하신 바로 그 하나님이 내 종들도 창조하셨다"(욥 31:15).

창조 때는 남녀의 차이가 서로를 보완하는 요인이었는데 범죄 후에는 갈등의 요인이 되었다. 이런 갈등은 일터를 비롯한 삶의 모든 영역에 나타났다. 일터에서 일어나는 갈등의 원인은 결국 서로의 차이를 이해하거나 수용하지 못해서 일어난 결과이다.

예수님이 십자가에서 죽으신 이유는 차이 때문에 막힌 담을 제거하기 위함이다. "그리스도는 우리의 평화이십니다. 그리스도께서는 유대 사람과 이방 사람이 양쪽으로 갈라져 있는 것을 하나로 만드신 분이십니다. 그분은 유대 사람과 이방 사람 사이를 가르는 담을 자기 몸으로 허무셔서, 원수 된 것을 없애시고, … 이 둘을 자기 안에서 하나의 새 사람으로 만들어서 평화를 이루시고"(엡 2:14-15). "유대 사람도 그리스 사람도 없으며, 종도 자유인도 없으며, 남자와 여자가 없습니다"(갈 3:28a). 그러므로 일터에 하나님 나라가 임하게 하기 위해서는 죄악 세상에 보편화된 차별을 없애고 모든 사람의 인권을 존중하며 평화가 이루어지도록 해야 한다. 평화의 매는 줄로 하나 되게 하는 것이다.

- **죄로 인한 변화 2 : 일의 성격**

　　죄로 인한 변화 둘째는 일의 성격이다. 창조 시 사람이 했던 일은 만물을 다스리는 일로 하나님이 위임하신 일이었다. 그 일은 사람이 해야 할 일이지만 원래 하나님의 일이었다. 사람은 그 일을 함으로써 세상을 정복하고 만물을 유지할 수 있었고, 개인의 삶은 자연스럽게 보장됐다. 하나님이 명하신 일을 하면 생계는 걱정할 필요가 없었다. 그것은 하나님이 다스리는 창조 세계에서 자연스럽게 주어지는 결과였다. 예수님이 재정 문제로 걱정하는 사람들에게 무엇을 먹을까 무엇을 입을까 걱정하지 말라면서 공중 나는 새와 들의 백합화의 예를 드셨는데(마 6:26, 28), 에덴에서의 아담과 하와가 바로 그랬다. 하나님의 창조 원리에 따라 살다 보니 모든 필요가 다 채워진 것이다.

그런데 하나님을 떠난 인간은 이제 스스로의 삶을 유지해야 했고, 이를 위해 일해야만 했다. 일의 성격이 변한 것이다. 하나님이 위임하셨던 하나님의 일, 세상을 다스리기 위해 했던 일이 생존을 위해 해야만 하는 일이 되었다. 하나님을 대신한다는 의미에서 특권이자 축복이었던 일이 범죄 후 어쩔 수 없이 해야 하는 의무이자 심지어는 필요악이 되어 버렸다.

일터에 하나님 나라를 임하게 하기 위해서는 일의 성격을 원래의 목적대로 회복해야 한다. 현실적으로는 생계를 위해 일해도, 그것이 원래 목적이 아니라는 것을 인식해야 한다. 이를 위해 무엇보다 우리가 하는 모든 일이 하나님의 일이 된다는 것을 깨달아야 한다. 예수님은 생계 문제로 걱정하는 사람들에게 그런 걱정은 이방인들이나 하는 것이라고 하셨다(마 6:26-32). 우리는 하나님을 신뢰하면서 세상 사람들과는 다른 동기를 가지고 일해야 한다.

창조 시에는 사람이 모든 일의 주관자였는데 타락한 후에는 일이 사람을 주관하게 되었다. 사람이 일의 가치를 정하는 것이 아니라 일이 사람의 가치를 평가한다. 직업을 거룩한 일과 속된 일, 귀한 일과 천한 일로 차별하게 된 것이다. 동서고금을 막론하고 나타나는 '사농공상'(士農工商) 식의 직업 차별은 하나님이 원하시는 것이 아니라 죄의 결과다.

일터에서 하나님 나라를 회복하기 위해서는 자연이나 이웃에게 해가 되지 않는 모든 일이 똑같은 가치가 있다는 것을 알아야 한다. 사회에서 가치를 인정하지 않는 일에서도 의미를 찾아야 하고 필요에 따라서 의미를 부여해야 한다.

• 죄로 인한 변화 3 : 일터

셋째, 죄로 인해 사람과 일이 변하면서 일터가 변했다. 에덴과 같이 행복한 일터에서 일하던 사람이 고통으로 가득한 일터에서 일하게 되었다. 온 세상이 하나님 나라에서 세상 나라로 변한 것처럼 일터도 하나님 나라에서 세상 나라로 변했다. 세상 나라로 변한 일터의 모습은 전도서 저자가 아주 실감 나게 묘사하고 있다. 타락한 일터에서는 권력을 가진 사람 때문에 고통을 당한다. "나는 또 세상에서 벌어지는 온갖 억압을 보았다. 억눌리는 사람들이 눈물을 흘려도, 그들을 위로하는 사람이 없다. 억누르는 사람들은 폭력을 휘두르는데, 억눌리는 사람들을 위로하는 사람이 없다"(전 4:1). 이에 대한 가장 좋은 예시가 바로 애굽 왕 바로 치하에서 노예처럼 일한 이스라엘 백성들이다. 정도의 차이는 있지만 죄악 세상에서 일하는 많은 사람들이 일터에서 이런 압박감을 느낀다.

창조 시에는 사람들이 하나 되는 평화로운 곳이었던 일터가 타락 후에는 과도한 경쟁으로 인해 고통당하는 곳이 되었다. "온갖 노력과 성취는 바로 사람끼리 갖는 경쟁심에서 비롯되는 것임을 나는 깨달았다. 그러나 이 수고도 헛되고, 바람을 잡으려는 것과 같다"(전 4:4). 경쟁 자체가 죄는 아니다. 경쟁은 능력을 개발시키는 통로가 되기도 한다. 다만 범죄한 사람들이 마음이 악해져서 지나친 경쟁심으로 다른 사람들을 넘어뜨리려고 하는 등 죄악의 통로가 되고 말았다. 이런 죄악된 일터에서 하나님 나라가 임하게 하려면 사도 바울의 권유를 따라야 한다. "무슨 일을 하든지, 경쟁심이나 허영으로 하지 말고, 겸손한 마음으로 하고, 자기보다 서로 남을 낫게 여기십시오"(빌 2:3).

창조 시에는 일하며 보람을 느꼈다. 그런데 타락한 일터에서는 사람들이 일에 매어서 고통을 당한다. "한 남자가 있다. 자식도 형제도 없이 혼자 산다. 그러나 그는 쉬지도 않고 일만 하며 산다. 그렇게 해서 모은 재산도 그의 눈에는 차지 않는다. 그러면서도 그는 가끔, '어찌하여 나는 즐기지도 못하고 사는가? 도대체 내가 누구 때문에 이 수고를 하는가?' 하고 말하니, 그의 수고도 헛되고, 부질없는 일이다"(전 4:8). 세상 누구보다 많은 일을 했고 재산도 많이 모았던 솔로몬도 이 모든 것들을 대해 "헛되고 헛되다. 헛되고 헛되다. 모든 것이 헛되다"(전 1:2b)라고 탄식했다.

물론 예외는 있겠지만 대부분의 일터에서 사람들은 이런 고통을 겪으며 일한다. 특정 일터의 문제라기보다 죄가 세상에 들어오면서 하나님 나라를 변질시켜 나타난 결과이다. 그러므로 일터에 하나님 나라가 임하게 하려면 이 고통의 문제를 해결해야 한다. 다르게 말하면 죄의 저주 때문에 고통으로 변한 일을 축복이었던 원래 모습으로 되돌리는 것이다. 세상 나라에서는 당연한 것처럼 여겨지는 권력의 횡포, 갑질, 압력, 과도한 경쟁, 탐욕이나 중독 등을 없애거나 약화시키면서 사랑으로

서로를 섬기도록 해야 한다.

대부분의 사람들은 변질된 생각을 가지고 일한다. 사탄의 영향력 때문이다. 사탄의 존재를 인식하는 사람들은 물론 그 존재를 인식하지 못하는 사람들도 영향을 받는다. 적어도 하나님을 믿는 사람들은 일에 관한 왜곡된 생각을 떨치고 일의 본래 의미를 회복해야 한다.

아담이 죄짓기 전 에덴동산에는 죄가 없었다. 그러니 최초의 일터는 행복한 곳이었을 뿐 아니라 거룩한 곳이었다. 그런데 죄가 세상에 들어오면서 일터에 각종 범죄나 비리들이 횡행하게 되었다. 사회의 문화와 윤리 수준에 따라 정도의 차이는 있지만 많은 일터에서 비리와 범죄를 목격하게 된다. 사탄의 영향권 아래 있는 사람들의 죄 때문이다. 일터를 에덴으로 바꿀 수는 없어도, 하나님 나라가 임하기를 원하는 사람들은 횡행하는 범죄나 비리를 없애 일터가 현재 상태보다는 나아지도록 노력해야 한다.

더럽혀진 일터를 보고 하나님 나라와 무관한 것으로 생각하기 쉽다. 전통적으로 많은 그리스도인이 그렇게 여겨 왔다. 여기서 잘못된 이원론의 영향이 나타난다. 인간의 죄악으로 인해 사탄이 세상에 악한 영향을 미치고 있다. 그것은 우리가 매일 경험하는 현실이다. 그럼에도 여전히 하나님께서 우리 삶의 모든 영역의 통치자요 주관자이시라는 사실은 변함이 없다.

구속:
예수 그리스도의 구속과 새로운 창조, 일터

하나님은 죄로 변질된 세상을 여전히 사랑하셨다. 다만 사탄이 이 세상에 세력을 끼치는 것을 안타깝게 생각하셔서 이 땅에 하나님 나라를 원래 모습대로 회복시키시기 원하셨다. 그래서 아들 예수 그리스도를 이 땅에 파송하셨다(요 3:16). 이 땅에 오신 예수께서 제일 먼저 하신 말씀은 "하나님의 나라가 가까이 왔다"는 것이었다(막 1:15).

• 예수님의 죽으심으로 다시 세우신 것

미래에 완성될 하나님 나라를 이미 잘 아신 예수님은 지상 사역을 통해 완성된 하나님 나라의 모습을 일부 보여 주셨다. 수많은 병자를 고치시고 죽은 사람을 살리기까지 하셨는데, 이는 하나님 나라의 예고편 같은 것이었다. 하지만 그것만으로 이 땅에 하나님 나라를 이룰 수는 없었다. 그것은 다만 하나님 나라를 기대하게 할 뿐이었다.

진정 그 나라를 이루기 위해서는 세상을 변질시킨 죄 문제를 해결해야만 했다. 이를 위해 예수님은 십자가에서 죽으신 것이다. 사회적으로 볼 때 예수님의 죽음은 유대 종교 지도자들과 로마 권력이 연합해서 만든 정치적 살인이었다. 그러나 하나님의 계획으로 보면 이 세상에 하나님 나라를 세우기 위한 기초 공사였다. 예수님은 십자가에 피 흘려 죽으심으로써 죄로 인해 무너졌던 세 가지 영역을 다시 세우셨다.

첫째, 죄로 인해 멀어졌던 하나님과 사람 사이를 다시 가깝게 만드셨다. 하나님과의 사이에 죄가 있어 사람은 하나님께 나아갈 수 없었다. 이스라엘 사람들은 짐승의 피로 제사를 드려 주기적으로 죄 사함을 받고 나서야 하나님께 나아갈 수 있었다. 그런데 예수님이 십자가에 죽으심으로 하나님과 사람 사이를 막던 죄가 사라지면서 얼마든지 하나님께 나아갈 수 있게 되었다. 예수님의 죽음으로 하나님과 사람이 다시 연합할 수 있게 된 것이다.

둘째, 죄로 인해 세워진 사람과 사람 사이의 담을 무너뜨리셨다. 죄로 인한 사람들 간의 분리와 소외는 다양한 형태로 나타났다. 가까운 사람들 사이에 갈등이 일어나고, 이것이 확장되어 타인에 대한 증오심이나 차별로 나타나기도 했으며, 민족과 국가 간 전쟁과 같은 거대한 현실로 확대되었다. 그런데 예수님이 십자가에 죽으심으로 사람 사이를 막고 있던 담이 무너져 내렸다. 당시 이방인들이 예수님의 피로 인해 하나님께 가까워졌을 뿐 아니라 유대인과 이방인 사이에 막힌 담이 허물어져 하나가 될 수 있었다(엡 2:13-14). 예수님이 죽음으로 허물어 버린 것은 인종 사이의 막힌 담뿐 아니라 사람들 사이를 막고 있던 수많은 종류의 담이다. 그 결과 예수님 안에서는 유대 사람과 그리스 사람 사이의 차별도, 종과 자유인의 차별도, 남자와 여자 사이의 차별도 없게 되었다. 모든 사람이 그리스도 안에 하나가 되었다(갈 3:28).

셋째, 인간의 죄로 인해 저주받은 땅을 하나님과 화목하게 하셨다. "그분의 십자가의 피로 평화를 이루셔서, 그분으로 말미암아 만물을, 곧 땅에 있는 것들이나 하늘에 있는 것들이나 다, 자기와 기꺼이 화해시켰습니다"(골 1:20). 십자가의 피가 하나님과 만물 사이의 평화를 가져온 것이다. 예수님은 십자가에서 죽으심으로 먼저 하나님 나라를 죄악 세상으로 변질시켜 버렸던 마귀의 세력을 무너뜨렸다(골 2:15). 예수님의 죽으심을 통해 죄로 인해 망가져 버린 사람과 그들이 다스리는 피조 세계를 다시 창조하신 셈이다. 그래서 우리는 "누구든지 그리스도 안에 있으면, 그는 새로운 피조물입니다. 옛것은 지나갔습니다. 보십시오, 새것이 되었습니다"(고후 5:17)라고 외칠 수 있게 되었다. 예수 그리스도의 대속의 죽음으로 하나님 나라를 새롭게 창조하게 된 것이다.

· **예수님의 부활하심으로 이루신 것**

예수님의 죽으심으로 끝났다면 새로 창조하신 하나님 나라는 통치자가 더 이상 존재하지 않는 나라가 되고 말았을 것이다. 그러나 예수님은 죽으심으로 그 나라를 새롭게 창조하셨을 뿐 아니라 부활하심으로 하늘과 땅의 모든 권세를 갖게 되셨다(마 28:18). 부활하심으로 하나님 나라의 왕이 되셨다는 뜻이다. 그리고 예수를 믿는 사람들은 부활에 동참함으로 하나님 나라의 백성이 된다. "우리가 그의 죽으심과 같은 죽음을 죽어서 그와 연합하는 사람이 되었으면, 우리는 부활에 있어서도 또한 그와 연합하는 사람이 될 것입니다"(롬 6:5). 예수를 믿는 사람은 예수님과 연합해서 이미 부활을 경험했다. 그러므로 하나님 나라의 백성이 된 것이다. 물론 여기서 말하는 부활은 영적인 부활이다. 완전한 부활은 하나님 나라가 완성될 때 신령한 몸을 입고 영원히 사는 것이다. 지금 이 땅에 사는 동안 하나님 나라의 백성으로 부활한 것을 확신하면서 동시에 몸의 부활을 소망하며 사는 것이다.

예수님은 십자가에서 죽으시면서 이 땅에 가까이 왔다고 하셨던 하나님 나라의 기초 공사를 마치셨다. 십자가에서 "다 이루었다"고 하신 것은 하나님 나라를 다 이루셨다는 것이 아니라 기초 공사를 이루셨다는 말이다. 마지막 때에 예수님이 다시 오셔서 "다 이루었다"고 하실 것인데, 그때 하나님 나라가 완성될 것이다(계 21:6). 예수님이 부활하신 후에 세상의 모든 권세를 가졌다고 하셨는데(마 28:18), 이것 역시 완전한 통치가 시작된 것을 말하는 것이 아니라, 하나님 나라가 이루어지기 시작했음을 말하는 것이다. 마지막 때에 "하늘과 땅 위와 땅 아래 있는 모든 것들이 예수의 이름 앞에 무릎을 꿇고, 모두가 예수 그리스도는 주님이시라고 고백하여, 하나님 아버지께 영광을 돌리게" 될 것이다(빌 2:10-11).

· **하나님 나라와 그리스도인**

예수님은 십자가에서 죽었다가 부활하심으로 이 땅에서 하나님 나라의 기초 공사를 끝내셨다. 공사를 마친 후 세상은 변하기 시작했다. 변화는 이 땅을 새롭게 하신 그리스도를 믿는 사람들에게서 먼저 일어났다. 누구든지 그리스도 안에 있으면 새로운 피조물이 된다. 이전 것은 지나갔고 새것이 되었다고 바울은 선포했다(고후 5:17). 바울은 할례 문제로 갑론을박하는 사람들에게 "할례를 받거나 안 받는 것이 중요한 것이 아니라, 새롭게 창조되는 것이 중요합니다"(갈 6:15)라고 했다. 그리스도 안에서 새롭게 창조된 사람들이 삶 속에서 하나님 나라를 이루어 가게 된 것이다. 전통적으로 이것을 '심령 천국'이라고 불렀는데 교리적으로 말하면 성도의 성화를 말하고, 구체적으로 말하면 산상수훈에서 가르쳐 주신 여덟 가지 천국의 헌장을 지키는 것이며, 성령으로 아홉 가지의 열매를 맺는 것이라고도 할 수 있다.

예수님이 이 땅에 오셔서 새 나라를 시작하셨다. 그러나 그 나라는 아직 완전한 모습으로 오지 않았다. 이제 우리는 하나님 나라의 백성으로서 하나님 나라의 완성을 소망하며 이 땅에서 그 나라를 조금씩 이루어 가야 한다. 이 소망을 위해 할 일은 "티도 없고 흠도 없는 사람으로, 아무 탈이 없이 하나님 앞에 나타날 수 있도록" 힘쓰는 것이다(벧후 3:14). "그에게 이런 소망을 두는 사람은 누구나, 그가 깨끗하신 것과 같이 자기를 깨끗하게 합니다"(요일 3:3). 즉 성도 개인 생활의 성화를 말한다. 성령이 거하시는 성전이 된 우리 자신을 거룩하게 세우는 것이 바로 이 땅에 하나님 나라를 세우는 기본적인 일이다.

그러나 이것은 하나님 나라를 세우는 일의 시작에 불과하다. 하나님 나라는 믿는 사람들이 새롭게 창조되는 것으로 시작되어 그들이 사는 세상, 사회와 자연환경의 새 창조에 이르기까지 확장된다. 예수님은 이를 겨자씨와 누룩의 비유로 설명하셨다. 예수께서 말씀하셨다. '하나님 나라는 무엇과 같은가? 그것을 무엇에다가 비길까? 그것은 겨자씨의 다음 경우와 같다. 어떤 사람이 겨자씨를 가져다가 자기 정원에 심었더니, 자라서 나무가 되어, 공중의 새들이 그 가지에 깃들였다.' 예수께서 다시 말씀하셨다. '하나님 나라를 무엇에다가 비길까? 그것은 누룩의 다음 경우와 같다. 어떤 여자가 누룩을 가져다가, 가루 서 말 속에 섞어 넣었더니, 마침내 온통 부풀어올랐다'"(눅 13:18-21).

• **세속 일터 속의 그리스도인이 지켜야 할 원칙**

세상에서 하나님 나라를 이루어 가야 할 대표적인 영역이 바로 일터이다. 일터에는 죄악이 여전히 존재한다. 하나님 나라가 시작되었지만 아직 세상 나라의 요소가 남아 있다. 어떤 때는 일터에 죄가 가득 차 있는 것처럼 느껴질 때도 있다. 일터에는 죄악 세상과 하나님 나라가 공존한다. 세속의 권력이 강력한 정치 영역에서는 하나님 나라를 거의 볼 수가 없다. 물질에 대한 탐욕이 왕성하게 지배하는 비즈니스 세계에서도 하나님 나라가 잘 보이지 않는다. 심지어는 이 땅에서 하나님 나라를 대표한다는 교회에서조차 종교의 껍데기를 쓴 권력과 탐욕이 난무해서 하나님 나라가 보이지 않을 때가 있다. 세속의 일터는 어떤 종류의 일이든 돈과 사람이 관여하기에 탐욕과 권력이 막강한 영향을 미친다.

이런 일터에 있는 그리스도인은 눈에 보이지 않아도 하나님 나라가 일터에 이미 시작되었다는 믿음을 가져야 한다. 일터가 결국 완전한 하나님 나라가 될 것을 소망하면서 지켜야 할 원칙은 다음과 같다.

첫째, 에덴에서 했던 일을 회복하면서 새 하늘과 새 땅에서 일하는 것을 미리 연습해 보아야 한다. 사람의 모든 일을 주님의 일로 변화시키는 것이다. 이전에는 종교적인 일만 하나님 나라의 일이고 나머지 일은 하나님 나라와 무관하다고 생각했다면, 이제 모든 일이 하나님 나라의 일이 될 수 있다는 확신을 가져야 한다. 세속적 가치 기준으로 귀한 일과 천한 일로 구별했던 것을 없애고, 모든 일을 하나님 나라의 귀한 일로 인식하는 것이다. 그리고 새 하늘과 새 땅에서는 절대 하지 않을 일들은 어떤 이유에서든 하지 않아야 한다. 하나님 나라의 윤리 기준에 따라 일을 엄격하게 평가하는 것이다.

둘째, 에덴에서 일은 돈과 무관했다. 새 하늘과 새 땅에서도 일을 하겠지만 돈을 벌 필요는 없을 것이다. 그러나 아직 돈이 필요하고, 돈 때문에 일을 해야 하는 것이 현실이다. 일터에서 하나님 나라를 이루는 것은 돈을 위해 일하지 않고, 일을 해서 얻게 된 돈을 하나님 나라의 열매로 생각하고 감사하는 것이다. 하나님 나라에서는 하나님과 재물을 동시에 섬길 수 없다(마 6:24). 돈을 추구하는 탐욕은 우상 숭배와 같다(골 3:5). 하나님 나라의 백성은 하나님 나라를 이루어 가기 위해서 재물을 추구하는 욕망과 끊임없이 싸워야 한다.

셋째, 하나님 나라에서는 하나님 나라의 백성이라는 신분이 맡은 역할보다 더 중요하다. 무엇보다 먼저 하나님이 우리를 당신 나라의 백성으로 부르셨다는 사실을 알아야 한다. 죄악 세상에서는 일의 가치가 사람의 가치보다 더 중요하게 여겨지기 쉽다. 그러나 하나님 나라에서는 세상 어떤 일도 사람보다 중요할 수 없다. 일터에서 사람이 일보다 더 가치 있음을 보여 주고 일에 중독되지 않도록 하는 것이 하나님 나라를 이루어 가는 중요한 일이 된다.

넷째, 세속 일터에서 사람은 일을 위한 도구가 되었다. 사람이 일의 도구가 되는 것은 육체노동에만 국한되는 것이 아니다. 아무리 고상한 일을 한다 해도 일의 도구가 되기 쉽고, 일에 의해 정체성이나 가치를 규정 당할 때도 많다. 에덴에서는 피조물 중 최고의 가치를 지닌 것이 사람이었다. 사람만이 하나님의 형상으로 창조되었기 때문이다. 그리고 새 하늘과 새 땅에서 만물을 다스리는 존재 역시 하나님을 믿는 사람이다. 그러므로 하나님 나라를 이루기 위해 사람을 사람 되게 하는 것이 매우 중요하다. 세속 사회에서는 인권의 가치를 강조하다 보니 인권과 인권 사이에서 갈등이 생긴다. 그러나 하나님 나라에서는 인권보다 하나님의 형상으로서 사람이 지닌 인격의 존엄성을 강조한다.

세상 나라는 돈이 하나님의 위치에 있다. 돈을 벌기 위해 일하고, 일하기 위해 사람을 필요로 한다. 일터에서 가장 중요한 것이 돈이고, 그다음이 일, 그다음이 사람이다. 사실상 하나님은 있을 자리가 없다. 그런데 하나님 나라에서는 정반대가 된다. 돈이 중요하기는 하나 돈보다 돈 벌기 위해 하는 일이 더 중요하다. 그리고 일보다 일하는 사람이 더 중요하다. 그리고 그 사람보다 그들을 창조하신 하나님과, 그 뜻이 더 중요하다. 일터에서 하나님 나라를 이루는 것은 잘못된 우선순위를 바로잡는 것이다. 현실적으로 어렵고 때로 불가능하게 느껴져도, 마지막 날에 결국 이루어질 것을 소망하면서 한 걸음씩 내딛는 것이다. 예수님이 다시 오셔서 완성될 그때까지, 이 나라 백성인 그리스도인은 하나님과 공동으로 이 나라를 이루어 가야 한다. 개인의 삶에서, 교회를 통해, 또 각자가 일하는 일터에서 말이다.

완성:
새 하늘과 새 땅에서의 일

• **새 하늘과 새 땅**

구약의 선지자들은 종말을 예언할 때마다 새 하늘과 새 땅을 언급했다. 하나님이 창조하신 하늘과 땅이 인간의 죄로 인해 저주받았다는 것을 아는 사람들은 지금의 하늘과 땅이 하나님 보시기에 좋지 않음을 알았다. 그들은 하나님께서 하늘과 땅을 새롭게 만드실 것을 기대했다. 하나님이 아들을 이 땅에 보내셨을 때 많은 사람들은 당장 새 하늘과 새 땅이 이루어지지 않을까 생각했다. 세례 요한도 그랬다. 그는 오실 메시아가 알곡은 곳간에 모아들이고 쭉정이는 꺼지지 않는 불에 태우실 것이라고 했다(눅 3:17). 그런데 아무리 기다려도 예수님이 그런 심판을 하실 기색을 보이지 않자 당황했던 것 같다. 제자들을 예수님께 보내 물었다. "선생님이 오실 그분입니까? 그렇지 않으면, 우리가 다른 분을 기다려야 합니까?"(눅 7:20). 이 질문을 듣고 예수님은 "너희가 보고 들은 것을, 가서 요한에게 알려라. 눈먼 사람이 다시 보고, 다리 저는 사람이 걷고, 나병환자가 깨끗해지고, 귀먹은 사람이 듣고, 죽은 사람이 살아나고, 가난한 사람이 복음을 듣는다"(눅 7:22). 예수님은 자신이 메시아인 것은 맞지만 세상을 심판하는 것이 아니라 구원하기 위해 세상에 왔다고 말씀하셨다(요 3:17).

그래서 예수님이 먼저 하신 일은 하나님 나라를 맛보게 하신 것이다. 선지자들이 기대했던 하나님 나라는 완전한 평화의 나라였다. 지금 세상과는 완전히 다른 새 하늘과 새 땅이었다. "그 때에는, 이리가 어린 양과 함께 살며, 표범이 새끼 염소와 함께 누우며, 송아지와 새끼 사자와 살진 짐승이 함께 풀을 뜯고, 어린아이가 그것들을 이끌고 다닌다. 암소와 곰이 서로 벗이 되며, 그것들의 새끼가 함께 눕고, 사자가 소처럼 풀을 먹는다. 젖 먹는 아이가 독사의 구멍 곁에서 장난하고, 젖 뗀 아이가 살무사의 굴에 손을 넣는다. '나의 거룩한 산 모든 곳에서, 서로 해치거나 파괴하는 일이 없다'"(사 11:6-9). 예수님은 이런 나라를 당시 상황에 적절한 모습으로 보여 주신 것이다. 이것은 나중에 완성될 하나님 나라를 맛보게 하는 일종의 예고편이었다.

선지자들은 하나님 나라를 에덴동산과 연결해서 상상했다. 완전한 평화의 나라, 즉 완성된 하나님 나라는 도성의 모습이다. 사도 요한은 그 장면을 이렇게 묘사했다. "나는 새 하늘과 새 땅을 보았습니다. 이전의 하늘과 이전의 땅이 사라지고, 바다도 없어졌습니다. 나는 또 거룩한 도성 새 예루살렘이, 남편을 위하여 단장한 신부와 같이 차리고, 하나님께로부터 하늘에서 내려오는 것을 보았습니다"(계 21:1-2).

그곳에서는 하나님과 사람, 사람과 사람의 관계가 달라질 것이다. 단순히 달라지는 것이 아니라 완벽해질 것이다. "보아라, 하나님의 집이 사람들 가운데 있다. 하나님이 그들과 함께 계실 것이요, 그들은 하나님의 백성이 될 것이다. 하나님이 친히 그들과 함께 계시고, 그들의 눈에서 모든 눈물을 닦아 주실 것이니, 다시는 죽음이 없고, 슬픔도 울부짖음도 고통도 없을 것이다. 이전 것들이 다 사라져 버렸기 때문이다"(계 21:3-4). 하나님 나라에서 구원받은 성도는 완전한 관계, 완전한 평화, 완전한 기쁨을 누릴 것이다. 하나님 나라는 성령 안에서 누리는 의와 평화와 기쁨이라고 했는데(롬 14:17) 그것을 온전하게 누리게 되는 것이다.

• **지금의 나라와 이어진 새 하늘과 새 땅**

예수님은 완전한 하나님 나라를 "새 세상"이라고 말씀하셨다 (마 19:28). 베드로와 요한은 이사야의 말을 그대로 사용해서 "새 하늘과 새 땅"이 된다고 했다(사 65:17; 벧후3:13; 계 21:1). "새 세상", "새 하늘과 새 땅"이라고 하면 우리가 보는 하늘, 땅과는 완전히 다른 세상을 연상할 수 있다. 분명히 이 세상과는 다르겠지만 완전히 무관한 세상은 아니다. 이에 대해서는 죽은 사람의 부활에 대한 설명을 통해 좀 더 정확하게 알 수 있다. 사람이 죽으면 몸은 썩지만 부활할 때 신령한 몸으로 살아난다(고전 15:42-44). 죽는 사람과 부활한 사람은 다른 사람인 것은 아니나 분명히 다른 모습일 것이다. 부활 시에 우리 모두는 새 사람이 된다. 지금 우리와 같은 정체성을 가졌지만, 완전히 다른 몸을 가진 사람이 된다는 것이다. 죽으면 몸은 썩어 형체도 없이 사라지겠지만 어느 날 영적인 몸을 입고 부활할 것이다. 그때의 나는 지금 나의 연장선에 있는 존재다. 지금 내가 방선기이듯 그때의 나도 방선기일 것이다. 그러나 그때의 나는 예수님의 영광과 똑같은 영광을 지녔기에, 지금의 나와는 모든 면에서 엄청나게 다를 것이다. 그때 내가 어떤 모습을 하고 어떤 속성을 지닐지 정확하게 알 수는 없다. 그래서 사도 바울은 구리거울을 통해 보는 것같이 희미하다고 말했다(고전 13:12). 그러나 지금의 나와 완전히 다른 존재가 된다는 것은 너무나도 분명하다.

새 하늘과 새 땅도 지금 것의 연장선상에 있지만 하나님이 새롭게 창조하셨기에 지금과는 완전히 다를 것이다. 새 하늘과 새 땅이 어떤 모습일지 구체적으로 알 수는 없다. 다만 새 하늘과 새 땅은 지금 이 세상과 무관하지 않을 것이다. 우리가 사는 이 세상은 완벽한 모습으로 변하게 될 것이다.

그 모습에 대해서 함부로 상상해서는 안 된다. 성경이 가르쳐 주는 것을 근거로 추론할 수 있을 뿐이다. 추론 방법 중의 하나는 구약의 율법 중 성소와 지성소의 관계를 통해 짐작하는 것이다. 성소는 제사장들이 언제나 들어가서 제사를 드릴 수 있는 곳이었지만, 지성소는 대제사장이 일 년에 한 번만 들어갈 수 있는 곳이었다. 그곳에는 죄 사함을 위한 피를 가지고 들어가야 했다(히 9:6-7). 그래서 성소와 지성소 사이에는 휘장이 있어 둘을 완전히 구별했다. 그런데 예수님이 십자가에 죽으실 때, 성전의 휘장이 찢어졌다. 이후로 모든 성도는 예수의 피를 힘입어서 담대하게 지성소에 들어가게 되었다(히 10:19). 그때부터 율법에서 가르치는 가시적인 지성소는 사라지고, 눈에 보이지 않는 지성소가 생겼다. 예수님이 그 지성소로 가는 길을 열어 주셨다(히 10:20). 새 하늘과 새 땅은 눈에 보이는 지성소를 말하는 것이 아닌가 짐작한다. 이스라엘 백성들은 지성소가 있는 줄은 알았지만 들어갈 수 없었다. 대제사장만 일 년에 한 번 겨우 들어갈 수 있었다. 그런데 예수 믿는 신자들은 지성소에 들어갈 수 있을 뿐 아니라 아예 그곳에서 살고 있다. 비록 눈에 보이지 않지만 삼위일체 하나님이 임재하시므로 지성소 안에 사는 것이다. 그런데 예수님이 다시 오신 후에 이루실 하나님 나라는 바로 그 지성소가 눈에 보이는 영광스럽고 거룩한 곳이 된다. 그때 부활한 우리는 하나님 나라의 지성소에서 영생을 누리는 것이다.

- ### 새 하늘과 새 땅에서 없어질 것

그 나라가 얼마나 거룩하고 영광스러울지는 상상할 수밖에 없다. 그러나 동시에 하나님의 말씀을 참고해서 어느 정도 예상할 수는 있다. 사람들이 죄를 짓는 가장 보편적인 통로는 돈, 섹스, 권력이다. 죄의 리스트를 보면 대부분이 이 세 가지 영역과 관련 있다. 새 하늘과 새 땅에는 아마도 이 세 가지가 사라지지 않을까.

첫째, 완성된 하나님 나라에는 돈과 재물이 필요 없을 것이다. 예수님은 하나님과 재물을 동시에 섬길 수 없다고 했다(마 6:24). 그런데 사람들은 재물을 하나님처럼 섬기다 보니 돈 때문에 각종 죄를 범하게 된다. 돈을 사랑함이 모든 악의 뿌리가 된다는 말씀이 실감 난다(딤전 6:10). 그래서 하나님 나라가 완성될 새 하늘과 새 땅에서는 돈이나 재물이 완전히 사라지지 않을까 생각해 본다. 또 하나님 나라에서는 우리의 필요가 완전히 채워질 것이기에 굳이 돈이나 재물이 필요하지 않다. 그러므로 그 나라에서는 에덴동산의 아담처럼 먹고 살기 위해서가 아니라 피조 세계를 다스리기 위해 일하게 될 것이다.

이런 소망과 확신을 가진 사람은 이 땅에서 재물과 관련해 세상과 구별된 삶을 살 수 있다. 사도 바울도 이런 소망이 있었기에 세상에서 돈 좀 있다는 이들에게 이렇게 권면하라고 했다. "그대는 이 세상의 부자들에게 명령하여, 교만해지지도 말고, 덧없는 재물에 소망을 두지도 말고, 오직 우리에게 모든 것을 풍성히 주셔서 즐기게 하시는 하나님께 소망을 두라고 하십시오. 또 선을 행하고, 좋은 일을 많이 하고, 아낌없이 베풀고, 즐겨 나누어 주라고 하십시오. 그렇게 하여, 앞날을 위하여 든든한 기초를 스스로 쌓아서, 참된 생명을 얻으라고 하십시오"(딤전 6:17-19).

둘째, 완성된 하나님 나라에서는 성(sex)이 없어질 것이다. 예수님은 부활 때에 사람들이 장가도 가지 않고 시집도 가지 않고 하늘에 있는 천사들과 같을 것이라고 하셨다(마 22:30). 인간의 성(gender) 자체가 사라진다는 뜻인지 정확하게 알 수는 없다. 그러나 적어도 남자와 여자가 하나가 되는 부부 관계와 성관계가 사라진다는 뜻임은 분명하다. 성은 하나님이 창조 시에 축복으로 주신 것인데 인간의 타락 후 죄악의 통로로 변질되고 말았다. 그래서 성관계 자체를 죄악시하는 사람들은 결혼까지 금하기도 했다(딤전 4:3). 그러나 그것은 창조 질서를 잘못 이해한 것이다. 이 세상에서 생육하고 번성하기 위해서는 성이 필요하고, 결혼도 필요하다. 그러나 완성된 하나님 나라에서는 더 이상 생육하고 번성할 필요가 없기에 부활한 사람들이 결혼해서 성관계를 가질 필요가 없어질 것이다.

그 대신 모든 사람들이 완전히 연합하게 될 것이다. 이 세상에서 사람 사이의 온전한 연합은 부부 관계뿐이다(고전 6:16-17). 그러나 하나님 나라에서는 모든 사람들의 관계가 완전한 연합을 이루게 될 것이다. 이 땅에서는 죽도록 사랑해도 한계가 있다. 가장 친밀한 부부 간의 사랑도 너무 쉽게 깨진다. 그러나 완성된 하나님 나라에서는 모든 사람들 사이의 사랑이 완전한 모습을 갖게 될 것이다. 지금 우리가 경험하는 사랑은 거울로 보는 것같이 희미하지만 그때에 우리가 경험하게 될 사랑은 얼굴과 얼굴을 마주하여 보는 것처럼 분명할 것이다(고전 13:12).

셋째, 완성된 하나님 나라에서는 사람들을 지배하는 권력이 사라질 것이다. 예수님은 하나님 나라에서 가장 큰 사람이 어린아이와 같은 사람이라고 하셨다. 어린아이와 같이 되지 않으면 하나님 나라에 들어가지 못한다고도 하셨다. 어린아이와 같이 자기를 낮추는 사람이 하나님 나라에서 큰 자가 된다고 말씀하셨다(마 18:1-4). 제자들이 서로 높아지려고 하는 것을 보신 예수님은 세상 통치자들은 백성을 내리누르고 세도를 부리지만 제자들끼리는 그래선 안 되고, 위대하게 되고자 하는 자는 섬기는 자가 되어야 한다고 가르치셨다(마 20:25-26). 그러면서 당신은 섬김을 받으러 온 것이 아니라 섬기러 왔다고 하셨다(막 10:45).

세상을 다스리기 위해서 권력이 필요하지만, 권력 때문에 많은 죄악이 나타난다. 하나님 나라에서는 더 이상 권력이 필요 없으며 권력이 작동하던 자리에 섬김만이 남게 될 것이다. 주기도의 마지막 부분에 나라와 권세(권력)와 영광이 영원히 아버지의 것이라는 말씀을 보아(마 6:13), 권력 자체가 사라지는 것은 아닐 듯하다. 그러나 이 세상에서 경험하는 세속적인 권력은 사라지고, 섬김으로 다스리는 권력이 대신하지 않을까 생각한다.

요약하면 새 하늘과 새 땅에서 하나님의 백성은 재물에 대한 걱정 없이 서로가 완벽하게 사랑을 주고받으면서, 서로를 섬김으로 통치하게 될 것이다.

- **새 하늘과 새 땅에서의 의식주**

새 하늘과 새 땅에서도 이 땅에서와 똑같이 생활한다면 의식주 생활은 지속되지 않을까 생각한다. 육체 없는 영혼으로 존재하는 것이 아니라 신령한 몸으로 부활한다면 의식주의 필요가 있을 것이고, 그 필요를 위해 일해야 할 것이다.

예수님이 부활하신 후에 제자들과 함께 생선과 떡을 잡수신 것을 생각하면, 신령한 몸을 입고 부활한 후에도 분명히 식생활은 하게 될 것 같다. 하나님 나라에 열두 종류의 열매를 맺는 생명나무가 있어서 달마다 열매를 내는 것을 보면(계 22:2) 그 나라에서도 에덴에서와 같이 마음대로 열매를 먹을 수 있을 것 같다. 예수님이 마지막 만찬 자리에서 "이제부터 내가 하나님의 나라에서 새것을 마실 그날까지, 나는 포도나무 열매로 빚은 것을 다시는 마시지 않을 것이다"(막 14:25)라고 하신 것으로 보아, 하나님 나라에서 무언가 마실 것을 예상할 수 있다. 물론 그때 먹고 마시는 것이 생명을 유지하기 위한 것은 아닐 것이다. 우리의 생명은 영원할 것이기 때문에, 그야말로 먹고 마시는 것을 통해서 하나님 나라의 삶을 누리게 될 것이다.

예수님이 어린 양의 혼인 잔치에서 신부에게 빛나고 깨끗한 모시옷을 입게 하신다면(계 19:8), 부활한 우리에게 의복도 필요할 것 같다. 물론 그때 우리가 입을 의복은 지금의 의복과는 꽤 다를 것이다. 그때 성도들이 입을 옷은 성도들의 의로운 행위라고 한 것을 보면 부활한 몸과 일체가 된 무언가가 아닐까 한다. 이 세상에서는 옷이 몸을 가리는 역할을 하는 반면, 그때는 굳이 몸을 가릴 필요가 없으므로 옷은 하나님의 영광을 드러내게 될 것이다. 그렇게 생각하면 사도 바울이 성도들에게 "주 예수 그리스도로 옷을 입으십시오"(롬 13:14a)라고 말한 것이 이해된다. 이 땅에서 사는 동안은 육신을 가리기 위해 옷을 입지만 우리의 영을 보호하기 위해서는 그리스도를 입어야 한다. 그런데 완성된 하나님 나라에서는 신령한 몸으로 부활하였기에 하나님의 영광 그 자체인 예수 그리스도만으로 옷 입게 될 것이다. 바울이 예언한 대로 "우리는 주님과 같은 모습으로 변화하여, 점점 더 큰 영광에 이르"는 것이다(고후 3:18b).

예수님이 제자들에게 아버지 집에 있을 곳이 많다고 하시면서 "너희가 있을 곳을 마련하러 간다"(요 14:2)라고 하셨는데 부활한 우리의 신령한 육체도 거할 곳이 필요함을 암시한다. 물론 지금 우리가 사는 집과는 많은 차이가 있을 것이다. 이 땅에서도 과거와 현대의 집에는 엄청난 차이가 있다. 예전에 움막에서 살던 사람들은 거대한 아파트를 상상조차 못했을 것이다. 마찬가지로 하나님 나라의 집은 우리의 상상을 초월할 것이다. 주 하나님과 어린 양이 성전이기에 하나님 나라에서 성전을 볼 수 없다고 하신 말씀을 생각해 보면(계 21:22), 우리가 살게 될 집도 이 땅의 집과는 파격적으로 다를 것이라 예상할 수 있다.

하나님 나라에서의 의식주는 지금과는 판이하게 다르겠지만, 하나님 나라에서도 의식주가 이어질 것은 분명하다. 그리고 이를 위한 일이 필요하지 않을까 생각한다. 물론 그때는 신령한 육체를 입기에 지금의 일과는 많은 차이가 있겠지만 어쨌든 육체를 지니고 의식주 생활을 한다면 일하는 것은 피할 수 없을 것이다.

- **새 하늘과 새 땅에서의 일**

그렇다면 그 나라에서의 일은 지금 이 땅에서 하는 일과 어떻게 다를까? 어렸을 때 하나님 나라에서는 일하지 않을 거라고 상상했다. 하나님 나라에서는 일하지 않고 매일 기타 치면서 찬송 부르며 즐거워할 것이라고 생각했다. 그렇게 생각할 수밖에 없었던 데에는 두 가지 정도의 이유가 있다.

첫째로, 일은 원래가 힘든 것인데 완성된 하나님 나라에서도 일을 한다면 무언가 잘못된 것 같았다. 그러면서도 나중에는 좀 지루해지지 않을까 걱정했던 기억이 난다. 이렇게 생각하는 것은 일에 대한 감정이 죄로 인해 변질되었기 때문이다. 범죄하기 전에 에덴동산의 일은 수고나 고통과 무관한 즐겁고 행복한 것이었다. 완성된 하나님 나라에서의 일 역시 그럴 것이다. 그 나라에서는 이 땅에서 일하던 때를 회상하며 격세지감을 느끼게 되지 않을까 상상해 본다. "옛 세상에서 일할 때는 정말 힘들었었지. 새 하늘과 새 땅에서 일하는 것이 이렇게 즐거울 줄은 정말 몰랐어."

둘째로는 하나님 나라는 안식에 들어가는 것이므로 하나님이 일을 마치시고 쉬는 것같이 사람도 자기 일을 마치고 쉰다고 생각했기 때문이다(히 4:10). 그러나 하나님 나라에서의 안식은 이 땅에서의 일을 마치고 쉬는 것이지 일 자체가 사라진다는 것은 아니다. 만물을 창조하신 하나님이 이렛날에는 모든 일을 마치고 쉬셨다(창 2:2-3). 그런데 예수님은 하나님이 지금도 일하고 계신다고 하셨다. 심지어 안식일에도 말이다(요 5:17). 즉 하나님의 안식은 하나님의 일과 반대되는 것이 아니라는 말이다. 예수님이 수고하고 무거운 짐 진 자들에게 쉼을 주겠다고 하시면서 "내 짐은 가볍다"고 하신 것은 쉼이 짐의 부재를 의미하는 것이 아니라는 말이다(마 11:28-30). 하나님은 안식하면서 일하시고 일하면서 안식하신다. 우리도 마찬가지로 하나님 나라에서 영원한 안식을 누리면서 일하고, 일하면서 안식을 누릴 것이다. 하나님 나라에서 우리는 예수님과 공동 상속자가 되어 예수님의 짐을 나눠 지면서 그 나라를 통치하게 될 것이다.

일을 한다면 도대체 어떤 일을 하게 될 것인가? 이에 대해 말할 수 있는 것은 딱 하나이다. "그들은 영원무궁하도록 다스릴 것입니다"(계 22:5). 그때 부활한 성도들이 다스릴 대상이 누구인지 혹 무엇인지는 알 수 없다. 다만 창조 시에 하나님이 사람을 창조하시고 사람에게 "다스려라"(창 1:28)고 하신 것과 비교해 보면 어렴풋이 짐작할 수 있다.

언젠가 하나님 나라의 일과 관련해서 재미난 이야기를 들은 적이 있다. 우리말에 '짓다'라는 말은 아주 유용한 동사이다. 밥도 짓고 옷도 짓고 심지어 집도 짓는다. 의식주 생활 모두를 '짓는다'라는 말로 표현한다. 재미있는 것은 의식주 생활을 하면서 죄를 범하는데, 그것도 죄를 짓는다고 하는 것이다. 이 땅에서는 의식주 생활을 하면서 죄를 지을 수 있다는 뜻이 된다. 하나님 나라에서의 의식주 생활이 이 땅과 다른 점은 죄와 무관하다는 것이다. 이것을 일에 적용해 보면 비슷한 결론을 내릴 수 있다. 하나님 나라에서 우리가 하게 될 일이 이 땅에서의 일과 결정적으로 다른 점은 그 일이 죄와 무관하다는 것이다.

돈, 섹스, 권력으로 인해 발생하는 많은 죄악이 그 나라에서는 없어질 것이다. 그러니까 사람들이 일을 하지만 생계와 무관하게 즐겁게 일할 수 있고, 또 일하는 사람들이 완전히 연합해서 평화로운 삶을 누리게 될 것이며, 누가 누구를 억압하는 일 없이 서로가 서로를 섬기게 될 것이다.

그렇기에 사도 바울은 부활하게 될 성도들을 향해 "굳게 서서 흔들리지 말고, 주님의 일을 더욱 많이 하십시오. 여러분이 아는 대로, 여러분의 수고가 주님 안에서 헛되지 않습니다"(고전 15:58)라고 했다. 이 말씀은 엄청난 일을 이루어 놓고 헛되고 헛되니 모든 것이 헛되다고 한 전도자의 탄식과 대조된다. 아마도 전도서 기자는 하나님 나라가 완전하게 이루어지는 데 대한 소망이 없었기에, 죽음 앞에서 이 땅에서 한 수고가 헛되다고 말할 수밖에 없었던 것 같다. 하나님 나라에 대한 소망이 있고 그 나라에서도 계속될 일을 기대하는 사람들은, 지금 이 땅에서의 수고가 절대 무의미하지 않고, 그 나라에서의 일을 준비하는 거라고 생각할 수 있다. 그런 사람은 하나님 나라의 소망 없이 사는 사람과는 완전히 다른 자세로 일할 것이다.

톰 라이트(Nicholas Thomas Wright)는 《마침내 드러난 하나님 나라》(IVP, 2009)라는 책에서 하나님 나라와 일의 관계에 대해 아주 자세하게 설명한다.

"현재 우리가 육체를 가지고 하는 일이 중요한 이유는 하나님이 그 육체를 위해 위대한 미래를 준비하고 계시기 때문이다. 그리고 만약 이러한 사실이 고전 6장에서처럼 윤리에 적용된다면 하나님의 백성이 부름받은 다양한 소명에도 당연히 적용될 것이다. 그림이든, 설교든, 노래든, 바느질이든, 기도든, 가르치는 일이든, 병원을 짓는 일이든, 우물을 파는 일이든, 정의를 위해 캠페인을 벌이는 일이든, 시를 쓰는 일이든, 도움이 필요한 자를 돌보는 일이든, 자신처럼 이웃을 사랑하는 일이든, 현재 우리가 하는 모든 일이 하나님의 미래에도 지속될 것이다. … 그러한 일들은 하나님 나라를 세우기 위해서 하는 일이라고 우리가 부를 만한 일들이다."

"우리가 주 안에서 하는 일은 헛되지 않다. … 때가 되면 하나님의 새로운 세상의 일부가 될 일을 우리가 성취하고 있는 것이다. 모든 사랑과 감사와 친절의 행위, 하나님의 사랑으로부터 영감을 받고 하나님의 창조의 아름다움을 즐거워하면서 만들어 낸 모든 미술 혹은 음악 작품, 심한 장애를 앓고 있는 아이가 글을 읽거나 걸을 수 있도록 가르치는 데 보낸 모든 시간, 인간들을 위한 그리고 인간이 아닌 피조물들을 위한 돌봄과 양육, 위안과 지지의 모든 행위, 그리고 물론 모든 기도와 성령의 인도를 받은 모든 가르침과 복음을 전파하고 교회를 세우고 타락보다는 거룩을 수용하고 구현하며 예수님의 이름이 이 세상에서 존경받게 하는 이 모든 행동들이 하나님의 부활의 능력을 통해 언젠가 하나님이 만드실 새로운 창조에 포함될 것이다."

다시
보기

✓ 에덴동산에서부터 하나님 나라의 일이 시작되었으며, 이때의 에덴이 우리가 추구해야 할 하나님 나라 일터의 원형이다.

✓ 죄는 사람과 하나님의 관계, 사람과 사람의 관계, 하나님과 자연의 관계를 무너뜨렸고 그 결과 일하는 사람, 사람이 하는 일, 일터의 변화를 가져왔다.

✓ 예수 그리스도의 죽으심으로 사람과 하나님, 사람과 사람, 하나님과 자연의 관계를 회복하셨다.

✓ 예수 그리스도는 부활하심으로 하나님 나라의 왕이 되셨고, 그리스도인은 그 나라의 백성으로서 언젠가 완성될 하나님 나라를 이루고자 원칙을 지키며 살아가야 한다.

✓ 새 하늘과 새 땅은 지금의 연장선에 있으면서도 전혀 다른 완벽한 모습이다. 새 하늘과 새 땅에서도 우리는 일할 것이다.

나눠
보기

1 에덴동산에서 아담과 하와가 어떤 일을 어떻게 했을지 생각해 보자.

2 일터에서 나를 힘들게 하는 유혹거리에 대해 나누어 보자.

3 죄로 인한 관계, 일, 일터의 변질 가운데 나는 어떤 부분이 가장 고통스러운가? 이를 극복하기 위해 해야 할 노력은 무엇인가?

4 그리스도인이 일터에서 지켜야 할 원칙 네 가지는 무엇일까?

5 새 하늘과 새 땅에서는 어떤 것이 없어질 것으로 예상되는가?

6 새 하늘과 새 땅에서 내가 일하는 모습에 대해 상상해 보고 어떤 일을 어떻게 하고 있을지 나누어 보자.

3

구약 성경 속
하나님 나라와 일

성경 기록의 대부분은 인간의 타락 이후부터 하나님 나라가 완성되기 전까지의 이야기이다. 일과 관련된 기록도 마찬가지이다. 구약 성경은 타락한 세상에서 일어난 일들의 기록이다. 그러나 세속의 역사 기록과 다른 점은 하나님의 절대적인 주권이라는 관점에서 말한다는 것이다. 후반부에는 메시아가 이루실 하나님 나라에 대한 기대와 소망이 짙게 담겨 있다. 구약 성경에 소개된 다양한 일과 일터의 사례는 하나님 나라가 이 땅에 임하기 전의 것이기에 하나님 나라와 무관해 보일 수 있다. 그러나 그때에도 하나님의 통치가 계속되고 있었다는 점과 이스라엘이라는 택하신 나라의 역사라는 점 등을 고려해 볼 때, 얼마든지 하나님 나라와 관련해 이해할 수 있다. 때문에 일과 일터에 관한 구약의 사례는 일터에 하나님 나라가 임하기를 원하는 그리스도인이 참고할 수 있는 매우 유익한 자료이다.

아담의 자손들

바울에 따르면 모든 사람이 죄를 범해서 하나님의 영광에 이르지 못한다(롬 3:23). 모든 인간이 죄인이라면, 죄인들이 하는 일은 하나님 나라와 무관할까? 죄로 인해 인간은 더 이상 에덴에서 살 수도 없고, 에덴에서 일할 수도 없다. 그러나 일과 일터까지 하나님 나라와 무관해진 것은 아니다. 사람은 타락한 존재지만 여전히 하나님의 형상을 유지하기에 하나님의 명령을 지켜야 할 청지기의 역할이 남아 있다(창 1:28). 하나님을 믿는 사람이든 부정하는 사람이든 여전히 하나님의 형상을 입은 존재이기에 세속 사회에서 맡겨진 일을 함으로 하나님의 공동 통치자로 일하는 것은 당연하다.

• 가인과 아벨

최초의 사례는 농부였던 가인과 목축업에 종사했던 아벨이다. 인류 최초의 일터, 에덴에서 쫓겨난 후 사람들이 한 일은 농업과 목축업이었다. 그 두 직업은 땅을 정복하고 만물을 다스리라는 하나님의 명령에 따라 가인과 아벨이 선택한 일이라 할 수 있다. 인류 역사를 봐도, 생존을 위해 떠돌아다니면서 수렵을 하던 사람들이 정착 후 처음 하게 된 일이 바로 농업과 목축업이었을 것이다. 농업과 목축업은 인류가 택한 최초의 직업이라 할 수 있다.

성경은 그 직업을 가인과 아벨의 정체성을 표현하는 데 사용한다(창 4:2). 사람을 정의하고 평가하는 데 있어 그들이 하는 일이 얼마나 중요한 요소인지 보여 준다. 가인과 아벨은 일해서 얻은 곡식과 짐승을 하나님께 제사드릴 제물로 사용했다(창 4:3-4). 이는 예배와 일이 결코 무관하지 않음을 보여 준다. 오늘날도 마찬가지다. 일은 한 사람의 정체성 전부는 아닐지라도 아주 중요한 요소가 된다. 또한 일의 결과를 가지고 창조주 하나님께 예배드릴 수 있음을 알 수 있다.

그런데 하나님은 아벨의 제사만 받고, 가인의 제사는 받지 않으셨다(창 4:4-5). 아벨의 제물은 짐승이기에 피가 있고 가인의 제물은 곡식이기에 피가 없기 때문이라고 말하는 사람들이 있다. 피 흘림 없이는 죄 사함이 없다는 말씀(히 9:22) 때문에 그렇게 해석한 것이다. 그러나 그렇게 생각하면 가인은 아벨에 비해 하나님 보시기에 원천적으로 열등한 직업을 가진 것이 된다. 농사짓는 농부는 피 흘리는 제물을 드릴 수 없기 때문이다.

이들의 제사는 자신이 일해서 얻은 것으로 하나님께 드리는 감사제로 보는 것이 타당하다. 하나님은 왜 아벨의 제사는 받고 가인의 제사를 받지 않으셨을까? 아마도 제물의 문제라기보다는 제물을 선택할 때와 제사드릴 때의 자세가 문제였던 것이 아닐까 싶다. 히브리서 기자는 아벨이 가인보다 더 나은 제사를 드렸으며 그가 "믿음으로" 제사를 드렸다고 했다(히 11:4).

이것을 오늘날 우리 삶에도 적용할 수 있다. 우리가 어떤 종류의 일을 하느냐는 하나님께 큰 문제가 되지 않는다. 농사나 목축업이나 다 사람들에게 유익을 끼치는 일이다. 사람들에게 유익을 끼치는 일이라면 하나님은 어떤 일이든 다 인정하시고, 그 일의 열매를 받으신다. 그러나 일하는 자세나 제사드리는 동기가 바르지 않다면 하나님은 그것을 거절하실 수 있다.

세례 요한에게 왔던 세리와 군인들에게 요한이 한 말이 바로 그것을 가르쳐 준다. 당시 사람들은 세리나 군인을 하나님의 백성이 하기에 적절하지 않은 일로 여겼다. 그러나 세리나 군인 역시 농부나 목자처럼 그 사회에 꼭 필요한 직업이었다. 문제는 직업이 아니라 직업에 임하는 자세다. 그래서 요한은 세리들에게 "정해 준 것보다 더 받지 말아라"고 했고, 군인들에게는 "협박하여 억지로 빼앗거나, 거짓 고소를 하여 빼앗거나, 속여서 빼앗지 말고, 너희의 봉급으로 만족하게 여겨라"라고 했다(눅 3:13-14).

삭개오는 회개한 후에도 세리의 일을 계속했다. 하지만 분명 이전에 하던 것과는 완전히 다른 자세로 했을 것이고, 그렇게 한 일은 하나님이 받으시는 산 제물이 되었을 것이다(롬 12:1). 반면 돈을 좋아하던 바리새인이 자기는 지키지 못할 율법을 일반 백성들에게 가르쳤을 때, 하나님은 그 일을 가인의 제물 대하듯 하시지 않았을까.

- ## 야발과 유발과 두발가인

두 번째 대표적인 사례는 가인의 자손들 중 야발과 유발과 두발
가인이다(창 4:20-22). 창세기를 보면 셋 자손이 한 일에 대한 기록은 없
다. 반면 가인 자손이 한 일은 비교적 자세하게 기록한다. 그 이유는 창
세기 1장 28절의 사명이 하나님을 믿고 순종하는 사람들에게만 해당되
는 것이 아니라 하나님을 모르거나 심지어 하나님을 대적하는 사람들
을 통해서도 이루어졌음을 알리기 위한 것이다. 가인은 하나님을 떠나
도시를 세우고 아들의 이름을 따라 에녹이라고 이름 지었다(창 4:17). 이
로써 가인은 하나님과의 단절을 의도적으로 표현했다. 그와 자손들은
하나님과 무관하게 자기 일을 찾아 행했다.

가인의 자손 야발은 장막을 치고 살면서 집짐승 치는 사람의 조상이
되었다(창 4:20). 그의 아우 유발은 수금 타고 퉁소를 부는 모든 사람의
조상이 되었다(창 4:21). 그들의 이복형제인 두발가인은 구리나 쇠를 가
지고 온갖 기구를 만드는 사람이다(창 4:22). 이 세 사람은 자기들이 하
나님의 형상으로 창조된 귀한 존재인지도, 자기들이 하는 일이 하나님
과 무슨 관계가 있는지도 몰랐을 것이다. 그렇지만 그들은 각자에게 주
어진 재능을 발견(Discover)해서 그것을 개발하고 발전(Develop)시켰다.
그리고 그것을 가지고 자신이 할 수 있는 일을 만들었다(Design). 그들
이 행했던 3D(Discover, Develop, Design)는 지금도 일터에서 이루어진다.

야발은 인간 사회에서 가장 기본적인 일이라고 할 수 있는 농업과 목
축업을 시작했다. 물론 이 일은 가인과 아벨도 했던 일이지만 아마 야

발에 의해 체계화되지 않았을까 짐작해 본다. 이 일은 인류의 생존을 위한 가장 기본적인 일이다. 인류는 역사 중 오랜 기간 대다수가 이 일에 종사했다. 우리나라만 해도 1960년대 농업인구가 전체 인구의 50퍼센트가 넘었다.

유발은 음악을 비롯한 예술과 관련된 일을 했는데, 분명 그는 다른 사람들을 가르치기도 했을 것이다. 그러면서 이와 관련된 다양한 영역의 일들이 나타났다. 야발의 일이 사람의 육체가 생존하는 데 필수적인 일이었다면, 유발의 일은 사람들의 정서를 함양하는 데 꼭 필요한 일이라 할 수 있다. 그리고 이것이 점차 발전하여 문화를 형성해 나갔다.

두발가인은 기술과 관련된 일을 시작했다. 초기에는 아주 단순한 기구를 만드는 일이었으나 기술이 점차 발전하여 다양한 형태의 기구들을 만들었을 것이다. 그러면서 기술의 발전 수준이 그 사회의 수준을 결정하게 되었다. 역사를 보면 인류의 진보가 과학 기술의 발전과 비례한다고 해도 과언이 아니다. 1차에서 3차에 이르는 산업 혁명은 물론 이제 막 시작되는 4차 산업혁명도 결국 두발가인의 자손들이 진행했다고 말할 수 있다.

이들은 하나님이 그들에게 주신 자연적 은총을 가지고 일했지만 그 과정에서 창조주 하나님의 뜻에 위배되거나 대적하는 일도 많이 했을 것이다. 예를 들어, 농사와 목축을 하면서 생산을 극대화하기 위해서 주변 사람들에게 해가 되는 일도 했을 것이다. 또한 음악이나 예술적 재능을 활용하여 우상을 아름답게 만들거나 예배했을 것이다. 그리고 기술을 가지고 만든 기구나 기계를 사람들의 생명을 해하는 데 사용하기도 했을 것이다. 하나님은 이들이 일하는 모습이 영 마음에 들지 않으셨을 테지만, 세상을 통치하는 데 그런 사람들이 하는 일도 필요로 하셨다. 그들은 자신들이 하는 일의 영적 의미를 모른 채 일했을 것이다. 그리하여 열심히 일하면서 자신들이 사는 세상을 점점 더 죄악으로 물들였을 것이다.

- **지금도 죄인을 사용하시는 하나님**

지금 우리가 일하는 세속의 일터도 야발, 유발 그리고 두발가인이 주체가 되어 일하는 곳일지 모른다. 그들은 자신의 일이 하나님과 어떤 관계가 있는지 알지 못할지 몰라도 하나님은 그들이 일하는 것을 모르시지 않는다. 하나님은 그들이 일을 통해서 이 세상을 다스리는 것을 허용하셨다. 하나님의 섭리에 가정이란 있을 수 없지만, 만일 하나님이 셋 자손들만을 통해서 세상을 다스렸다면 세상은 지금처럼 발전할 수 없었을 것이다. 세상이 지금의 모습으로 발전하는 데는 역시 가인 자손들의 역할이 지대했음을 인정하지 않을 수 없다. 과학 기술이나 문화 예술, 경제와 정치 영역의 발전에 결정적인 역할을 한 사람들 중 하나님을 모르거나 적대적인 사람들이 꽤 많이 있었음을 부인하기 어렵다. 물론 그로 인해 세상에 죄악도 확장되고 죄의 결과도 심각해졌지만 그들의 역할 자체를 부인할 수는 없다.

그리스도인들은 세속 일터에서 하나님이 죄인들을 통해 세상을 다스리시는 것을 볼 수 있어야 한다. 동시에 그들에 의해 행해지는 죄악도 볼 수 있어야 한다. 그리고 그리스도인은 그들과는 다르게 하나님의 공동 통치자로서 세상에서 맡겨진 일을 감당하며, 죄에 빠지지 않도록 하나님의 도우심을 구해야 할 것이다.

노아의 방주와
바벨탑

세상의 주관자이자 통치자이신 하나님은 이 땅에서 하나님 나라를 이루기를 원하신다. 그럴 때마다 하나님은 당신의 마음에 맞는 사람들을 택해서 사용하신다. 대표적인 인물이 노아다. 하나님은 노아에게 이렇게 말씀하셨다. "내가 보니, 이 세상에 의로운 사람이라고는 너밖에 없구나. 너는 식구들을 다 데리고, 방주로 들어가거라"(창 7:1).

아담의 범죄 이후, 사람들이 하나님을 떠나면서 하나님의 통치에 대해 무지해졌다. 그래서 하나님의 통치하에 살고 있으면서도 알지 못했고, 알아도 순종하지 않고 마음대로 살았다. 그렇다고 하나님 나라가 없어진 것은 아니다. 여전히 하나님의 통치는 계속되었다. 다만 사람들이 그것을 인식하지 못했기에 존재하지 않은 것처럼 보였을 뿐이다. 마치 태양은 항상 존재하지만 검은 구름이 태양을 가려서 볼 수 없게 된 것처럼 말이다.

하지만 하나님은 인류가 지속적으로 범죄하는 것을 보고 결국 심판하기로 결심하셨다. "주님께서는, 사람의 죄악이 세상에 가득 차고, 마음에 생각하는 모든 계획이 언제나 악한 것뿐임을 보시고서, 땅 위에 사람 지으셨음을 후회하시며 마음 아파하셨다." 그래서 하나님은 "내가 창조한 것이지만, 사람을 이 땅 위에서 쓸어버리겠다"고 하셨다(창 6:5-7). 창조 이후에 하나님이 하신 가장 엄격한 결정이었다. 그 결정을 그대로 시행했더라면 하나님이 창조한 세상에서 하나님의 통치는 끝났을 것이다.

그러나 사랑과 자비의 하나님은 거의 다 무너져 버린 그 나라를 회복하기 위해 노아를 택하셨다. "노아는 그 당대에 의롭고 흠이 없는 사람이었다. 노아는 하나님과 동행하는 사람이었다"(창 6:9). 노아는 이 세상이 심판받고 사람들이 몰살당해도 하나님의 통치(하나님 나라)는 여전히 존재할 것을 알았다. 하나님이 그에게 방주를 지으라고 하셨고 그의 가족과 짐승들의 일부를 살려 두기 위해서 방주에 들어가도록 하셨기 때문이다.

하나님은 노아에게 방주를 준비하게 하시고 그를 통해 하나님 나라를 아주 소규모로 유지하셨다. 노아의 방주는 대부분의 인류와 만물이 사라져 버린 그 시대에 하나님 나라가 남아 있던 아주 작은 영역이다. 현대적으로 표현하면 하나님 나라의 축소판(miniature)이다.

노아는 하나님의 명령대로 방주를 지었고 그를 통해서 자기 가족과 수많은 생물의 생명을 지켰다. 그 일을 통해 노아는 하나님이 아담에게 하신 생육하고 번성하며 만물을 다스리라는 명령을 지켰기에, 하나님 나라를 이루기 위해 한 일이 되었다.

이렇듯 하나님은 방주를 통해 하나님 나라를 보여 주셨는데 노아 덕분에 생존하게 된 그의 자손 일부는 정반대의 일을 하고 만다. 그들은 안타깝게도 하나님 나라를 대적하는 일을 했는데, 바로 바벨탑을 지은 것이다. 이들은 사탄이 아담과 하와를 유혹해서 에덴동산의 하나님 나라를 무너뜨린 것처럼, 방주를 통해 유지시킨 하나님 나라를 변질시켰다. 사람들은 하나님을 대적해서 탑을 쌓았고, 자신들의 힘으로 나라를 만들기 원했다. 하나님은 사람들이 만물을 다스리는 공동 통치자가 되기 원하셨는데, 사람들은 만물의 통치자이신 하나님을 대적하고 자신들이 통치하기를 원했다. "자, 도시를 세우고, 그 안에 탑을 쌓고서, 탑 꼭대기가 하늘에 닿게 하여, 우리의 이름을 날리고, 온 땅 위에 흩어지지 않게 하자"(창 11:4). 결국 하나님은 그들의 시도를 막으심으로 당신이 하나님 나라의 통치자이심을 보여 주셨다.

• **방주를 짓는가 바벨탑을 쌓는가?**

이 두 사건을 비교하면 일과 관련해서 중요한 공통점과 결정적인 차이점을 발견할 수 있다. 방주를 지은 것과 탑을 건축한 것은 사람들이 하는 일을 대표한다. 노아는 방주 안에 방을 여러 칸 만들고 역청으로 안팎을 칠했다(창 6:14). 바벨탑을 쌓은 사람들도 벽돌을 구워서 돌 대신 사용하고 흙 대신 역청을 썼다(창 11:3). 이런 일은 하나님의 형상으로 창조된 사람들만이 할 수 있는 일이다. 사람의 재능과 능력, 창의력과 의지력이 다 동원되었다. 아마도 당시 최고의 기술이 동원되었을 것이다. 그런 의미에서 방주를 짓는 일이나 탑을 건축하는 일은 만물을 다스리라는 하나님의 명령을 따르는 하나님의 일이 될 수 있다. 현장에서 두 일은 똑같아 보였을 것이다.

그러나 두 일은 완전히 다른 일이다. 동기와 자세가 극단적으로 대조된다. 방주를 지은 노아가 하나님의 명령에 따라 배를 지은 데 비해 바벨탑을 세운 사람들은 하나님을 대적하기 위해 탑을 쌓았다. 결과적으로 하나님은 노아가 지은 방주를 통해 창조 세계를 유지하셨지만, 바벨탑 건축에 대해서는 언어를 혼잡하게 하는 초강수를 두시면서 중단시키셨다. 예수님 승천 후 오순절에 각처에서 온 유대인들이 예루살렘에 모였을 때 성령이 임하면서 모두가 난 곳 방언으로 말하는 사건이 일어났다(행 2:8-11). 이것은 바벨탑 사건을 뒤집은 일로, 하나님 나라를 회복하시겠다는 하나님의 사인이다.

두 일의 차이는 일 자체가 아니라, 일의 동기와 자세에 있다. 노아는 모든 일을 하나님의 명령에 따라서 했다. 반면 바벨탑을 세운 사람들은 대단한 기술력이 있었지만 그들의 생각 속에 하나님이 존재하지 않았다. 그것이 둘의 결정적인 차이점이다.

현대 사회에서 사람들은 다양한 일을 한다. 무슨 일이든 하나님의 명령을 준행하는 데 필요한 일을 한다면 그는 방주를 짓는 것이다. 반대로 하나님의 뜻에 어긋나는 일을 한다면 그는 바벨탑을 쌓는 것이다. 같은 장소에서 같은 일을 하면서도 하나님이 명령하신 방주를 짓는 사람이 있고, 하나님을 대적하고 자신의 영광을 드러내기 위해 바벨탑을 쌓는 사람들이 있다.

일터에 하나님 나라를 이루기 위해서 지금 내가 방주를 짓고 있는지 바벨탑을 쌓고 있는지 돌아보아야 한다. 방주를 짓는 일이라는 확신이 있다면 그 일에 헌신해야 한다. 그러나 혹시라도 바벨탑을 쌓는 일이라 생각된다면 주님이 흩으시기 전에 그만두거나 태도를 바꾸어야 할 것이다. 교회나 선교 단체에서 사역하는 사람들도 지금 하는 일이 방주를 짓는 일인지 바벨탑을 쌓는 일인지 돌아보아야 한다. 그렇지 않으면 사도 바울이 걱정한 것처럼 남에게 복음을 전하고 나서 도리어 자신은 버림을 받는 가련한 신세가 될 수 있기 때문이다(고전 9:27).

아브라함과
족장들

• **아브라함이 보여 준 하나님 나라**

노아의 자손들은 흩어져서 다양한 민족을 이루며 살았다. 대부분의 사람들이 하나님의 통치를 인식하지 못했지만, 하나님의 통치를 인정하는 한 사람이 있었다. 믿음의 조상이라 불리는 아브라함이다. 이 세상이 복을 받아 하나님 나라가 되게 하기 위해서는 하나님의 통치를 인정하는 모델 나라가 필요했다. 하나님은 모델 나라의 민족을 선택하기 위해 그들의 조상이 될 아브라함을 부르셨다. "내가 너로 큰 민족이 되게 하고, 너에게 복을 주어서, 네가 크게 이름을 떨치게 하겠다. 너는 복의 근원이 될 것이다. 너를 축복하는 사람에게는 내가 복을 베풀고, 너를 저주하는 사람에게는 내가 저주를 내릴 것이다. 땅에 사는 모든 민족이 너로 말미암아 복을 받을 것이다"(창 12:2-3). 아브라함은 이 명령이 그의 자손을 통해 하나님 나라를 이루실 하나님의 계획임을 알았다. 그래서 그는 자신의 삶의 현장에서 하나님 나라를 세상 사람들에게 보여 주었고, 자손들에게도 이를 가르쳤다.

아브라함은 가는 곳마다 하나님께 제사를 드렸다. 그리고 하나님은 아브라함이 제사를 드릴 때마다 나타나셔서 그를 축복하셨다(창 12:7-8;

13:4). 아브라함의 입장에서 가장 중요한 제사는 자기 아들 이삭을 바치는 제사였다. 아브라함이 이삭을 바치려던 마지막 순간에 하나님은 이삭을 살려 주셨다. 바로 그곳 모리아산은 아브라함에게 세상 어느 곳보다 거룩한 곳이었을 것이다. 하나님이 나타나셔서 아들의 생명을 구해 주셨으니 말이다.

아브라함이 하나님께 제사드리는 바로 그곳이 하나님 나라가 임한 곳이다. 그러나 그 장면은 아무도 본 사람이 없다. 그렇기에 사람들이 하나님 나라를 맛볼 수 없었다. 하나님께 드리는 제사는 하나님을 믿는 아브라함에게는 너무나 분명한 하나님의 임재와 하나님 나라의 체험이지만 하나님을 모르는 사람들이 그것을 체험하는 데는 아무런 도움이 되지 않았다.

그런데 아브라함과 교류하던 아비멜렉과 그의 군대장관 비골은 "하나님은, 당신이 무슨 일을 하든지, 당신을 도우십니다"(창 21:22)라고 고백했다. 그들은 아브라함의 일터에서 하나님의 임재를 느꼈고, 그것을 통해 하나님의 통치를 볼 수 있었다. 아마 그들은 일을 대하는 자세에서 아브라함과 다른 이들의 차이를 느꼈을 것이다. 아브라함이 갈등을 풀어 가는 자세가 이방 사람들과 완전히 다른 것을 보고 충격을 받았을 것이다. 조카 롯과 갈등이 생겼을 때 삼촌인 아브라함이 양보하는 모습을 보고, 이방인들은 그것이 바로 그가 믿는 하나님이 그와 함께하시는 증거라고 생각했을 것이다.

- **이삭과 야곱이 보여 준 하나님 나라**

이런 역사는 아브라함에서 그치지 않고 그의 아들 이삭과 손자 야곱의 삶에서 계속되었다. 이삭의 주변에서 그를 본 사람들은 "우리는 주님께서 당신과 함께 계심을 똑똑히 보았습니다"(창 26:28)라고 고백했다. 우물 문제로 이웃과 갈등이 생길 때마다 양보로 대응하는 이삭의 태도는 분명 주변 사람들에게 충격이었을 것이다. 이웃을 대하는 자세나 재물을 대하는 자세가 완전히 다르다는 것을 느꼈을 것이다. 주변 사람들은 하나님을 믿는 사람은 뭔가 다르다는 것을 어렴풋하게나마 느꼈을 것이다. 하나님의 통치(나라)는 야곱이 일했던 라반의 일터에서도 나타났다. "주님께서 자네를 보시고 나에게 복을 주신 것을, 내가 점을 쳐보고서 알았네"(창 30:27). 라반은 사위인 야곱을 자신의 일에 이용했지만 하나님이 그와 함께하시는 것을 부인하지 못했다.

족장들처럼 세상 속에서 일하는 하나님 나라의 백성들이 일터에서 하나님 나라를 보여 주는 길은 하나님의 동행을 주변 사람들에게 보여 주는 것이다. 하나님 나라를 이루기 위해서 일터에서 예배드리거나 소모임을 통해서 말씀도 공부하고 함께 기도할 수도 있다. 그러나 그것이 가능한 일터도 있지만, 현실적으로 불가능한 경우가 더 많다. 다행히 일터에 하나님 나라가 임하게 하기 위해 반드시 종교 활동을 해야만 하는 것은 아니다. 오히려 일하는 과정에서 주변 사람들이 보고 느낄 수 있도록 하나님의 임재를 보여 줄 때 일터에 하나님의 통치(나라)가 임하는 것이다.

•　　**요셉이 보여 준 하나님 나라**

　　족장 시대의 족장들은 하나님 나라가 팔레스타인이라는 제한된 지역에만 존재하는 것으로 생각했을 것이다. 그런데 하나님은 그런 오해를 불식시키기 위해서 엄청난 일을 행하셨다. 당시 최강국인 애굽 사람들에게 하나님 나라의 존재를 알려 주기 위해 대사를 파송하신 것이다. 요셉은 이방 나라로 파송한 하나님 나라의 첫 번째 대사인 셈이다. "그 뒤에 주님께서 그 땅에 기근을 불러들이시고, 온갖 먹거리를 끊어 버리셨다. 그런데 주님은 그들보다 앞서 한 사람을 보내셨으니, 그는 종으로 팔린 요셉이다"(시 105:16-17). 요셉은 자신의 의지와 관계없이 애굽으로 가서 그곳 사람들에게 하나님의 통치(나라)를 보여 주었다.

　　요셉은 그를 미워한 형들이 노예로 팔아 버리는 바람에 애굽으로 끌려갔다. 그는 보디발의 집에서 노예로 일했지만 그 일터에서도 하나님 나라의 극히 작은 부분을 보여 준다. "그 주인은, 주님께서 요셉과 함께 계시며 요셉이 하는 일마다 잘되도록 주님께서 돌보신다는 것을 알았다"(창 39:3). 하나님 나라는 요셉이 갇힌 감옥에서도 나타났다. "그렇게 된 것은 주님께서 요셉과 함께 계시기 때문이며, 주님께서 요셉을 돌보셔서, 그가 하는 일은 무엇이나 다 잘되게 해 주셨기 때문이다"(창 39:23). 요셉과 함께 일하는 모든 사람이 그가 다른 이들과는 다르다는 것을 느꼈는데, 그가 믿는 하나님이 그와 함께하심을 알았기 때문이다.

　　보디발의 집에서 보여 주었던 하나님 나라는 나중에 애굽 전체로 확장되었다. "기근이 온 세상을 뒤덮고 있었으므로, 다른 나라 사람들도 요셉에게서 곡식을 사려고 이집트로 왔다"(창 41:57). 무엇보다 중요한 것은 애굽의 통치자였던 바로가 요셉을 통해서 하나님 나라를 맛보았던 것이다. "요셉은 이집트에 있는 밭을 모두 사서, 바로의 것이 되게 하였다"(창 47:20). 동시에 요셉으로 말미암아 요셉이 형들과 그의 가족들, 즉 하나님 나라의 모델이 될 이스라엘 민족의 조상들의 공동체가 유지될 수 있었다.

요셉이 애굽에서 보디발의 집이나 감옥에서 한 일은 억울한 상황에서 어쩔 수 없이 한 일이었다. 그러나 그는 그 일을 통해 하나님이 함께하심을 주변에 보여 주었다. 그리고 그 일은 요셉이 총리가 되어 애굽 땅에 하나님 나라를 이루는 데 꼭 필요했던 준비였다. 나중에 요셉은 과거를 돌이켜 보면서 이렇게 고백한다. "형님들은 나를 해치려고 하였지만, 하나님은 오히려 그것을 선하게 바꾸셔서, 오늘과 같이 수많은 생명을 구원하셨습니다"(창 50:20).

이러한 원리는 하나님 나라가 이 땅에 임하게 하는 데 얼마든지 사용될 수 있다. 지금 하는 일이 궂은일이거나 남들이 알아주지 않는 일일지라도 하나님이 이 일을 사용하셔서 예상치 않은 결과를 이루실 수 있다는 기대를 가지고 해야 한다. 심지어는 억울한 일을 당해서 쓸데없는 고통을 당하게 될지라도 그 일이 하나님 나라의 일이 될 수 있음을 믿어야 한다. 그러면 그 자체가 하나님 나라를 이루는 일이 될 수 있다.

- **일터에 파송받은 우리**

　　요셉이 애굽으로 간 것과 그곳에 가서 한 일은 오늘 세속 일터의 그리스도인들에게 시사하는 바가 매우 크다. 전통적으로 이스라엘 백성의 출애굽은 하나님의 구원 사역으로 이해되기에 애굽은 떠나야 할 죄악 세상의 상징이 되었다. 그러나 하나님이 요셉을 애굽으로 보냈을 때는 하나님의 통치를 죄악 세상인 애굽에 확장하기 위해 보내신 것이다. 그렇게 보면 요셉이 들어가서 일했던 애굽과 모세가 이스라엘 백성을 데리고 나온 애굽은 극명한 대조를 이룬다.

　이것은 우리가 세상을 바라보는 두 가지 대조되는 관점과도 통하는 것 같다. 요셉이 들어갔던 애굽은 하나님의 백성들이 들어가서 섬겨야 할 세상이고, 모세가 이스라엘 백성을 데리고 나온 애굽은 하나님의 백성들이 떠나야 할 죄악 세상이다. 그러므로 그곳에서 하는 일도 다르게 보아야 한다. 요셉이 보디발의 집에서 노예로 한 일과 이스라엘 백성이 바로의 압제하에서 노예로 한 일 사이에는 공통점과 차이점이 있다. 두 경우 다 노예로서 억지로 하는 힘든 일이었고 노동의 의미도 알기 어려웠을 것이다. 그러나 일하는 자세는 확연히 달랐을 것이다. 요셉은 노예 신분이었지만, 일할 때 하나님께서 함께하시는 것을 알았다. 그랬기에 주인도 하나님이 요셉과 함께 계시고, 요셉이 하는 일마다 잘되도록 돌보신다는 것을 알 수 있었다(창 39:3). 이에 반해 이스라엘 백성이 바로의 폭정하에서 노예로 일했을 때는 끔찍한 고통 중에 하나님이 함께하시지 않는다고 느꼈다. 그래서 자신들을 돌봐 달라고 하나님께 호소했다.

"고된 일 때문에 부르짖는 소리가 하나님께 이르렀다"(출 2:23).

이러한 대조는 지금도 적용된다. 때때로 일터에서 어려운 일을 당하면 내 일이 하나님과 무관한 것처럼 느끼게 되고, 일이나 일터에 대해 거부감을 가질 수 있다. 그러나 하나님이 일터에 함께하신다고 생각하면 다르게 반응할 수 있다. 일터에서 받는 고난을 예수님의 고난의 자취를 따라가는 것으로 여기고 긍정적으로 수용하게 된다(벧전 2:21). 그러면서 주변 사람들에게 하나님의 메시지를 간접적으로 전할 수 있다. 이것이 요셉의 본을 따르는 길이다.

반면 일터에서 당하는 어려운 일이 하나님 보시기에도 잘못되었다는 생각이 든다면 그것을 하나님께 보고할 뿐 아니라 잘못된 부분을 시정하도록 노력해야 한다. 그것은 모세가 이스라엘 백성을 위해서 한 일과 일맥상통한다.

이스라엘 백성과
십계명

요셉을 통해 하나님 나라를 맛보았던 바로가 죽고 나서 하나님 나라에 대해 아무것도 모르는 바로가 나타나 하나님의 백성들을 핍박했다. 백성들은 하나님께 부르짖었다. 하나님은 그들이 부르짖는 소리를 들으시고, 이 민족을 통해서 하나님 나라를 이루기로 결심하셨다(출 2:23-25). 이때 하나님이 사용하신 인물이 모세다. 하나님이 애굽에서도 하나님 나라의 그림자가 존재할 수 있음을 보여 주는 데 사용하신 도구가 요셉이었다면, 모세는 그와 반대로 애굽을 떠나 약속의 땅에 하나님 나라를 세우는 데 사용하신 도구였다.

•   **죄로 인해 변질된 일**

이스라엘은 하나님이 죄악 세상 속에서 하나님의 나라로 선택하신 나라였다. "이제 너희가 정말로 나의 말을 듣고, 내가 세워 준 언약을 지키면, 너희는 모든 민족 가운데서 나의 보물이 될 것이다. 온 세상이 다 나의 것이다. 그러므로 너희는 내가 선택한 백성이 되고, 너희의 나라는 나를 섬기는 제사장 나라가 되고, 너희는 거룩한 민족이 될 것이다"(출 19:5-6).

그렇지만 그들은 애굽 왕국의 식민 지배를 받고 있었다. 하나님 나라 백성들이 세상 나라의 권세 밑에서 고통을 당하고 있었던 것이다. "이집트 사람들은, 이스라엘 자손을 부리는 공사 감독관을 두어서, 강제 노동으로 그들을 억압하였다"(출 1:11a). 원래 에덴에서의 노동은 사람들에게 허락된 축복이었는데, 죄로 인해 고통이 따르게 되었다. 죄가 노동의 가치와 의미를 완전히 변질시켰고, 변질된 일은 바로가 하나님 나라의 백성을 착취하는 도구가 되어 버렸다. 이스라엘 민족은 엄청난 수고를 했지만 아무런 의미 없이 억지로 해야 했다. 일 속에서 하나님의 통치를 느끼지도, 하나님의 축복을 누릴 수도 없었다. 이스라엘 백성들은 고통 가운데 하나님께 부르짖을 수밖에 없었다. "이스라엘 자손이 고된 일 때문에 탄식하며 부르짖으니, 고된 일 때문에 부르짖는 소리가 하나님께 이르렀다"(출 2:23).

에덴동산에서 아담이 한 일과 애굽에서 이스라엘 백성들이 한 일은 사람들이 몸과 마음을 써서 한다는 면에서는 크게 다르지 않아 보인다. 그러나 이 두 일은 어찌 보면 완전히 정반대의 일이다. 오늘날 많은 일터에서 에덴동산의 일을 찾기란 정말 어렵다. 오히려 애굽 감독관 밑에서 강제 노동하는 것 같은 사람들이 더 많을 것이다. 일터의 물리적 환경은 예전보다 훨씬 좋아졌지만, 심리적인 환경은 오히려 더 나빠진 곳도 있다. 이런 상황에서 일하는 사람은 종교에 관계없이 누군가를 향해 부르짖게 된다. 야고보 사도가 살던 시절에도, 부자들이 일꾼들에게 품삯을 제대로 주지 않는 일이 왕왕 있었던 것 같다. 야고보 사도는 부자들을 향해 이렇게 책망했다. "보십시오, 여러분의 밭에서 곡식을 벤 일꾼들에게 주지 않고 가로챈 품삯이 소리를 지르고 있습니다. 그래서 그 일꾼들의 아우성소리가 전능하신 주님의 귀에 들어갔습니다"(약 5:4).

애굽 땅에서 강제 노동하던 이스라엘 백성들의 부르짖음이나 부자들의 밭에서 노동을 하면서도 품삯을 제대로 받지 못하던 일꾼들의 부르짖음은 세상 나라에서 일하는 모든 사람들의 부르짖음을 대표한다. 세속 노동의 역사를 돌아보면 이런 부르짖음에 대한 하나님의 응답이 노동조합이라는 형태로 나타난 것이 아닌가 생각된다. 약자인 노동자의 권익을 보호하기 위해 시작된 노동조합 등의 운동은 그 시대에 세상 나라에서 하나님의 통치를 임하게 하는 수단으로 볼 수 있다.

　물론 하나님이 사용한 도구도 죄로 오염되면 얼마든지 버리실 수 있다. 놋뱀은 하나님이 이스라엘 백성을 구원하는 데 쓰셨던 거룩한 도구였지만 나중에 백성들이 우상처럼 섬기자 다 제거해 버리셨다(왕하 18:4). 요즈음 우리나라 대기업 노조를 보면 약자의 부르짖음을 대변하던 원래의 정신을 잃어버리고 자신들의 이익을 추구하는 이기적인 집단으로 변한 경우도 있는 것 같아서 안타까운 마음이 든다. 하나님은 세속의 노동조합도 하나님 나라의 정의를 세우는 도구로 사용하시지만, 이기적인 탐욕의 통로가 되어 버리면 그것들을 제거하실 수도 있다.

- **출애굽을 통해 드러난 하나님 나라**

　하나님은 이스라엘 백성들의 고통스러운 신음을 들으시고 모세를 택하셔서 애굽에서 구원하셨다. 하나님 나라는 그들을 죄악된 노동으로부터 해방시키는 것으로 시작되었다. 출애굽은 애굽에서 역사하셨던 하나님의 통치(나라)를 약속의 땅으로 옮기기 위해서 애굽을 떠난 사건이다. 그런데 하나님은 이스라엘을 해방시키는 과정에서 모세를 통해 하나님의 통치를 보여 주셨다. 열 가지 재앙을 통해서 당시 애굽 사람들이 섬기던 우상들을 완전히 궤멸시키셨다. 이 과정은 하나님 나라와 세상 나라의 영적인 전투였으며, 결국 하나님 나라가 승리했다. 이것은 오늘날에도 하나님 나라 백성들이 악한 영과 싸우는 전쟁의 그림자와 같다. 세상 나라와의 싸움에서 결국 하나님 나라가 이기는 것을 보여 주시는 표지이다.

하나님 나라가 승리하는 데 결정적인 역할을 한 것은 바로 유월절 어린양의 피였다. 이 일로 인해 애굽의 바로는 굴복하고 말았다. 이것은 후에 예수 그리스도가 십자가에서 마귀의 세력을 넘어뜨리고 승리하는 사건을 보여 주는 그림자라고 할 수 있다(골 2:15).

모세는 홍해를 건너서 광야 생활을 하는 동안 백성들에게 하나님 나라를 보여 주었다. 40년간의 광야 생활 동안 하나님은 한순간도 그들을 버려두지 않으셨다. 그들은 수도 없이 불평하고 원망했지만 하나님은 내치지 않고 지속적으로 돌보셨기에, 그들은 광야에서도 하나님 나라를 맛보았다. 광야를 지나는 동안은 먹고 살기 위해서 당연히 해야 할 일도 할 수 없었다. 그런 상황에서 하나님은 만나와 메추라기를 보내 주심으로 생계 문제를 해결해 주셨다.

이것은 이 땅에 하나님 나라가 임할 때 일어날 일을 짐작하게 한다. 이스라엘 백성은 애굽에서 했던 것 같은 강제 노동 없이도 하나님의 은혜로 의식주 생활을 할 수 있었다. 하나님 나라가 임하면 사람들이 일은 하지만, 억지로 해야만 하는 노동도, 생계를 위해 해야만 하는 생업도 아닐 것이다. 일을 강요하는 상황도 없고 의식주 문제는 하나님이 완벽하게 해결해 주신다. 마치 예수님이 재정 문제로 걱정하는 이들에게 말씀하신 공중 나는 새와 들의 백합화처럼 아무런 노동 없이도 먹고사는 문제를 걱정하지 않게 될 것이다. 광야에서 하나님이 보내 주신 만나는 그들의 육신의 생명을 유지하는 양식이자, 이 땅에 와서 생명의 빵이 되신 예수 그리스도를 미리 보여 주는 예표이기도 했다(요 6:49-51).

모세를 이어 지도자가 된 여호수아는 가나안 땅의 이방 민족들을 정복해 백성들을 그 땅에 정착하게 함으로 약속의 땅에서 하나님 나라를 이루는 데 일조했다. 여호수아가 백성들에게 준 안식은 완전한 것은 아니었으나, 하나님이 이루실 완전한 안식의 그림자라고 할 수 있다. "여호수아가 그들에게 안식을 주었더라면, 하나님께서는 그 위에 다른 날이 있으리라는 것을 말씀하시지 않았을 것입니다. 그러니 하나님의 백성에게는 안식하는 일이 아직 남아 있습니다"(히 4:8-9). 그렇게 보면 이스라엘이 약속의 땅에 살게 된 것은 마지막 날에 완성될 하나님 나라를 맛본 것이라 할 수 있다.

그들은 약속의 땅에 들어와서는 다시 일하게 되었다. 물론 그 일은 애굽에서 고통 가운데 억지로 했던 일과 달랐다. 그리고 광야에서 만나가 공급되는 동안 할 수 없었던 일이기도 했다. 이스라엘 백성은 약속의 땅에서 나는 것을 먹기 위해서 일했다. 그 일은 외부의 압제가 아니라 하나님이 축복으로 주신 일이었다. 그들은 자기 손으로 일해서 생계를 유지하면서 하나님의 통치(나라)를 맛보게 되었다. "그 땅의 소출을 먹은 다음 날부터 만나가 그쳐서, 이스라엘 자손은 더 이상 만나를 얻지 못하였다. 그들은 그 해에 가나안 땅에서 나는 것을 먹었다"(수 5:12).

이스라엘 백성들이 한 일은 시대에 따라 세 종류로 구분된다. 첫째, 애굽에서 노예로 한 일이다. 그들은 고통 가운데 일했으며 그 일로 겨우 의식주 생활을 영위할 수 있었다. 이는 죄를 지은 인간이 이 땅에서 생존하기 위해 고통스럽게 일해야 하는 상황을 극단적인 방식으로 보여 준다. 물론 지금의 일이 애굽에서의 강제 노동과 똑같다고 말할 수는 없다. 일터의 환경이나 보상은 비교할 수 없이 좋고, 일하는 자세도 다르다. 그렇지만 영적 관점에서 보자면 비슷한 수준이다.

둘째는 광야 생활을 하면서 했던 일이다. 그들은 광야 생활 중 일도 제한적으로 했고 생활도 풍족하지 못했다. 그러나 하나님이 만나와 메추라기를 보내 주셔서 생존할 수 있었다. 광야의 노동 현실에서는 하나님의 은혜가 지배적이었다. 일하지 않아도 생존 자체는 걱정할 필요 없었지만 최소한의 수준이었다. 그러한 상황에서 노동의 즐거움이나 보람을 누리기는 어려웠을 것이다.

셋째는 약속의 땅에서의 일이다. 이때는 광야에서보다 더 많은 일을 했고, 광야에서 하지 않았던 일을 해야 했다. 하지만 애굽에서 했던 일과는 완전히 달랐다. 그들은 즐거운 마음으로 일했고 풍요한 삶을 누릴 수 있었다. 광야 생활과 비교하면 일해야만 먹고 살 수 있다는 면에서는 힘들어졌지만, 일해서 필요한 것을 마련할 수 있게 되었다는 점에서 훨씬 복된 삶이라고 할 수 있다.

- 하나님 나라의 헌법, 십계명

　　하나님은 당신의 나라를 이스라엘 민족에게만 국한시키기 원치 않으셨다. 하나님은 모든 민족을 당신의 나라로 불러 모으기 위해서 이스라엘을 모델로 세우셨다. "너희의 나라는 나를 섬기는 제사장 나라가 되고, 너희는 거룩한 민족이 될 것이다."(출 19:6). 하나님은 이스라엘 민족을 택하셔서 당신이 직접 통치하시는 나라가 되게 하셨다. 선택받은 민족을 통해 이 땅에 하나님 나라가 임한 것이다. 이를 위해서 하나님은 십계명을 비롯해서 백성들이 지켜야 할 규정을 가르쳐 주셨다. 그것들은 하나님 나라의 헌법이며 백성들이 지켜야 할 법률이었다. 하나님 나라 백성들이 이 법을 지키면 그것을 통해 하나님 나라가 이 땅에서 유지될 수 있었다.

　　하나님은 이스라엘이 광야에 들어가자마자 모세를 통해 율법을 전달하셨고(출 20:1-17), 약속의 땅에 들어가기 전에도 재확인하셨다(신 5:1-21). 이 율법, 그중에서도 십계명을 지키는 것은 하나님이 나라의 주권자이심을 인정하는 것이었으며, 동시에 하나님 나라 백성이 갖는 정체성의 핵심이었다. 이 땅에 하나님 나라가 이루어지기 위해서는 주신 계명을 잘 지켜야 했다. 물론 사람이 율법을 완전하게 지킬 수 없기에 나중에 하나님의 아들 예수 그리스도가 자신의 몸으로 율법의 요구를 이루셨다. 그러나 여전히 십계명은 하나님 나라의 법이다. 일터에 하나님 나라를 이루기 위해서는 십계명을 제대로 지키도록 해야 한다.

• 일터에서 지켜야 할 '일터 십계명'

일터에 하나님 나라가 임하게 하기 위해서는 십계명을 일터 상황에 맞게 실천해야 한다. 물론 하나님 나라는 하나님의 역사하심으로 이루어지는 것이지 사람의 노력으로 이룰 수 있는 것이 아니다. 그러나 하나님의 은혜로 백성이 된 사람들은 십계명을 나라의 헌법으로 생각하고 힘써 지켜야 한다. 이스라엘 백성이 십계명을 잘 지킬 때 그들 가운데 하나님 나라가 임했던 것처럼 현대 그리스도인들도 일터에서 십계명을 잘 지킨다면 바로 그곳에 하나님 나라가 임하는 것을 볼 수 있을 것이다.

① 너희는 내 앞에서 다른 신들을 네게 두지 말라 → 일터에서 하나님을 하나님으로 인정하라

하나님 나라 백성들은 하나님을 믿는다. 그런데 예배당에 모여서 예배드릴 때는 하나님을 믿지만 예배당을 떠나는 즉시 하나님을 잊어버리는 사람들이 있다. 일터에서 그들은 마치 하나님을 믿지 않는 사람처럼 생활한다. '실제적 무신론자'(practical atheist)라 할 수 있다. 그러나 하나님은 예배당에서만이 아니라 일터에서도 하나님을 하나님으로 인정하라고 말씀하신다. 예배당에서는 예배드림으로 하나님을 섬기고, 일터에서는 일을 통해 하나님을 섬겨야 한다. 그리스도인은 일하는 동기나 자세가 믿지 않는 사람과 달라야 한다. 하는 일을 통해 자신이 믿는 하나님을 세상에 보여 줄 수 있어야 한다.

110　출근하는 작은 예수

② 너를 위하여 새긴 우상을 만들지 말고 그것들에게 절하지 말며 그것들을 섬기지 말라 → 일이나 탐심으로 우상 숭배를 하지 말라

하나님을 믿는 사람은 우상을 만들지도 않고 우상을 섬기지도 않는다. 돼지 머리를 놓고 고사를 지내는 상황에서도 그 앞에서 절하지 않으려고 한다. 참 귀한 결단이다. 그러나 눈에 보이는 우상은 섬기지 않아도 보이지 않는 우상을 섬기는 사람들이 있다. 일 자체가 우상이 되는 경우다. 요즈음 우리 사회에 일 중독자들이 많다고 한다. 그리스도인 중에도 그런 사람들이 있다. 그들은 자신이 하는 일을 우상화함으로 본의 아니게 우상 숭배를 한다. 하나님은 일을 우상으로 숭배하지 말라고 말씀하신다. 맡겨진 일을 "주께 하듯" 해야 하지만(골 3:23) 일이 "주님"이 되어서는 안 된다.

일하다 보면 탐욕에 이끌리는 실수를 할 수 있다. 탐심이 곧 우상 숭배이기 때문이다(골 3:5). 또 일터에서 권력을 가진 사람들은 그것으로 사람들을 압제하는 잘못을 범하기 쉽다(전 4:1). 그런 경우 자기도 모르는 사이에 권력이라는 우상을 숭배하게 된다. 이처럼 일터에서 보이지 않는 우상을 섬기는 우를 범하는 수가 있다. 하나님을 믿는 사람은 종교적인 형태가 있든 없든 우상은 만들지도, 섬기지도 말아야 한다.

③ 너는 네 하나님 여호와의 이름을 망령되이 일컫지 말라 → 일하면서 하나님의 이름을 욕되게 하지 말라

하나님을 믿는 사람은 하나님의 이름을 거룩하게 여긴다. 그래서 누군가 하나님을 무시하거나 모욕하는 말을 하면 분노를 느낀다. 마땅히 그래야 한다. 그러나 일터에서 자신의 말이나 행동 때문에 주변 사람들이 하나님을 욕할 수 있다는 사실을 미처 생각하지 못하는 경우가 있다. 우리가 하는 말이나 행동 때문에 하나님의 이름이 욕을 먹는다면 세 번째 계명을 범하는 것이다. 또 자기가 임의로 일하고서 거기다 하나님의 이름을 갖다 붙이는 경우가 종종 있다. 이것도 세 번째 계명을 범하는 것이다. 하나님의 이름으로 자기 정당화를 해서는 안 된다.

④ 안식일을 기억하여 거룩하게 하라 → 일과 여가의 균형을 이루어 안식하라

하나님을 믿는 사람은 하나님이 일하라고 하셨기에 맡겨진 일을 열심히 해야 한다. 그러나 일주일에 하루는 쉬어야 한다. 일하라고 명하신 하나님이 안식도 명하셨기 때문이다. 주일은 예배드리는 날이기도 하지만 하나님께서 명하신 안식을 누리는 날이기도 하다. 안식의 계명을 문자 그대로 지켜야 한다는 말은 아니다. 다만 일과 안식의 균형을 이루며 살기를 하나님께서 원하신다는 것을 알고 순종해야 한다. 주일에 일해야만 하는 사람들도 적어도 일주일에 하루는 쉴 수 있어야 한다. 하나님이 그것을 명하신 이유는 당신 백성의 안녕을 위해서다.

⑤ 네 부모를 공경하라 → 일터에서 윗사람의 권위를 인정하라

하나님을 믿는 사람은 가정에서 부모를 공경해야 한다. 그것은 부모가 가정에서 권위를 가지고 있기 때문이다. 일하는 사람들은 이 계명을 일터에서 권위를 가진 사람들을 공경하라는 뜻으로 해석할 수 있다. 사도들은 당시 종들을 향해 상전에게 복종하라고 하면서 선하고 관용하는 자에게뿐 아니라 까다로운 자에게도 그리하라고 했는데, 제5계명을 일터에 적용한 것이라 할 수 있다(벧전 2:18). 물론 부모에게 순종할 때도 "주 안에서" 순종하라고 하셨으니(엡 6:1) 일터에서 윗사람에게 순종할 때도 "주 안에서" 순종해야 한다. 즉 주님이 허락하는 한도 내에서 순종하라는 것이다.

⑥ 살인하지 말지니라 → 일터에서 사람들의 생명을 귀하게 여기라

하나님을 믿는 사람은 사람을 죽이지 않는다. 그러나 사람의 생명에 해를 끼치는 일을 한다면 간접적으로 살인에 동조하는 것이다. 그러므로 우리가 하는 일이 그렇지 않은지 돌아볼 필요가 있다. 예수님은 이 계명과 관련해서 성을 내거나 사람들을 무시하는 행동은 살인과 같다고 하셨다(마 5:21-22). 주님의 말씀대로라면 일터에서 본의 아니게 살인 행위를 저지르는 경우가 있을 수 있다. 또 일을 통해서 사람들의 몸과 마음에 해악을 끼친다면 그것 역시 살인에 준하는 행동이 될 수 있다. 특히 일터에서 힘을 가진 사람들은 얼마든지 살인에 준하는 말이나 행동을 할 수 있다. 그러므로 윗사람들은 이 계명을 어기지 않도록 각별히 조심해야 한다.

⑦ 간음하지 말지니라 → 일터에서 성적 유혹에 빠지지 말라

하나님을 믿는 사람은 간음해서는 안 된다. 부부 사이가 아닌데 성적인 관계를 갖는 것은 하나님의 창조 원리를 거스르는 죄악이다. 현대 사회에서는 성적인 유혹이 도처에 도사리고 있어 이 계명을 어기기 쉽다. 일 자체가 성 윤리를 무시하는 일이라면 하지 말아야 한다. 유흥업이나 성매매는 금해야 한다. 또한 남녀가 함께 일하는 일터에서 결혼한 사람들은 물론이고 미혼자들도 성적인 유혹에 빠지지 않도록 유의해야 한다. 요셉이 그랬던 것처럼 일터에서도 하나님이 우리를 보고 계신다는 사실을 잊지 말아야 한다(창 39:3).

⑧ 도적질하지 말지니라 → 일터에서 다른 사람의 소유를 지켜 주라

대부분 믿는 사람들은 다른 사람의 것을 훔치거나 불법으로 자기 것으로 만드는 것은 옳지 않다는 것을 안다. 그러나 공적인 물건이나 시간을 개인적인 용도로 사용하는 것, 내가 마땅히 받아야 하는 것 외의 것을 얻으려고 하는 것이 도적질이 될 수 있다는 사실을 잊어버리는 경우가 있다. 과거에 직장 생활을 할 때, 나는 복음의 열정으로 일과 중에 주변 사람들에게 복음을 전하거나 심지어 성경 공부를 한 적도 있었다. 당시에는 그럴 여건이 되는 직장에 다니는 것을 하나님께 감사했는데, 지금 돌이켜 보면 근무 시간을 개인적인 일에 도용함으로써 고용주에게 손실을 끼친 것이다. 반대로 기업주가 노동자의 품삯을 제대로 주지 않는 것도 도적질이 될 수 있음을 기억해야 한다(약 5:1-6). 하나님께서는 고용주든

피고용인이든 일터에서 다른 사람의 소유를 지켜 주라고 명하신다. 일터에서 일어나는 금전과 관련된 모든 범죄는 결국 도적질이나 다름없음을 기억해야 한다.

⑨ 네 이웃에 대하여 거짓 증거하지 말지니라 → 일터에서 거짓말을 하지 말라

생명을 구하기 위해 하는 거짓말은 몰라도 자신의 이익을 위해 거짓말하는 것은 절대 안 된다. 일터에서는 거짓말하는 것이 가장 범하기 쉬운 범죄이다. 거짓말은 다른 사람을 속여서 신뢰를 잃게 만든다. 이 계명을 지키기 위해 가장 중요한 것은 손해 볼 각오를 하는 것이다. 이웃에 대해서 거짓 증거하지 말라는 말씀은 이웃에 대해서 정확히 알지 못하는 말을 하지 말라는 것이다. 함께 일하는 사람들에 대해 험담하는 것은 사소한 일 같아도 거짓 증언하는 죄에 해당할 수 있다.

⑩ 네 이웃의 집을 탐내지 말지니라 → 일을 통해 얻는 수입을 비롯해서 주어진 상황에 만족하라

하나님을 믿는 사람은 이웃에 속한 모든 것을 탐내지 말아야 한다. 탐심이 모든 죄의 근원이 되기 때문이다. 이웃의 아내를 탐내면 간음하게 되고, 이웃의 소유를 탐내면 도적질도 하고, 거짓말도 하게 된다. 그래서 사도 바울은 "탐심은 우상 숭배"라고 했다(골 3:5). 이런 탐심의 유혹에 빠지지 않기 위해서는 현재 자신에게 주어진 것에 만족하고 감사해야 한다. 주님은 일을 통해서 얻는 지금의 소득에 만족하라고 하신다. 사도 바울처럼 어떤 상황에서도 자족하는 비결을 배울 때 이 계명을 지킬 수 있다(빌 4:11-13).

사울, 다윗 그리고 이스라엘 제왕들

하나님은 애굽에서 이스라엘을 구원해 광야를 거쳐 가나안 땅에 정착하게 하셨다. 그 이후 하나님이 다스리는 나라가 지속되었는데 백성들은 그것이 못마땅했다. 그들은 다른 나라처럼 왕을 세워 달라고 했다. "그러므로 이제 모든 이방 나라들처럼, 우리에게 왕을 세워 주셔서, 왕이 우리를 다스리게 하여 주십시오"(삼상 8:5). 이스라엘은 왕국이 되면서 하나님 나라에서 멀어졌다. 하나님의 통치를 거부하고 다른 나라처럼 인간 왕의 통치를 요구했기 때문이다. 하나님은 못마땅하셨음에도 그들의 요청을 들어주셨다. 사울을 왕으로 세우면서, 이스라엘은 하나님이 통치하는 하나님 나라에서 인간 왕이 다스리는 나라로 점차 변해 버리고 말았다. 이 시절, 이스라엘을 통치했던 세 왕은 여러 면에서 비교가 된다. 일터에 하나님 나라가 임하기를 원하는 사람들은 이들의 행적을 돌아보고 거기서 교훈을 얻어야 한다.

• 하나님 나라를 이루는 데 실패한 왕 사울

이스라엘의 첫 번째 왕인 사울이 노아나 아브라함처럼 믿음으로 왕국을 다스렸다면 이를 통해 하나님 나라가 이루어질 수 있었다. 그러나 사울은 실패하고 말았다. 그는 방주를 지은 노아의 믿음으로 나라를 다스리지 않고, 바벨탑을 쌓은 사람들처럼 자신의 왕국을 세우려 했다. 그는 이스라엘 왕국이 하나님의 나라인 것을 깨닫지 못하고 세상 왕들처럼 스스로 통치하려고 하다가 실패하고 말았다. 사울이 하나님 나라를 이루는 데 실패한 데는 세 가지 요인이 있다.

첫째, 왕으로서 해서는 안 될 일을 했다. 사울은 제사장이 해야 할 일, 즉 제사드리는 일을 자기가 직접 나서서 했다(삼상 13:9, 13). 이스라엘은 하나님 나라의 모형으로 시작되었다. 이 나라에서 하나님의 통치는 세 영역의 기름 부음 받은 자들이 각자 제 역할을 감당해야 이뤄진다. 왕, 제사장, 선지자가 그 세 역할이다. 사울은 그중 왕으로서의 역할을 감당하면 되었다. 그런데 상황이 급박해지자 하나님을 신뢰하지 못하고 자기 마음대로 제사장의 역할까지 행하고 말았다. 여기서부터 하나님 나라가 무너지기 시작했다.

둘째, 사울은 하나님의 이름이 아니라 자신의 이름을 남기기 위해 승전비를 세웠다(삼상 15:12). 이스라엘의 왕은 사울이지만 이스라엘을 통해 이루시는 하나님 나라의 왕은 하나님이시다. 그러므로 하나님 나라 백성으로서 사울은 당연히 하나님의 이름을 자기 이름보다 우선해야 했다. 그런데 여기서 사울은 또 한 번 실수를 저질렀다.

셋째, 하나님의 종으로 마땅히 해야 할 순종을 하지 않았다. 주님의 말씀에 순종하지 않고 자기가 원하는 대로 제물로 사용하려고 짐승을 남겨 두었다(삼상 15:20-21). 사울은 하나님의 명령을 대수롭지 않게 생각하고 자기 합리화를 하며 불순종하고 말았다. 결국 하나님은 그를 왕의 자리에서 물러나도록 하셨다. 사울은 이스라엘의 왕이란 직책을 가지고 하나님 나라의 왕 되신 하나님을 섬겨야 했는데, 이 일에 실패하고 말았다.

지위나 역할은 일터에서 하나님 나라를 이루는 데 유용하게 사용될 수 있다. 그러나 먼저 왕 되신 하나님께 철저히 순복해야만 한다. 권세로 인해 교만해지거나 물질에 대한 욕심을 절제하지 못하면 자기도 모르는 사이에 하나님 나라의 왕을 대적하게 된다. 어떻게 보면 세속의 지위가 하나님 나라의 백성으로 살아가는 데 걸림돌이 될 수도 있다. 사울은 일터에서 반면교사로 삼아야 할 대표적인 인물이다.

• **목자의 일로 하나님 나라를 준비한 왕 다윗**

하나님은 실패한 사울 대신 다윗을 이스라엘의 새로운 왕으로 선택해 그를 통해 하나님 나라를 유지하기로 하셨다. 하나님은 다윗 왕조가 다스리는 유다를 하나님 나라의 모델로 삼고 싶으셨던 것 같다. 그래서 이후의 왕들에게 이렇게 명하셨다. "네가, 나의 종 다윗이 한 것과 같이, 내가 명령한 모든 것을 따르고, 내가 가르친 대로 살며, 내 율례와 명령을 지켜서, 내가 보는 앞에서 바르게 살면, 내가 너와 함께 있을 것이며, 내가 다윗 왕조를 견고하게 세운 것같이, 네 왕조도 견고하게 세워서, 이스라엘을 너에게 맡기겠다"(왕상 11:38).

하나님은 다윗을 왕이자 이스라엘의 목자로 선택하셨다. "네가 나의 백성 이스라엘의 목자가 될 것이며, 네가 이스라엘의 통치자가 될 것이다"(삼하 5:2). "네 집과 네 나라가 내 앞에서 영원히 이어갈 것이며, 네 왕위가 영원히 튼튼하게 서 있을 것이다"(삼하 7:16). 사무엘 선지자에 의해 기름 부음을 받고 왕으로 세워졌을 때 다윗은 목자 일을 하고 있었다. 그 일은 하나님 나라와 무관하게 보였을지 모른다. 당시 목자는 가장 초라한 직업 중 하나였기 때문이다. 다윗은 이새의 아들들 중 막내였는데, 형들이 전쟁터에 나갔을 때에도 그는 목자 일을 했다. 아마 막내라서 가장 덜 중요한 일을 맡은 것이 아닐까 싶다. 하지만 다윗은 맡은 일을 성실하게 감당했다. 사실 그가 목자로서 한 일은 하나님 나라를 준비하는 일이었다.

다윗은 목자로 일할 때 연습한 무릿매 실력으로 골리앗을 넘어뜨렸다. 나중에 하나님께서는 다윗을 이스라엘의 목자로 세우셨고 왕이 된 다윗은 목자처럼 백성을 다스렸다. "주님의 종 다윗을 선택하시되, 양의 우리에서 일하는 그를 뽑으셨다. 암양을 돌보는 그를 데려다가, 주님의 백성 야곱과 주님의 유산 이스라엘의 목자가 되게 하셨다. 그는 한결같은 마음으로 그들을 기르고, 슬기로운 손길로 그들을 인도하였다"(시 78:70-72). 그는 이스라엘의 왕 되신 여호와를 목자로 노래했고(시

23편), 목자이신 하나님께 배운 대로 백성을 돌보고 나라를 다스렸다. 다윗은 목자 일이 하나님의 통치(하나님 나라)와 상관없다고 여겼을지 모르나 결과적으로 하나님 나라를 준비하는 일이자 하나님 나라를 이루는 일이었다.

그리스도인이 이 땅에서 하는 일은 다윗의 목자 일처럼 하나님 나라와 무관해 보일 수 있지만, 어떤 형태로든 나중에 이루어질 하나님 나라를 위한 준비가 될 수 있다. 다윗처럼 왕이 되지 않더라도 자기가 일하는 영역에서 왕의 역할을 담당한다면 그곳에서 하나님 나라를 이루어 갈 수 있다.

- ### 하나님 나라와 가장 근접한 모습을 보인 다윗 왕의 통치

다윗이 왕으로 다스릴 때, 이스라엘은 하나님 나라와 가장 근접한 모습을 보여 주었다. 다윗은 하나님 마음에 가장 잘 맞는 사람이었다. 다윗은 목자로 일하면서 자신이 믿는 하나님을 목자의 모델로 생각했다. 그는 목자 되신 하나님의 동행을 체험했다. 왕이 되었을 때도 다윗은 이방 나라의 왕이 아니라 하나님을 왕의 모델로 생각했다. 때문에 그는 왕 되신 하나님의 함께하심을 항상 느꼈다. 우리는 이것을 시편의 고백을 통해 알 수 있다. 다윗이 다른 왕들과 결정적으로 다른 것은 바로 이 점이다. 특히 전쟁을 할 때, 다윗은 항상 하나님께 여쭈었다. 이웃 나라와의 전쟁이 하나님께 속한 일인 것을 알았기 때문이다(대하 20:15).

하나님이 하라고 하면 전쟁을 치루고, 하나님이 하지 말라고 하면 중단했다. 다윗이 전쟁을 하는 동안에도 하나님 나라가 나타날 수 있었던 것은 다윗이 전쟁 중에도 늘 하나님께 순종했기 때문이다.

그가 왕으로서 한 일은 이스라엘 왕국을 통치하는 것이지만 동시에 이스라엘에 하나님 나라가 임하게 한 것이었다. 그래서 하나님은 다윗의 왕위가 영원할 거라는 약속까지 주셨다(삼하 7:16). 이 약속 때문에 유다 왕국은 꽤 오래 지속될 수 있었다.

후대의 통치자와 백성들의 죄악이 워낙 컸기에 하나님은 결국 그 왕국이 멸망되는 것을 허용하셨다. 다윗이 다스렸던 가시적인 유다 왕국은 바벨론에 의해 멸망당하고 말았다. 이런 역사만 보면 다윗의 왕국이 영원하리라는 하나님의 약속이 깨진 것처럼 보인다. 다윗 왕조는 시드기야를 끝으로 더 이상 존재하지 않기 때문이다. 그러나 다윗의 자손을 통해 영원한 왕국을 세우겠다고 하신 약속은 깨지지 않았다. 다윗의 자손 가운데 태어난 예수 그리스도가 그 나라를 이 땅으로 가져왔기 때문이다.

결국 하나님은 유대 왕국의 멸망에도 불구하고 다윗의 자손을 통해 영원한 하나님 나라를 세우기로 하셨다. 이 나라를 통치할 왕에 대해 이사야 선지자는 이렇게 예언했다. "한 아기가 우리를 위해 태어났다. 우리가 한 아들을 모셨다. 그는 우리의 통치자가 될 것이다. 그의 이름은 '놀라우신 조언자', '전능하신 하나님', '영존하시는 아버지', '평화의 왕'이라고 불릴 것이다. 그의 왕권은 점점 더 커지고 나라의 평화도 끝

없이 이어질 것이다. 그가 다윗의 보좌와 왕국 위에 앉아서, 이제부터 영원히, 공평과 정의로 그 나라를 굳게 세울 것이다. 만군의 주님의 열심이 이것을 반드시 이루실 것이다"(사 9:6-7).

예레미야는 이렇게 예언했다. "내가 다윗에게서 의로운 가지가 하나 돋아나게 할 그날이 오고 있다. 나 주의 말이다. 그가 왕이 되어 슬기롭게 통치하면서, 세상에 공평과 정의를 실현할 것이다"(렘 23:5). 이들이 예언했던 나라는 예수 그리스도께서 이 땅에 오시면서 임하게 되었다. 예수님을 다윗의 자손이라고 부르는데, 이는 예수 그리스도께서 다윗 왕의 계보를 이으셨다는 뜻이다. 그런 점에서 예수 그리스도는 둘째 다윗이라고 해도 좋을 것이다.

• **반면교사 솔로몬**

다윗이 죽은 후에 그의 왕조를 계승한 사람은 솔로몬이다. 솔로몬의 통치가 시작됐을 때는 이스라엘에 하나님 나라가 임한 것처럼 보였다. 무엇보다도 솔로몬은 하나님을 사랑했고, 아버지 다윗 왕의 법도를 따랐다(왕상 3:3). 또한 이스라엘을 올바로 통치하기 위해서 하나님의 지혜를 구했다(왕상 3:9). 게다가 솔로몬은 성전 건축이라는 위대한 일을 이루고 나서도 하나님 앞에서 겸손했다(왕상 8:24, 27). 마지막으로 솔로몬은 후손 대대로 하나님만 의지하기로 결단했다(왕상 8:45, 49, 58). 일터에 하나님 나라가 임하기를 원하는 사람은 자신이 어떤 위치에 있든지 초기 솔로몬과 같은 자세로 일해야 할 것이다.

그러나 솔로몬의 통치 후반부에 접어들면서 이스라엘에서 하나님 나라가 떠나가기 시작했다. 세속적인 관점으로 보면 강성하고 부유한 나라가 되었으나 영적으로는 초기의 하나님 나라 모습을 거의 다 잃어버렸다. 그렇게 된 데에는 몇 가지 요인이 있었다.

첫째, 그는 하나님을 신뢰하기보다 자신의 외교 전략을 신뢰했다. 그래서 여러 이방 공주들과 결혼하는 실수를 저질렀다(왕상 11:1). 아마도 당시 통치자들이 흔히 사용했던 외교 전략을 따라 했던 것 같다. 하나님이 "왕은 또 많은 아내를 둠으로써 그의 마음이 다른 데로 쏠리게 하는 일이 없어야 하며"(신 17:17a)라고 분명히 가르치셨는데, 그는 이 세대를 본받느라 하나님의 뜻을 분별하지 못한 것이다(롬 12:2).

둘째, 그는 하나님을 예배하면서 동시에 이방의 우상을 섬겼다. 이방 아내들이 하나님을 섬기게 하지 못하고 오히려 자신이 이방신을 섬긴 것이다(왕상 11:2, 4, 8). 솔로몬이 이렇게 쉽게 이방신을 섬기게 된 것은 그렇게 하는 것이 하나님을 떠나는 것이라고 생각하지 않았기 때문이 아닐까 한다. 이방신을 섬기기 위해 하나님을 부인하거나 하나님을 떠나야 했다면, 그는 아마 이방신에 그렇게 쉽게 끌리지 않았을 것이다. 그는 이방신을 섬기면서도 하나님을 이전과 똑같이 섬기고 있었기에 우상 숭배가 죄라고 인식하지 못한 게 아니었을까 추측한다. 그래서 예수님은 재물에 대해 경고할 때 "아무도 두 주인을 섬기지 못한다. 한쪽을 미워하고 다른 쪽을 사랑하거나 한쪽을 중히 여기고 다른 쪽을 업신여길 것이다. 너희는 하나님과 재물을 아울러 섬길 수 없다"(마 6:24)라고 하신 것이리라. 솔로몬이 하나님을 버렸기에 그가 다스리는 왕국에서 하나님의 통치가 점차 사라졌다.

셋째, 그는 하나님의 책망과 경고에 귀를 기울이지 않았다(왕상 11:9-13). 하나님은 솔로몬이 우상 숭배하는 것을 보시고 선지자를 통해서 책망하셨다. 나중에 그의 왕국을 떼어서 신하에게 주겠다는 경고까지 하셨다. 그런데 이미 마음이 하나님을 떠나 버린 솔로몬은 하나님의 말씀을 듣고 실천할 능력을 잃어버리고 말았다. 원래 이스라엘의 왕은 하나님의 율법 책을 평생 옆에 두고 읽으면서 자신을 택하신 주 하나님을 경외하기를 배우며, 이 율법의 모든 말씀과 규례를 성심껏 어김없이 지켜야 했다(신 17:18-19). 그런데 솔로몬은 자신의 지혜를 과신한 나머지 하나님의 율법을 무시하고 말았던 것이다. 하나님 말씀이 사라지면서 그가 다스리는 왕국에서 하나님의 의가 사라지게 된다.

솔로몬은 죽을 때까지 이스라엘을 통치했다. 초기에는 그의 통치를 통해서 하나님 나라가 나타났지만, 후기에는 하나님 나라를 찾아볼 수 없게 되었다. 이런 변화는 우리에게 시사하는 바가 크다. 그리스도인이 사업을 시작할 때에는 솔로몬의 마음을 가지고 시작해도, 사업이 잘되면서 점점 마음이 변할 수 있다. 이런 변화는 아주 미묘해서 스스로 잘 느끼지 못할 수도 있다. 그래서 스스로는 처음과 같은 마음이라고 생각하지만 드러나는 모습은 많이 달라지는 것이다. 이런 실수는 누구나 할 수 있다. 월급을 받는 직장인이나, 아주 조그만 가게를 운영하는 자영업

자도 얼마든지 범할 수 있다. 특히 일터에서의 상황이 좋아질 때 더 그러기 쉽다. 그러므로 일터에 하나님 나라가 임하기 원한다면 다윗을 모델로 삼는 한편, 솔로몬을 반면교사로 삼아야 할 것이다.

- **북 이스라엘과 남 유다 왕들의 우상 숭배**

솔로몬이 르호보암에게 물려준 왕국은 하나님의 통치에서 멀어져 갔고 결국 하나님의 경고대로 북 이스라엘과 남 유다 두 나라로 분리되었다. 북쪽 이스라엘 왕들은 대부분 주변 나라들과 비슷하게 통치했다. 그들은 이스라엘의 주권자가 하나님이심을 알지 못했고, 알더라도 하나님을 주권자로 인정하지 못하고 이방 우상을 섬겼다. 남쪽 유다 왕들은 비교적 나았다. 몇몇 왕들은 조상 다윗처럼 하나님의 통치를 대신하는 역할을 감당했다. 여호사밧, 히스기야 그리고 요시야가 대표적이다. 그러나 남과 북 전반적으로 하나님 나라를 이루는 일에 실패했다.

하나님은 먼저 북 이스라엘을 심판하셨다. 하나님 나라의 모델을 기대했던 나라를 포기하신 것이다. 북 이스라엘은 앗수르에게 멸망당했다. 그 땅에 하나님 나라는 지속될 수 없었다. 멸망 후 이방인들이 각 나라의 우상들을 가지고 밀려 들어왔기 때문이다. "그래서 각 민족은 그들이 살고 있는 성읍 안에서 만든 신들을 사마리아 사람들이 만든 산당 안에 가져다 놓았다. 바빌론 사람들은 숙곳브놋을 만들고, 구다 사람들은 네르갈을 만들고, 하맛 사람들은 아시마를 만들었다. 아와 사람들은 닙하스와 다르닥을 만들었으며, 스발와임 사람들은 자기들의 신인 아드람멜렉과 아남멜렉에게 그들의 자녀를 불살라 바치기도 하였다" (왕하 17:29b-31). 이것은 하나님 나라를 알지 못하는 사람들이 흔히 범하는 실수이다. 다양한 영역에 필요한 신들을 만들어서 숭배하는 것이다.

뒤이어 남 유다도 같은 이유로 멸망한다. 북 이스라엘은 황폐해졌고, 남 유다 사람들은 바벨론의 포로가 되었다. 애굽의 노예에서 해방되었던 이스라엘 백성이 하나님 나라를 이루지 못하게 하는 바람에 바벨론의 노예가 된 것이다. 이들에게 예루살렘의 멸망은 이스라엘 국가의 종말을 의미할 뿐 아니라, 이 땅에서 볼 수 있었던 하나님 나라의 종말을 의미했다.

다윗의 왕국은 영원할 수 있었다. 그러나 그의 후손들이 우상을 섬기는 바람에 하나님은 유다 왕국을 통해 하나님 나라를 유지하기를 포기하시고 바벨론 왕국을 사용해 유다 왕국을 멸망시키셨다. 하나님의 통치의 상징이었던 유다 왕국의 멸망과 예루살렘 성전의 파괴는 하나님 나라의 종말을 의미하는 것 같았다. 그래서 예레미야를 비롯한 선지자들과 백성은 비탄에 빠졌다. 조국이 멸망당한 것도 안타까웠지만, 하나님이 통치하는 나라가 더 이상 존재하지 않는 것에 더 안타까워했다.

이스라엘에 하나님 나라가 임하지 못하게 된 결정적인 이유는 우상 숭배이다. 오늘날 일터에 하나님 나라가 임하는 것을 방해하는 것 역시 우상 숭배다. 바울 사도가 에베소 교회 성도들에게 한 말씀이 이스라엘의 역사에 그대로 드러나 있다. "여러분은 이것을 확실히 알아 두십시오. 음행하는 자나 행실이 더러운 자나 탐욕을 부리는 자는 우상 숭배자여서, 그리스도와 하나님 나라를 상속받을 몫이 없습니다"(엡 5:5).

현대인들이 쉽게 걸려 넘어지는 우상 숭배는 종교적인 우상 숭배가 아니라 사도 바울이 경고한 인간의 탐심 같은 것이다. "그러므로 땅에 속한 지체의 일들, 곧 음행과 더러움과 정욕과 악한 욕망과 탐욕을 죽이십시오. 탐욕은 우상 숭배입니다"(골 3:5). 우상 숭배를 지속한다면, 그가 아무리 탁월한 지식이나 지혜, 세속적으로 인정받는 최고의 전략을 가지고 있더라도, 일터에 하나님 나라가 임하게 할 수 없다.

바벨론 왕국

예루살렘이 붕괴되면서 하나님이 통치하는 국가로서의 이스라엘은 완전히 멸망했다. 하나님이 통치하는 나라는 더 이상 이 땅에 존재하지 않는다고 생각하는 사람들에게 하나님은 두 가지 중요한 진리를 가르쳐 주셨다. 첫 번째는 이방 땅에서도 여전히 지속된 하나님의 통치이다. 지역적으로나 시간적으로 제한되기는 했지만 하나님이 통치한다는 면에서 하나님 나라의 그림자가 존재했다고 할 수 있다. 두 번째는 역사 속에서 세속 국가와는 완전히 다른 나라가 임하게 될 것이라는 사실이다. 그 나라는 온 세계에 임하는 나라로서 메시아가 이 땅에 오시면서 이룰 나라이다.

• 이방 나라에서 보여 준 하나님 나라

예루살렘의 멸망으로 이스라엘 국가는 끝이 났다. 모든 백성이 그렇게 생각하고 비탄에 빠졌다. 그런데 예레미야 선지자는 이스라엘 국가는 망했지만 하나님 나라는 여전히 존재함을 가르쳤다. 하나님 나라가 유다 땅이나 예루살렘 성전으로 제한되지 않는다는 것을 알려 준 것이다. 하나님은 포로로 끌려간 사람들에게도 바벨론 땅에서 하나님 나라가 지속되도록 하라고 예레미야를 통해 말씀하셨다. "너희는 그곳에서 집을 짓고 정착하여라. 과수원도 만들고 그 열매도 따 먹어라. 너희는 장가를 들어서 아들딸을 낳고, 너희 아들들도 장가를 보내고 너희 딸들도 시집을 보내어, 그들도 아들딸을 낳도록 하여라. 너희가 그곳에서 번성하여, 줄어들지 않게 하여라. 또 너희는, 내가 사로잡혀 가게 한 그 성읍이 평안을 누리도록 노력하고, 그 성읍이 번영하도록 나 주에게 기도하여라. 그 성읍이 평안해야, 너희도 평안할 것이기 때문이다"(렘 29:5-7).

이 말씀은 바벨론에 유다의 교포 사회를 만들라는 이야기처럼 들리지만, 감추어진 메시지는 하나님의 백성들은 어느 곳에서 살든지 하나님이 함께하심을 믿고 그곳에 하나님 나라가 임하도록 해야 한다는 뜻이다. 바벨론에서 세워진 이 나라는 시간적으로는 70년 동안 지속되었는데, 하나님을 모르는 사람들의 사회에서 하나님의 백성이 어떻게 하나님 나라를 이루어 가야 할지를 보여 주는 일종의 예표가 된다.

바울도 초대 교회 성도들을 향해 이와 비슷한 부탁을 했다. 그들이 속한 로마 제국의 지도자에게 복종하라고 했으며, 동시에 그들을 위해 기도하라고 했다. "사람은 누구나 위에 있는 권세에 복종해야 합니다. 모든 권세는 하나님께로부터 온 것이며, 이미 있는 권세들도 하나님께서 세워 주신 것입니다"(롬 13:1). "왕들과 높은 지위에 있는 모든 사람을 위해서도 기도하십시오. 그것은 우리가 경건하고 품위 있게, 조용하고 평화로운 생활을 하기 위함입니다"(딤전 2:2). 일터에 하나님 나라를 이루기 위해 그리스도인은 세워진 권위에 복종해야 하며, 그 일터와 지도자들을 위해서 기도해야 한다.

우리는 나라를 다스리는 지도자를 위해서 중보 기도한다. 이것은 그리스도인에게 맡겨진 중요한 사명 중 하나이다. 똑같은 사명이 일터에 있는 그리스도인에게도 주어진다. 그들은 일하는 기업이나 단체의 수장들을 위해 기도해야 한다. 지도자들이 신앙인이라면 더 말할 것도 없지만, 신앙인이 아니더라도 그들을 위해서 기도해야 한다.

그리스도인은 자신의 일터를 위해서 중보 기도해야 한다. 특히 기업이 위기에 처했을 때 기업의 안녕을 위해 기도하는 것은 그리스도인들의 중요한 임무다. 언젠가 어느 기업의 신우회 모임에 가서 말씀을 전한 적이 있다. 그 신우회는 회사 상황이 아주 어렵기에 그것을 위해서 기도 모임을 한다고 했다. 그래서 나는 기업주가 그리스도인인 줄 알았는데, 기업주는 신앙이 없는 분이었고 기업도 기독교와 무관했다. 그래도 그 속에 있는 그리스도인들은 회사를 위해서 아침에 모여서 기도했던 것이다. 기업주는 하나님을 믿지 않지만 그리스도인들이 회사를 위해 하나님께 기도한다는 것에 무척 고마워했다고 한다.

꽤 오래 전 대한항공이 비행기 추락 사고 때문에 위기에 처했었다. 대한항공은 기독교와 무관한데다 오히려 불교 색채가 있는 회사였기에 오너는 기독교 신우회에 대해 부정적으로 생각하고 있던 터였다. 그런데 회사의 위기에 신우회가 모여서 회사를 위기에서 구해 달라고 간절히 기도했다. 당시 나는 설교를 위해 기도회에 참석했는데 웬만한 부흥집회의 열기 못잖았다. 그 기도 모임 덕분에 기독교에 대해서 부정적이었던 회사에 선한 영향력을 끼칠 수 있었다고 한다.

세속 기업에서 일하는 그리스도인이 기업을 위해서 하나님께 중보 기도를 한다면, 그래서 하나님이 그 기도에 응답해 주신다면 그것이 바로 일터에 하나님 나라가 임하게 하는 한 방편이 아닐까 생각한다.

• 이방 나라 왕을 통해서 보여 준 하나님 나라

하나님은 바벨론 포로기 동안 바벨론을 비롯한 이방 나라의 왕들을 통해서 미래에 나타날 하나님 나라를 보여 주셨다. 느부갓네살 왕은 거대한 신상에 대한 꿈을 꾸었는데, 그 내용을 이해할 수 없었다. 특히 돌 하나가 난데없이 날아와서 거대한 신상을 구성한 쇠와 놋쇠와 진흙과 은과 금을 부숴 버리는 장면은 도무지 이해할 수 없었다. 다니엘은 그 꿈을 해석하면서 역사 안으로 하나님 나라가 들어올 것이라고 말했다. "이 왕들의 시대에, 하늘의 하나님이 한 나라를 세우실 터인데, 그 나라는 영원히 망하지 않을 것이며, 다른 백성에게 넘어가지 않을 것입니다. 그 나라가 도리어 다른 나라를 쳐서 멸망시키고, 영원히 설 것입니다"(단 2:44).

나중에 다니엘 자신도 환상을 통해 미래에 임할 하나님 나라를 보았다. "내가 밤에 이러한 환상을 보고 있을 때에 인자 같은 이가 오는데, 하늘 구름을 타고 와서, 옛적부터 계신 분에게로 나아가, 그 앞에 섰다. 예부터 계신 분이 그에게 권세와 영광과 나라를 주셔서, 민족과 언어가 다른 뭇 백성이 그를 경배하게 하셨다. 그 권세는 영원한 권세여서, 옮겨 가지 않을 것이며, 그 나라가 멸망하지 않을 것이다"(단 7:13-14). 이렇게 다니엘은 왕의 꿈과 자신이 본 환상을 통해 하나님 나라를 알게 되었지만 아직 완전하게 이해한 것은 아니었다. 그때 천사가 그에게 하나님 나라에 대한 확실한 메시지를 전해 주었다. "그러나 가장 높으신 분의 성도들이 나라를 얻을 것이며, 영원히 영원히 영원히 그것을 누릴 것이다. … 나라와 권세와 온 천하 열국의 위력이 가장 높으신 분의 거룩한 백성에게로 돌아갈 것이다. 그의 나라는 영원한 나라다. 권세를 가진 모든 통치자가 그를 섬기며 복종할 것이다"(단 7:18, 27). 다니엘이 본 나라는 후에 예수 그리스도가 이 땅에 오셔서 외쳤던 그 나라이다. "하나님 나라가 가까이 왔다"(막 1:15). 다니엘 이후에 이스라엘 백성들은 메시아가 몰고 올 이 나라를 기다렸는데, 이것이 바로 하나님 나라 신앙이었다.

다니엘은 예레미야서를 읽으면서 이방 나라에서 하나님 나라를 이루라는 메시지를 늘 기억했다. 또한 그는 왕의 꿈과 자신이 본 환상을 통해 미래에 나타날 하나님 나라에 대해서 알게 되었다. 당시 이방 나라의 왕 밑에서 정치가로 일하던 다니엘은 그가 본 하나님 나라를 그가 살던 이방 땅 한복판에서 보여 주려고 노력하지 않았을까 추정된다. 그런 의미에서 다니엘이야말로 자신의 일터에서 하나님 나라를 보여 준 대표적인 인물이라 할 수 있다.

다니엘은 바벨론과 메대, 페르시아의 관리로 생활했다. 요셉과 마찬가지로 이방 나라에서 유대인의 정체성을 지키며 사는 것이 매우 힘든 상황이었다. 하지만 그는 아주 성공적으로 살아 냈다. 다니엘은 하나님이 주신 재능과 능력으로 이방인들을 압도했으며, 경건한 삶을 통해 구별된 모습을 보여 주었고, 깨끗한 삶으로 많은 사람들에게 하나님 나라를 보여 주는 하나님 나라 백성의 삶을 살았다. 다리오 왕은 제국의 왕이었지만 다니엘을 통해 하나님이 다스리는 나라를 짐작할 수 있었다. 그는 다니엘이 믿는 하나님에 대해서 이렇게 고백했다. "살아 계신 하나님이 영원히 다스리신다. 그 나라는 멸망하지 않으며, 그의 권세는 무궁하다"(단 6:26b). 이는 다리오 왕의 신앙 고백이기도 했다. 다니엘은 페르시아 왕의 왕궁에서 일하면서 하나님이 통치하시는 나라를 왕에게 소개해 일터에 하나님 나라가 임하게 하는 모델이 돼 보였다.

예루살렘의 회복과
이스라엘

• **비신자도 사용해 하나님 나라를 세우신다**

하나님은 이스라엘 민족을 다시 예루살렘으로 불러내 하나님 나라를 지속하기를 원하셨다. 이때 하나님은 이방 왕 고레스를 사용하셨다. 이사야 선지자는 그가 태어나기 오래전에 고레스에 대해 '하나님이 세운 목자', '하나님이 기름 부어 세운 왕'이라고 예언했다(사 44:28; 45:1). 하나님은 왕위에 오른 고레스의 마음을 감동시켜서 이스라엘 백성을 예루살렘으로 보내 성전을 짓게 하셨다(스 1:1-4). 객관적으로 보면 이방 나라의 왕이 이스라엘 민족을 편애한 것처럼 보이지만, 사실 하나님께서 당신의 나라를 회복하는 일에 하나님을 믿지 않는 이방 왕을 사용하신 것이다. 하나님 나라를 회복하는 일에 고레스라는 왕의 역할이 아주 요긴하게 사용됐다.

이런 역사적 사례는 하나님이 당신의 나라가 임하게 하는 데 비신자들을 얼마든지 사용하실 수 있음을 암시한다. 교회는 그리스도를 믿는 사람들의 공동체이기에 교회에 하나님 나라가 임하는 데에는 믿음 없는 사람들이 할 수 있는 일이 없다. 그러나 세속 일터에 하나님 나라가 임하는 데에는 그들도 기여할 수 있다. 물론 자신도 모르는 사이에 하나님의 주권에 의해 하는 것이지만 말이다. 그리스도인은 불신자를 통해서도 하나님 나라가 임하게 하실 수 있는 하나님의 주권을 인정하며, 일터가 하나님이 통치하시는 곳이 되도록 해야 한다. 그러기 위해 일터에서 리더들의 권위를 인정하고, 그들을 위해 중보 기도하는 것이 중요하다(딤전 2:1-2). 그들이 예수 믿고 구원받는 것을 위해서도 기도해야 하지만, 동시에 일터에 하나님 나라를 이루어 가는 데 그들이 쓰임받게 해달라고 기도해야 한다.

고레스 왕의 칙령에 따라 70년 동안 이방 나라에 흩어져 있던 유대인들이 고향으로 돌아오게 되었다. 그들 중 일부는 성벽을 재건하고, 성전도 재건축했다. 그들로서는 그 일이 무너진 하나님 나라를 다시 일으키는 일이라고 생각했을 것이다. 하나님은 그 일을 위해 학사 에스라와 총독 느헤미야를 사용하셨다. 느헤미야가 한 일은 일하는 그리스도인들에게 모범이 된다. 또한 에스라와 그의 동역은 현대 교회에서 목회자와 평신도의 동역에 좋은 모델이 된다.

• **세속에서의 일도 하나님 나라의 일이다**

느헤미야는 페르시아 왕 아닥사스다의 술을 대접하는 신하였다. 아마도 그는 왕의 술을 먼저 시음해야 했을 것이다. 그런 점에서 왕이 가장 신뢰하는 신하였던 셈이다. 그는 이방 왕의 신하로 일하면서 왕에게 하나님 나라를 보여 주었던 것 같다. 그래서인지 왕은 느헤미야가 원하는 일을 할 수 있도록 배려해 주기도 했다. 왕이 느헤미야를 유대의 총독으로 보내 주어 느헤미야는 예루살렘에서 성을 재건축하는 위대한 일을 지휘 감독하게 되었다.

그가 페르시아 왕궁에서 한 일은 하나님의 통치(나라)와 무관한 일처럼 보일 수 있다. 그러나 느헤미야는 그곳에 하나님 나라가 임하도록 했다. 그는 왕의 지근에서 왕의 음료를 관리했다(느 1:11). 왕은 당연히 우상을 섬겼을 터라, 왕과 가장 가까운 거리에서 일하려면 우상 숭배의 유혹이 만만치 않았을 것이다. 그것 때문에 술 관원을 그만두었더라면 느헤미야는 예루살렘에서의 위대한 일은 꿈도 꾸지 못했을 것이다. 마음속에 갈등이 있었겠지만 그는 왕의 술 관원으로 일하는 것을 하나님의 부르심으로 여기고 성실하게 감당했다. 왕의 술 관원이었지만 하나님 나라의 외교관으로 일한 것이다. 왕을 비롯해 느헤미야를 관찰한 주변 사람들은 그에게서 하나님의 임재를 보았을 것이다.

느헤미야의 사례는 아합 왕 때 왕궁 책임자였던 오바댜의 경우와 비슷하다. 하나님은 우상을 섬기는 왕 밑에서 일하는 오바댜를 사용하셔서 그곳에 하나님 나라가 임하게 하셨다. 엘리야는 바알 및 아세라 사제들과의 영적인 전투에서 승리하면서 하나님의 영광을 드러냈는데, 이것도 오바댜가 없었다면 이룰 수 없는 승리였다. 죄악 가득한 세속의 일터에 하나님의 통치를 맛보여 준 느헤미야나 오바댜는 오늘날 일터의 그리스도인들에게 아주 좋은 모델이다.

하나님은 아닥사스다 왕으로 하여금 느헤미야를 유대 땅에 총독으로 보내게 하셔서 예루살렘 성을 중건하게 하셨다(느 2:5). 느헤미야는 술 관원으로 성실하게 일한 덕분에 하나님이 맡기신 일을 감당할 수 있었던 것이다. 느헤미야의 주 임무는 예루살렘 성벽을 재건하는 것이었지만, 총독 직분에 따른 많은 일을 했다. 그러나 그에게 모든 일은 하나님 나라의 일이었기에 철저하게 하나님의 뜻을 따라 했다. 그는 행정적으로는 아닥사스다 왕이 파견한 페르시아 총독이었지만, 영적으로는 하나님 나라 왕이신 하나님께 위임을 받은 청지기였다. 그는 두 개의 자격으로 일들을 감당했다.

그가 총독으로서 한 일도 세속 사회에서 일하는 그리스도인에게 좋은 모델이 된다. 모든 그리스도인에게는 일터에서의 역할과 함께 하나님 나라의 청지기 역할도 주어진다. 사도 바울은 골로새 교회 성도 중 노예로 섬기는 이들에게 이 두 가지 역할을 가르쳤다. 하나는 육신의 주인을 섬기는 종이고, 다른 하나는 보이지 않는 주님의 청지기이다. 그들은 육신의 주인을 섬기는 한편 예수 그리스도를 섬겼다(골 3:22-24). 느헤미야가 아닥사스다 왕이 보낸 페르시아 총독으로 일하면서도, 보이지 않는 하나님 나라의 일꾼으로 이스라엘 역사에 길이 남을 위대한 일을 이룬 것과 같은 이치이다.

그 이후로 하나님 나라를 보여 주었던 국가적 실체는 사라졌다. 유대 백성은 바벨론에서 돌아왔으나 유다라는 독립 국가는 다시 건설하지 못했다. 그러나 하나님 나라의 소망은 어느 때보다도 분명해졌다. 오래전부터 선지자들이 오실 왕, 곧 메시아에 대해서 예언했기 때문이다.

느헤미야 이후 400년 동안 유대인들은 이스라엘 땅에 하나님 나라가 나타나기를 기대했지만, 이 나라 저 나라의 침략을 받고 신앙의 핍박도 받으면서 하나님 나라 소망과 점차 거리가 멀어졌다. 그러다가 로마 제국의 지배를 받기에 이르렀고, 유대 사회는 하나님 나라와 더 멀어진 것 같았다. 하지만 그럴수록 백성들은 예언자들의 예언대로 하나님 나라가 다시 회복될 것을 기대했다. 유대인들은 다윗의 자손 중에 왕, 곧 메시아가 나타나서 하나님 나라를 세울 것을 고대했다. 그렇게 되면 분명 로마 제국의 압제로부터 해방되어서 하나님이 통치하는 왕국이 이 땅에 다시 재건되리라고 소망했던 것이다.

다시
보기

✓ 가인과 아벨이 자신이 일한 것으로 하나님께 제사를 드렸듯, 우리도 각자의 일을 통해 예배드릴 수 있다.

✓ 하나님은 하나님을 믿지 않는 가인의 후손들의 일도 사용하셔서 세상을 통치하신다.

✓ 방주를 지은 노아와 바벨탑을 쌓은 후손들은 같은 기술을 사용했지만 의도와 동기에 따라 일의 성격과 결과가 달라졌다.

✓ 하나님께서는 죄악으로 변질된 노동으로 고통받던 이스라엘 민족을 유월절 어린 양의 피를 통해 구원하심으로 예수 그리스도의 승리를 예고하셨다.

✓ 이스라엘 백성들이 율법과 십계명을 지킴으로 하나님의 통치를 드러냈듯, 우리의 일터에서도 십계명을 상황에 맞게 적용하여 지켜야 한다.

✓ 이스라엘은 무너졌지만 하나님의 나라는 여전히 건재했다. 하나님은 이방 나라와 그 왕들을 통해서도 당신의 나라를 보여 주셨다.

나눠
보기

1 내가 일한 것으로 하나님께 예배드릴 때 하나님께서 아벨의 제사처럼 기뻐 받으실 거란 확신이 있는지 나누어 보자.

2 이 세상을 발전시키는 데 가인의 후손이 어떤 공헌을 했는지 생각해 보자.

3 나도 모르게 바벨탑을 쌓은 적은 없는지 돌아보고 나눠 보자.

4 나는 일터를 요셉의 애굽과 출애굽 시기 애굽 둘 중 어느 쪽과 가깝게 느끼는가?

5 〈일터 십계명〉 가운데 가장 인상적인 계명과 그 이유에 대해 나누어 보자.

6 사울, 다윗, 솔로몬이 보여 주는 성공 요인과 실패 요인을 비교해 나누어 보자.

7 오늘부터 나의 일터를 위해 기도하기로 결심하며 일터를 위한 기도 제목을 작성해 보자.

4

예수님이 보이신
하나님 나라와 일

• 그리스도와 하나님 나라

하나님 나라는 일차적으로 예수님의 생애 속에서 사역과 교훈으로 드러났다. 만일 예수 그리스도께서 십자가에서 죽지 않고, 평생 하나님 나라를 가르치고 사역하셨더라면 어떻게 되었을까? 아마 하나님 나라는 팔레스타인 지방에 부분적으로만 존재했을지 모른다. 그나마 그렇게 존재하던 하나님 나라도 예수님께서 나이 들어 죽은 후 점차 사라지고 말았을 것이다. 그러나 예수 그리스도의 십자가 죽으심으로 하나님 나라는 온 땅을 가득 채울 수 있었다.

하나님 나라는 예수 그리스도가 이 땅에 오심으로 시작되었고 그의 삶과 사역을 통해서 조금씩 가시화되었으나 진정한 모습을 드러낸 것은 그의 죽으심과 부활을 통해서였다. 하나님 나라를 이루기 위해서 예수께서는 필히 고난을 당하시고 십자가에 죽었다가 부활하셔야 했다. "인자가 영광을 받을 때가 왔다. 내가 진정으로 진정으로 너희에게 말한다. 밀알 하나가 땅에 떨어져서 죽지 않으면 한 알 그대로 있고, 죽으면 열매를 많이 맺는다"(요 12:23-24). 예수님은 하나님 나라라는 열매를 맺기 위해서 십자가에서 죽는 것을 선택하셨다.

그는 또한 십자가에 죽으심으로 하나님 나라를 대적했던 마귀의 세력을 정복하셨다. "그리고 모든 통치자들과 권력자들의 무장을 해제시키시고, 그들을 그리스도의 개선 행진에 포로로 내세우셔서, 뭇 사람의 구경거리로 삼으셨습니다"(골 2:15). 예수님은 부활하심으로 하나님 나라의 왕이심을 확증하셨고, 하늘과 땅의 권세를 취하셨다. "예수께서 다가와서 그들에게 말씀하셨다. 나는 하늘과 땅의 모든 권세를 받았다"(마 28:18). 부활하신 예수님은 40일 동안 제자들에게 하나님 나라를 가르치신 후에 하늘에 있는 하나님 나라로 돌아가셨다(행 1:3, 9).

그 후 제자들은 성령을 받고서 하나님 나라를 이 땅에 드러내는 데 자신의 삶을 드렸다. 예수님의 제자들과 초대 교회는 이를 위해서 가는 곳마다 십자가와 부활의 복음을 전했다. 복음이 전해진 곳에는 교회가 세워졌다. 교회 공동체는 완전하지는 않지만 하나님 나라의 그림자라 할 수 있었다. 특히 예루살렘에 있었던 초대 교회 공동체는 이 땅에 존재했던 교회들 중 가장 하나님 나라에 가까운 교회가 아니었을까 생각한다. "모든 사람에게 두려운 마음이 생겼다. 사도들을 통하여 놀라운 일과 표징이 많이 일어났던 것이다. 믿는 사람은 모두 함께 지내며, 모든 것을 공동으로 소유하였다. 그들은 재산과 소유물을 팔아서, 모든 사람에게 필요한 대로 나누어 주었다. 그리고 날마다 한마음으로 성전에 열심히 모이고, 집집이 돌아가면서 빵을 떼며, 순전한 마음으로 기쁘게 음식을 먹고, 하나님을 찬양하였다. 그래서 그들은 모든 사람에게서 호감을 샀다. 주님께서는 구원받는 사람을 날마다 더하여 주셨다"(행 2:43-47).

일단 교회가 세워지면 그 교회를 통해서 세상에 하나님 나라의 영향력을 미쳤다. 제일 먼저는 하나님 나라를 대적하는 영적인 세력이 무너졌다. 그리스인들이 섬기는 종교가 대표적이다. 바울은 아테네에 가서 수많은 우상들을 섬기는 제단을 보았는데 그중 "알지 못하는 신에게" 바치는 제단도 있었다(행 17:23). 이것을 보고 안타까워했던 바울은 이렇게 하나님을 소개했다. "우주와 그 안에 있는 모든 것을 창조하신 하나님께서는 하늘과 땅의 주님이시므로, 사람의 손으로 지은 신전에 거하지 않으십니다. 또 하나님께서는, 무슨 부족한 것이라도 있어서 사람의 손으로 섬김을 받으시는 것이 아닙니다. 그분은 모든 사람에게 생명과 호흡과 모든 것을 주시는 분이십니다. 그분은 인류의 모든 족속을 한 혈통으로 만드셔서, 온 땅 위에 살게 하셨으며, 그들이 살 시기와 거주할 지역의 경계를 정해 놓으셨습니다"(행 17:24-26).

이때 그가 아테네 사람들에게 소개한 것이 바로 하나님의 통치, 곧 하나님 나라였다. 비슷한 일이 에베소에서도 있었다. "그리고 신도가 된 많은 사람이 와서, 자기들이 한 일을 자백하고 공개하였다. 또 마술을 부리던 많은 사람이 그들의 책을 모아서, 모든 사람 앞에서 불살랐다. 책값을 계산하여 보니, 은돈 오만 닢에 맞먹었다"(행 19:18-19). 사도 바울은 마지막까지 사람들에게 하나님 나라를 가르쳤다(행 28:31). 그를 비롯한 사도들이 전한 하나님 나라의 비전은 모든 교회에 흘러 들어가 가르치는 교훈의 주제가 되었고 사역의 동기가 되었으며 삶의 양식이 되었다.

그러나 하나님 나라가 초대 교회의 기대만큼 빨리 이루어지지 않자, 세월이 지나면서 하나님 나라에 대한 생각이 차츰 변했다. 이천 년 교회의 역사는 교회가 하나님 나라를 이루는 중 겪은 시행착오의 과정이라고 할 수 있다. 어떤 때는 교회를 하나님 나라와 혼동하는 바람에 복음이 변질되는 아픔도 겪었다. 또 다른 때는 지상 세계의 발전과 진보를 하나님 나라와 혼동하는 바람에 또 다른 방식으로 복음이 변질되기도 했다. 비신자들을 기독교로 개종시키는 것과 하나님 나라 확장을 동일시하는 실수를 저지른 때도 있었다.

이렇게 계속 착각한 것은 하나님 나라에 대한 가르침이 구체적이지 않았기 때문이 아닌가 생각한다. 아마 앞으로도 하나님 나라를 이 땅에 이루어 가는 것이 정확히 무엇을 의미하는지 다양한 의견들이 있을 것이다. 성령의 인도를 따라 시행착오를 거치면서 조심스럽게 이 과정을 밟아야 하지 않을까 생각된다.

그런데 한 가지 하나님 나라에 대해서 아주 확실한 것이 있다. 그것은 하나님 나라의 완성은 예수님께서 다시 오실 때라는 점이다. 그리스도께서 재림하실 때 세상 모든 나라와 백성이 그를 하나님 나라의 왕으로 모실 것이다. 더불어 예수를 믿는 사람들은 그때 완성된 하나님 나라에서 왕 되신 주님과 함께 왕 노릇하게 될 것이다(빌 2:9-10; 계 5:9-10).

예수님의 성육신

- **그리스도의 탄생과 함께 시작된 하나님 나라**

바벨론 포로에서 귀환한 후에도 이스라엘은 회복되지 않았다. 하나님의 통치(나라)는 이 땅에서 사라진 것같이 보였다. 400년이 흐른 후 어느 시점에 왕 되신 예수님이 어린 아기로 이 땅에 태어나셨다. 하나님 나라의 왕이 육신을 입고 죄악 세상에 오신 것이다. 이것을 제일 먼저 안 사람들은 동방에서부터 온 박사들이었다. 그들은 하나님 나라의 왕이 이 땅에 태어난 것을 알고 경배하기를 원했다. 그 왕이 유대인으로 태어날 것으로 알았기에 예루살렘을 찾아와 헤롯에게 유대인의 왕으로 나신 이가 어디에 계시는지 물었다(마 2:2). 우여곡절 끝에 새로 태어난 아기에게 경배하면서 왕에게 바치는 세 가지 예물을 드렸다(마 2:11). 이 장면은 예수님이 하나님 나라의 통치자로 이 세상에 태어나신 것을 아주 생생하게 보여 준다.

대부분의 사람들은 그 아기가 하나님 나라의 왕인 것을 알지 못했다. 심지어는 "너 유대 땅에 있는 베들레헴아, 너는 유대 고을 가운데서 아주 작지가 않다. 너에게서 통치자가 나올 것이니, 그가 내 백성 이스라엘을 다스릴 것이다"(마 2:6)라는 말씀을 알았던 성경학자들도 그가 이스라엘을 다스릴 왕인 것을 몰랐다. 어쩌면 알았으면서도 인정하고 싶지 않았는지 모른다. 어쨌든 이스라엘이 고대하던 다윗의 왕통을 계승하는 통치자가 오셨지만 그 사실을 아는 사람들은 별로 없었다.

물론 예수님 자신도 그것을 드러내지 않으셨다. 예수님이 30세가 되자, 목수 일을 그만두고 공적인 사역을 시작하셨다. 그때부터 비로소 하나님 나라를 소개하기 시작했다. "때가 찼다. 하나님의 나라가 가까이 왔다. 회개하여라. 복음을 믿어라"(막 1:15). "회개하여라. 하늘나라가 가까이 왔다"(마 4:17). 이때 예수님은 자신과 하나님 나라의 관계를 정확하게 말씀하지는 않으셨다. 그러나 우리는 예수님이 '하나님 나라가 가까이 왔다'고 하신 말씀이 곧 자신이 하나님 나라의 왕으로 임하셨음을 암시한다는 것을 안다. 성육신하신 예수님이 바로 하나님이 약속했던 다윗의 위를 계승할 후손이었으며, 다니엘이 예언했던 하나님 나라의 통치자이셨다. 예수님이 마구간에 태어날 때 하나님의 나라가 오기 시작한 셈이다.

• 목수 일을 하신 그리스도

주목할 점은 하나님 나라의 왕으로 오신 예수님이 꽤 오랫동안 목수 생활을 하셨다는 것이다. 그가 이 땅에 오신 주된 목적이 목수 일은 아니었지만 이 땅에서 가장 오래 하셨던 일은 목수 일이었다. 흔히 예수님을 선한 목자로 묘사하는 그림들을 보는데 이는 상징화는 될지 몰라도 사실화는 될 수 없다. 예수님의 직업은 목자가 아니라 목수였다.

하나님의 아들이 인간의 몸을 입고 오신 것과 평범한 목수 일을 했다는 사실은 하나님 나라에 대해 아주 중요한 것을 가르친다. 하나님 나라는 육신을 입고 사는 나라에 임한다는 것이며, 평범하면서도 세속적인 일을 통해서도 그 나라를 발견할 수 있다는 것이다.

청교도 신학자인 휴 래티머(Hugh Latimer)는 예수님이 목수이셨다는 사실에 대해서 이렇게 평가했다. "세상의 구세주, 왕 중 왕이신 이가 노동, 그것도 비천한 직업을 부끄러워 아니하셨다는 말은 실로 경이롭다. 이로써 그분은 모든 직업을 정결하게 하셨다."

스코틀랜드의 고전 작가 조지 맥도날드(George Macdonald)는 목수로 일하셨던 예수님에 대해서 이런 상상을 했다.

"오! 주여, 요셉의 낡은 의자에 앉아 당신의 손은 톱과 대패를 사용하고 있습니다. 당신의 망치는 못을 박아 구부러뜨립니다. 매듭을 고치고 거친 부분을 부드럽게 하십니다. 주여 나를 톱처럼 사용하소서. 당신의 손에 있는 대패와 끌과 같이 사용하소서. 주여 나를 도끼와 같이 취하소서. 나를 위한 이런 기도는 너무 관대하십니다. 오, 주님. 기도하오니 나를 높게 하소서. 당신의 의자 위 부드러운 나무 위에 당신의 톱, 당신의 대패, 당신의 끌로 나를 선한 일에 사용하소서. 아니, 아닙니다. 꿈과 거룩한 이상이 기도하고 싶은 충동보다 못합니다. 오! 위대한 힘이시여. 오소서, 나는 외치고 싶습니다. 일꾼이시여 나의 진흙으로 만든 헛간에 은혜를 주소서. 의자와 책상과 배 위에 앉아 있는 나는 칼과 바늘을 가지고 목소리와 펜을 가지고 옛날 나사렛에서 계셨던 그대와 같이 또다시 아버지의 뜻을 행할 것입니다. 그래서 일꾼을 특별하게 만드심은 오! 주님 이것이 그대의 영지이오니 당신이 무거운 짐을 지시다가 아버지 집에 돌아가서 당신 같은 아이를 또 하나 보내 주소서."

달라스 윌라드(Dallas Willard)는 그의 책 《하나님의 모략》(복 있는 사람, 2007)에서 예수님이 현대 사회에 오셨다면 목수는 아니지만 그에 준하는 직업을 가지셨을 것이라 짐작하기도 했다.

"만일 그분이 그때처럼 오늘 오셔야 한다면 나쁜 일이 아니고 유익한 일이기만 한다면 그분은 그 어떤 직업을 통해서도 사명을 감당하실 수 있다. 전자 제품 가게의 점원이나 경비, 컴퓨터 수리공, 은행원, 편집사원, 의사, 웨이터, 교사, 농장 일꾼 실험실 연구원, 건설 노동자 등 무엇이든 될 수 있다. 청소 대행업도 할 수 있고 자동차를 수리할 수도 있다. 다른 말로 만일 그분이 오늘 오셔야 한다면 그분은 우리가 하는 일을 얼마든지 하실 수 있다. 얼마든지 우리가 사는 아파트나 주택에 살 수 있고 우리의 직장에서 일할 수 있고 우리의 교육과 인생 전망을 그대로 공유할 수 있고 우리의 가족과 주변 환경과 시간 속에서 살아갈 수 있다. … 결국 우리 인간의 삶은 하나님의 삶에 의해 파괴되는 것이 아니라 오히려 그 안에서 그리고 그 안에서만 충만하게 된다."

최초의 인간인 아담이 에덴에서의 일을 통해 하나님 나라를 보여 주었다면 새로 오신 제2의 아담, 예수님은 나사렛에서 목수로 일하면서 하나님 나라를 보여 주셨다. 물론 목수 일이 하나님 나라 일의 전부라는 말이 아니다. 그것은 하나님 나라 일의 극히 일부분에 속한다. 분명한 것은 예수님이 하셨던 목수 일이 이 땅에 임하는 하나님 나라와 무관하지 않다는 사실이다. 그러므로 하나님 나라 백성도 예수님처럼 자신의 일을 통해서 이 땅에 하나님 나라를 보여 줄 수 있다.

나는 가끔 이런 상상을 한다. 나사렛의 목수이셨던 예수님이 만든 의자나 가구가 그 동네에서 어떤 평가를 받았을까? 적어도 품질에 하자는 없었을 것이다. 아마도 이런 이야기들이 나오지 않았을까. "예수가 만든 가구는 정말 믿을 만해. 아버지 요셉에게서 제대로 배운 것 같아." 그 당시 사람들은 아무도 몰랐겠지만 예수님이 일하던 목공소에는 하나님 나라가 임했을 것이 분명하다.

예수님의 공생애 사역

예수님은 30세가 되는 때에 목수 일을 그만두시고 공생애 사역을 시작하셨다. 그는 회당에서 가르치시고, 하늘나라 복음을 전하시고, 질병과 아픔을 고치셨다(마 4:23). 현대적인 표현으로 예수님은 목수 일을 그만두시고 비공식적이기는 하지만 당시의 유대인 랍비가 하던 일을 하신 것이다. 일의 종류가 완전히 달라졌다. 그러나 하나님 나라를 보여 주었다는 면에서는 목수 일의 연장선상에서 의미를 찾을 수 있다.

세례 요한은 메시야가 이 땅에 하나님 나라를 이루실 것을 기대했다. 그가 기대했던 것은 마지막 심판과 함께 나타날 하나님 나라였던 것 같다. 그런데 예수님이 자신이 기대했던 하나님 나라를 보여 주지 않는 것 같아서 고민에 빠진다. 그는 예수님이 정말 하나님 나라의 왕인지를 확인하기 위해서 제자들을 보내서 예언자들이 예언했던 그 메시아가 예수님이 맞는지 묻는다. 이때 예수님은 이렇게 답을 주신다. "눈 먼 사람이 보고, 다리 저는 사람이 걸으며, 나병 환자가 깨끗하게 되며, 듣지 못하는 사람이 들으며, 죽은 사람이 살아나며, 가난한 사람이 복음을 듣는다"(마 11:5) 이것은 예수님이 3년 동안 이 땅에서 하셨던 사역이었다. 그것이 메시아의 사역이며, 동시에 하나님 나라의 드러남이었다는 뜻이다.

아이러니하게도 예수님을 무리에게 '하나님의 어린 양'이라고 소개했던 요한은 그분이 하나님 나라의 왕인지를 헷갈려 했는 데 반해, 평범한 무리 가운데 예수님을 하나님 나라의 왕으로 인정한 사람들이 꽤 있었다. 그들은 예수님을 향해 "다윗의 자손"이라고 불렀다(막 10:47-48; 마 15:22; 마 21:15 등). "다윗의 자손"은 선지자들이 예언한 다윗의 보좌에 앉을 왕, 즉 하나님 나라의 통치자를 의미했다. 그들은 하나님 나라에 대해 무지했을지 모르지만 자신들이 가졌던 하나님 나라에 대한 믿음을 그런 식으로 표현했다.

예수님은 하나님 나라의 왕으로서 사역을 하셨지만 이 땅에서 왕이 되는 것을 원하지는 않으셨다. 그래서 오병이어의 이적으로 배를 불린 무리들이 예수님을 왕으로 삼으려고 할 때 그 요청을 거부하고 피신하셨다(요 6:15). 나중에 빌라도의 법정에서 예수님은 자신이 왕이지만 세상 나라의 왕이 아니라 하나님 나라의 왕임을 분명히 선포하셨다(요 18:36-37).

예수님은 하나님 나라를 보여 주고 선포하셨을 뿐 아니라 제자들에게도 하나님 나라를 전파하라 하셨고(눅 9:60), 가는 곳마다 하나님 나라가 가까이 왔음을 전하게 하셨다(눅 10:11). 부활하신 후 예수님은 자신을 믿는 모든 사람에게 이 사역을 계승하셨다.

예수님은 이 땅에서 사역하는 동안 귀신들과 자주 충돌하셨다. 물론 그때마다 예수님은 귀신의 세력을 굴복시키셨다. 그러면서 "그러나 내가 하나님의 능력을 힘입어 귀신들을 내쫓으면, 하나님 나라가 너희에게 이미 온 것이다"(눅 11:20)라고 하셨다. 예수님 당시에 유별나게 귀신의 역사가 많았던 것 같다. 하나님 나라 회복을 방해하기 위해서 그만큼 강력하게 역사한 것으로 생각할 수 있다.

• **예수님이 하신 목수 일과 공생애 사역의 차이**

예수님이 하셨던 목수 일과 공생애 사역은 어떤 차이가 있을까? 우선 안식일과 관련해서 생각해 볼 수 있다. 복음서를 보면 공생애 사역을 안식일에도 하신 것을 여러 번 볼 수 있다. 종교 지도자들은 강력하게 반발했다. 그러고는 예수님이 안식일 계명을 어겼다고 탄핵했다. 당시 종교 지도자들을 향해 예수님은 "내 아버지께서 이제까지 일하고 계시니, 나도 일한다"라고 답하셨다(요 5:17b). 예수님의 공생애 사역이 하나님 나라의 일인 것을 공포하신 것이다.

그럼 목수 일을 하실 때는 어떠했을까? 아마도 안식일에는 일을 중단했을 것이다. 오늘날의 표현을 빌린다면 목공소 문 앞에 '안식일은 쉽니다'라는 팻말을 붙였을지 모른다. 그러나 공생애 사역, 곧 사람의 생명을 구하는 일은 안식일이라고 그만둘 수가 없었다. 왜냐하면 그런 일은 안식일을 제정하신 하나님 자신이 절대 중단하지 않으시기 때문이다. 여기서 안식과 일과 관련해서 아주 중요한 원리를 발견한다.

하나님이 이 세상을 통치하시는 데 중단되어서는 안 될 일은 안식일에도 중단하지 않으신다. 그래서 시인은 하나님이 이스라엘을 지키기 위해서 졸지도 않고 주무시지도 않는다고 했다(시 121:4). 하나님은 우리를 지키기 위해서는 한순간도 쉬지 않으신다. 그 일은 안식일에도 지속되어야 한다. 예수님이 '하나님은 안식일에도 일하신다'라고 말씀하신 것은 자신의 공생애 사역이 하나님께서 하시는 그 사역과 성격이 같다고 말씀하신 것이다. 요약하면 예수님의 사역은 사람의 생명을 구하는 사역이다.

그렇다고 말씀을 전하거나 생명을 구하는 사역은 쉬지 않고 해도 좋다는 말은 아니다. 무리들이 병 고침을 받고, 말씀도 들으려고 몰려왔을 때 예수님은 홀로 한적한 곳에 가서 쉬면서 기도하셨다(눅 5:15-16). 풍랑이 이는 호수를 건너는 배 안에서 주무심으로 잠깐 동안이지만 육체적인 안식을 누리셨다(막 4:38). 말씀 사역에도 쉼이 필요하다. 다만 하나님이 이 세상을 통치하는 데 중단되어서는 안 되는 일은 누군가에 의해서 계속되어야 한다. 사람을 살리고 구원하는 일은 중단될 수 없다. 그러나 그 일을 하는 개인은 특정한 날짜가 아니더라도 안식의 시간을 분명히 가져야 한다.

예를 들어, 지금 우리 사회에는 중단하면 세상이 돌아가지 않는 일들이 있다. 가장 중요한 일은 병원을 비롯해서 사람의 생명을 직접 다루는 일이다. 또 발전소나 방송국 등 중단되어서는 안 되는 일들이 있다. 이런 일은 안식의 계명에서 자유로워야 한다. 현대적인 표현을 사용한다면 한 사회의 공공선을 위한 일은 하루도 중단되어서는 안 된다.

그러나 그 일을 하는 개인들은 분명히 쉬어야 한다. 안식의 계명을 지켜야 한다. 그 날짜가 주일이 되면 좋겠지만 그렇지 않을 수도 있다. 앞서 말한 공공선을 위한 직종에서 일하는 사람은 정기적으로 주일에 쉴 수 없다. 그러나 정한 날이 아니더라도 일주일에 하루를 쉬어야 한다는 것이 안식의 원리다.

전통적으로 교회가 강조해 온 주일 성수는 단순히 쉬는 것이 아니라 예배에 참석하고 교회 생활하는 것을 말한다. 물론 주일에 쉬지 못하면 예배에 참석하지 못한다. 한때는 주일에 일하는 것을 무조건 정죄하던 적이 있었는데 성경적인 태도인지 의심스럽다. 주일 외에도 공 예배를 드릴 수 있다면 주일에 일해야만 하는 사람들도 얼마든지 주님이 원하시는 주일 성수를 할 수 있다고 생각한다. 교회는 이런 이들을 위해 평일에 공 예배를 드릴 수 있는 환경을 마련해 줄 필요가 있다. 그러나 자신의 신앙생활을 돌아보면서 주일에 쉬면서 예배드리는 것이 중요하다고 생각하면 그런 직장을 그만두는 것도 충분히 가능한 선택이다.

예수님은 당시 안식일 계율의 관행을 깨고 병을 고칠 뿐 아니라 율법주의자들을 향해서 "인자가 안식일의 주인"이라고 말씀하셨다(마 12:8; 막 2:28; 눅 6:5). 자신을 통해 하나님 나라가 임했음을 보여 주신 것이다. 예수님의 존재 자체가 하나님 나라였다. 하나님 나라의 통치자로서 하나님이 통치하듯이 통치함을 보여 주신 것이다.

• 예수님의 제자들이 가졌던 직업과 사역의 차이

예수님은 세속의 일을 하는 사람들을 불러서 '사람을 낚는 어부', 곧 사람을 취하는 일을 맡기셨다. 어부의 일은 무가치한 일이 아니었다. 예수님의 목수 일처럼 하나님 나라의 일이었다. 고기 잡는 일은 첫째, 그들의 생계 수단이었으며, 둘째로 그 당시 사람들에게 물고기를 공급함으로 풍족한 식생활을 돕는 일이었다. 그리고 셋째, 오랫동안 물고기 잡는 일을 하면서 나중에 사람 취하는 일을 하는 데 필요한 훈련을 한 것이다. 어부의 일은 하나님 나라를 임하게 하는 데 필요한 준비 작업이었다. 마치 다윗이 목자로 일한 것이 나중에 왕이 되어서 백성을 다스리는 데 좋은 준비였던 것과 마찬가지다.

그러나 예수님이 새로운 하나님 나라의 일을 하기 위해서 목수 일을 그만둔 것처럼 제자들도 하나님 나라의 일을 하기 위해서 이전의 일을 그만두어야 했다. 고기를 낚던 갈릴리의 어부들은 사람을 낚는 일을 위해서 배와 그물을 버려두었다. 마태처럼 세리 일을 그만두고 제자 대열에 합류한 사람도 있다.

예수님은 이 땅에서 하나님 나라의 일을 하셨다. 예수 믿는 사람은 예수님이 일하신 것처럼 일해야 한다. 베드로는 예수님처럼 세속적인 일은 완전히 그만두고 복음을 전하는 사역에 전념했다. 그런가 하면 바울은 복음 사역에 헌신하면서 경제적인 필요를 위해서 세속적인 일을 병행했다. 바울에게 하나님 나라의 일은 당연히 복음을 전하고 교회를 세우는 일이었다. 그러나 텐트를 만드는 일도 하나님 나라와 무관한 일이 아니었다. 지금 세속 일터에서 일하는 성도들은 그 일을 통해서 하나님 나라의 일을 하면서 하나님이 주신 은사에 따라 맡겨 주신 하나님 나라의 일도 해야 할 것이다.

예수님의
가르침

- **하나님 나라의 헌장: 팔복**

  예수님은 다양한 교훈을 가르치셨는데 그중 중요한 부분이 바로 하나님 나라에 관한 교훈이다. 산상수훈 중 팔복은 바로 하나님 나라 백성들이 지켜야 할 헌장이었다. 특히 마태복음 13장은 다양한 비유를 통해서 하나님 나라가 무엇인지를 아주 자세하게 포괄적으로 알려 준다. 그분의 가르침에는 세상의 다른 종교 지도자나 윤리적 가르침과 공통되는 부분들도 꽤 많다. 결정적인 차이는 선행 조건인데 바로 하나님 나라다. 하나님 나라를 바로 이해하지 못하면 예수님의 가르침은 제대로 이해할 수 없다.

유명한 팔복은 천국의 기본 원리다. '이 땅에서 하나님 나라에 속한 사람들은 이런 삶을 살아야 한다, 이런 성품으로 살아야 한다, 일터에서는 이렇게 행해야 한다'고 가르쳐 주는 교훈이다. 마태복음 5장의 팔복을 살펴보면 하나님 나라의 복은 첫 번째 복과 마지막 여덟 번째 복에만 있는 것처럼 보인다. 그러나 당시 관습으로는 첫 번과 마지막에 기록된 것이 그 사이에 있는 모든 것에 다 적용된다. 그러므로 여덟 개로 표현된 복은 전부 하나님 나라의 복이라고 할 수 있다.

① 마음이 가난한 자(겸손하게 죄인임을 인정함)가 하늘나라를 소유하는 복이 있다(3절)

하나님 나라를 소유한다는 말은 하나님 나라에 속하게 된다는 말이다. 바꿔 말하면 하나님 나라 백성의 자격을 갖추게 된다는 것이다. 하나님 나라의 백성이 되기 위해서 사람들이 할 수 있는 일은 없다. 그냥 마음이 가난해져야 한다. 자신에게 백성이 될 만한 자격이나 조건이 하나도 없다는 것을 겸손히 인정해야 한다. 예수님도 하나님 나라에 들어가기 위해서는 어린아이 같아야 한다고 하셨다(막 10:14-15). 그런 사람에게 하나님은 은혜를 베푸시고 예수 그리스도를 통해서 하나님 나라의 백성이 되는 특권을 주신다.

일터에서 그리스도인은 하나님 나라의 백성임을 인식하고 겸손하게 행해야 한다. 그것이 하나님 나라의 왕 되신 예수님의 마음 자세이기 때문이다(빌 2:5). 하나님 나라의 백성으로 부름을 받은 사람은 겸손과 온유로 자신을 나타내야 한다(엡 4:1-2). 예수님 믿어서 구원받은 것을 분명히 드러내면서도 그것에 대해 물어보는 사람들에게는 온유와 두려움으로 대답할 수 있어야 한다(벧전 3:15-16).

② 슬퍼하는 사람(죄에 대해 슬퍼함)에게 하나님이 위로해 주시는 복이 있다 (4절)

하나님 나라 백성은 기뻐해야 한다. 바울은 항상 기뻐하라고 권면했다(살전 5:16). 성령의 열매들 중 두 번째 열매가 기쁨이다(갈 5:22). 그런데 예수님은 하나님 나라의 복 받을 사람은 슬퍼해야 한다고 하신다. 이 말씀은 삶의 기쁨을 부정하는 것이 아니다. 바로 죄에 대해서 슬퍼하라는 것이다. 먼저 자신의 죄를 슬퍼해야 한다. 그러기 위해서 자신의 죄를 발견하고 인정해야 한다. 그리고 다른 사람들에게서 발견되는 죄도 슬퍼해야 한다. 나아가 사회에 자리 잡은 구조적 악에 대해서도 슬퍼해야 한다. 죄를 슬퍼하면 회개하게 되고, 죄의 원인을 해결하기 위해서 노력하게 된다. 그런 사람들에게 하나님의 위로가 있다.

하나님 나라의 백성은 일터에서 발견되는 개인적인 죄나 구조적인 죄에 대해서 안타까워해야 한다. 바울이 우는 자들과 함께 울라고 한 것은(롬 12:15) 울 수밖에 없는 상황에 있는 사람들과 공감하라는 것을 의미한다. 개인의 힘으로 당장 문제를 제거할 수는 없어도 지적하고 감소시키는 노력이 필요하다.

③ 온유한 사람(죄인을 온유하게 대함)이 땅을 기업으로 받는 복이 있다(5절)
죄에 대해서는 슬퍼하고 안타까워해야 하지만 죄인들에 대해서는 온유하게 대해야 한다. 강한 어조로 회개하라고 외쳤던 예수님이 무리들에게 끌려온 간음한 여인에게 온유함으로 대하셨던 것을 기억해야 한다. 바울은 이렇게 권면한다. "형제자매 여러분, 어떤 사람이 어떤 죄에 빠진 일이 드러나면, 성령의 인도하심을 따라 사는 사람인 여러분은 온유한 마음으로 그런 사람을 바로잡아 주고, 자기 스스로를 살펴서, 유혹에 빠지지 않도록 조심하십시오"(갈 6:1).

죄인들에게 온유함으로 대하는 사람은 땅을 기업으로 받는다. 이 세상에서 땅을 많이 소유하게 된다는 것이 아니라 많은 사람에게 선한 영향력을 미치게 된다는 것을 의미한다. 일터에서 사람들의 잘못은 분명히 지적해야 하지만 그 사람에게는 온유하게 대해야 한다. 온유하게 대한다는 것은 그들을 용서하는 것이다.

성경에 소개된 온유한 사람으로는 이삭이 제일 먼저 생각난다. 어쩔 때는 속없는 사람처럼 보이지만 그렇게 처신했기에 주변 사람이 그를 향해 "우리는 주님께서 당신과 함께 계심을 똑똑히 보았습니다"(창 26:28a)라고 고백할 수 있었던 것이다. 이삭이 하나님 나라에 속한 사람인 것을 인정한 것이다.

④ 의에 주리고 목마른 사람(공의를 추구함)은 배부르게 되는 복을 받을 것이다(6절)

하나님 나라의 백성이라면 주님의 의가 이루어지는 데 대한 간절함이 있어야 한다. 예수님은 경제적인 걱정을 하는 사람에게 먼저 하나님의 나라와 의를 구하라고 하셨다(마 6:33). 하나님의 나라는 하나님의 의가 행해지는 곳을 의미한다. 의를 갈구하고 추구하면 그것이 개인의 삶이나 공동체 안에서 이루어진다. 배부르게 된다는 것은 육신이 배부르게 되거나 물질이 넉넉하게 되는 것이 아니라 부족함 없는 삶, 만족하는 삶을 살게 되는 것을 의미한다.

세속의 일터에는 각종 불의가 난무한다. 인격을 무시하는 일, 차별하는 일 등 이 모든 것을 바로잡는 것이 하나님의 의를 구하는 것이다. 하나님 나라의 백성이라면 먼저 자신이 그런 의를 행하도록 해야 하며, 하나님의 의가 제대로 구현되지 않는 곳에서는 그것을 이루기 위해서 최선의 노력을 기울여야 한다.

⑤ 자비한 사람(자비를 추구함)은 하나님이 자비롭게 대해 주시는 복을 받는다(7절)

하나님은 이 땅에서 공의와 자비를 베풀기 원하신다. 이 두 가지를 동시에 만족시킨 것이 예수 그리스도의 십자가이다. 예수 그리스도의 죽으심으로 죄에 대한 공의의 심판이 이루어졌으며, 동시에 죄인에 대한 자비가 베풀어졌다. 그러므로 하나님 나라의 백성들은 하나님처럼 공의와 자비를 나타내어야 한다.

하나님 나라의 백성들은 함께 일하는 사람들은 물론 일을 통해서 만나는 모든 사람들에게 자비를 베풀어야 한다. 사람들은 그가 베푸는 자비를 통해서 하나님 나라의 백성임을 알 수 있다. 우리는 하나님이 자비를 베푸신 것처럼 자비를 베풀어야 한다(눅 6:36).

⑥ 마음이 깨끗한 사람(거룩을 추구함)은 하나님을 볼 수 있는 복이 있다(8절)

사람들의 마음속에는 온갖 더러운 것들이 가득 차 있다. 예수님은 제자들에게 이렇게 말씀하셨다. "사람에게서 나오는 것, 그것이 사람을 더럽힌다. 나쁜 생각은 사람의 마음에서 나오는데, 곧 음행과 도둑질과 살인과 간음과 탐욕과 악의와 사기와 방탕과 악한 시선과 모독과 교만과 어리석음이다. 이런 악한 것이 모두 속에서 나와서 사람을 더럽힌다"(막 7:20-23). 마음이 더러워진 사람은 하나님을 볼 수가 없다. 하나님 나라의 백성은 평생을 통해서 마음속에 있는 더러운 것들을 치워 버리는 작업을 하는 사람들이다.

예배당이나 기도원에 가야만 하나님을 볼 수 있는 것이 아니다. 예배
당에서도 마음에 이기적인 욕심으로 차 있다면 하나님을 볼 수 없다. 바
리새인들처럼 위선적인 삶을 산다면 아무리 종교적인 척해도 하나님을
볼 수 없다. 두 마음을 품는 자는 하나님으로부터 아무것도 받을 수 없
다(약 1:7-8). 일터에서도 이런 것들을 제거하면 할수록 거룩하게 되고 거
룩하게 될수록 거룩하신 하나님을 더 잘 볼 수 있다.

⑦ 평화를 이루는 사람(평화를 추구함)은 하나님의 자녀가 되는 복이 있다(9절)
하나님 나라 백성들은 같은 백성들끼리는 물론이고 비신자들과도 평화
를 이루어야 한다. 그래서 사도 바울은 "여러분 쪽에서 할 수 있는 대로
모든 사람과 더불어 화평하게 지내십시오"라고 했다(롬 12:18). 그리고 그
런 사람이 하나님의 자녀가 된다고 했다. 하나님 자녀가 되는 것은 예수
를 믿음으로 된다(요 1:12). 그러나 하나님의 자녀로 인정받기 위해서는
사람들과 평화를 이루어야 한다.

그런데 삶 속에서 거룩을 추구하면 화평을 놓치기 쉽고, 반대로 화평
을 추구하면 거룩을 놓치기 쉬운 것이 현실이다. 하지만 이 둘 중 어느
하나라도 놓쳐서는 안 된다. 히브리서 기자는 이렇게 말한다. "모든 사
람과 더불어 화평하게 지내고, 거룩하게 살기를 힘쓰십시오"(히 12:14a).
화평을 이루기 위해서는 때로 양보하는 여유가 필요하다. 아시시의 성
프란체스코의 기도를 실천할 필요가 있다. "주여 나를 당신의 평화의 도
구로 써 주소서. 미움이 있는 곳에 사랑을, 다툼이 있는 곳에 용서를, 분

열이 있는 곳에 일치를, 오류가 있는 곳에 진리를, 의혹이 있는 곳에 믿음을, 절망이 있는 곳에 희망을, 어둠이 있는 곳에 광명을, 슬픔이 있는 곳에 기쁨을 심게 하소서."

⑧ 의를 위해 핍박받는 사람은 하늘나라를 소유하는 복이 있다(10절)

세상 나라 속에서 하나님 나라의 백성으로 살면 주변 사람들과 갈등을 겪게 되고, 자연스럽게 핍박이 나타나게 된다. 하나님 나라의 백성이 핍박을 받지 않는다면 둘 중 하나다. 사실은 하나님 나라의 백성이 아니거나, 그가 사는 곳이 완전한 하나님 나라가 되었거나. 그렇지 않는 한 하나님 나라의 백성은 이 세상에 사는 동안 핍박을 피할 수 없다. 핍박받는 것은 고통스럽지만 하나님 나라의 백성인 것을 증명해 준다. 일터에서도 믿는 사람들은 핍박을 받을 수 있다. 예수를 믿는다는 이유로 핍박을 받는다면 오히려 성도는 감사해야 한다. 주변 사람들이 하나님 나라의 백성임을 인정해 주는 것이니 말이다. 물론 개인의 실수나 잘못 때문에 책망을 받거나 징계를 당하는 것을 의를 위해 핍박받는 것으로 착각해서는 안 된다.

- **예수님이 가르치신 기도: 주기도**

마태복음 6장에서 예수님이 가르치신 기도는 하나님 나라 백성들이 이 땅에 하나님 나라가 임하게 하기 위해서 반드시 해야 할 기도

다. 이 기도문 중에 하나님 나라와 관계되는 말씀이 두 번 등장한다. 첫째는 "그 나라를 오게 하여 주시며"이며 두 번째는 "나라와 권세와 영광은 영원히 아버지의 것입니다"이다(마 6:10, 13).

하나님 나라를 우리가 힘으로 세우거나 만들거나 할 수 있는가? 하나님 나라는 하나님이 세우셔야 한다. 물론 하나님께서 친히 하나님 나라를 세우실 때 옆에서 수종 들기는 하지만 우리 힘으로 세울 수는 없다. 하나님 나라를 세우고 통치하는 권세는 하나님께만 있다. 그러니까 이 땅에 하나님 나라를 이루고 싶은 사람은 기도해야 한다.

이 기도는 '하나님의 이름이 이 땅에서 거룩하게 되기를 원하는 것'으로 시작한다. 자신이 창조한 세상에서 이름이 무시되거나 안 좋게 소문이 난다면 하나님 입장에서 가장 큰 고민이다. 그래서 그 기도를 가장 먼저 하라고 하신 것이다.

그 다음으로 중요한 것은 '하나님 나라가 이 땅에 임하는 것'이다. 하나님 나라는 보이지 않지만 분명히 존재한다. 사람들이 의식하지 못하기에 하나님 나라를 부정할 수 있다. 그래서 하나님 나라의 백성은 하나님께 그 나라가 이 땅에 임하게 해 달라고 기도해야 한다.

또한 하나님 나라가 이 땅에 임하면 하나님의 뜻이 이루어진다. 그러니까 '그 뜻이 이루어지게 해 달라'고 기도해야 한다. 세상을 향한 목적을 가진 하나님은 이 땅에서 그 뜻을 드러내시기 원하신다. 하나님의 뜻은 그 나라를 이루기 원하시는 것이다. 그것을 아는 우리가 하나님 안에 있는 뜻이 이 땅에 이루어지기를 기도해야 한다.

이상의 세 가지 기도는 이 세상에서 하나님의 나라가 구체적으로 이루어지기를 기도하는 것이다. 이를 위해서는 하나님 나라 백성들의 생명이 유지되어야 하며, 그들이 죄로부터 자유로워지며, 죄로 이끄는 유혹으로부터 자유로워지는 것이 필요하다. 이 세 가지 기도는 그리스도인이 하나님 나라 백성으로 살기 위해 필수적이다. 그리스도인은 자신들이 일하는 곳에서 이 기도를 올려 드려야 하며, 이것이 이루어지는 데 자신이 중요한 도구 혹은 통로가 된다는 것을 인식해야 한다.

① 하나님의 이름이 거룩히 여김을 받도록 해야 한다(9절)

그분의 백성들은 하나님의 이름이 욕먹지 않도록 해야 한다. 더 적극적으로는 하나님의 백성 때문에 하나님의 이름이 거룩하게 여겨지도록 해야 한다. 우리의 삶의 모습을 통해 하나님의 거룩함이 나타나야 한다. 특히 일터에서는 삶을 통해 하나님의 교훈을 빛내야 한다. 사도 바울은 종들에게 모든 일에 주인에게 복종하고, 그들을 기쁘게 하고, 말대꾸를 하지 말고, 훔쳐내지 말고, 온전히 신실하라고 했다(딛 2:9-10). 그러면 그들이 모든 일에서 우리의 구주이신 하나님의 교훈을 빛낸다고 했다. 하나님의 이름이 거룩히 여김을 받느냐 않느냐는 전적으로 그 나라 백성의 삶으로 결정된다.

아마도 이 기도를 들으시는 하나님은 일찍이 자기 백성들을 향해 하신 말씀으로 답하시지 않을까 생각된다. "내가 거룩하니 너희도 거룩하여라"(벧전 1:16). 그러므로 이렇게 기도하는 사람들은 세상과 구별되는 삶을 살아야 할 것이다.

② 하나님 나라가 임하도록 일해야 한다(10a절)

우리가 일하는 곳에서 하나님의 통치가 이루어지게 하기 위해서 예배를 드리거나 함께 모여 기도할 수 있다. 그러나 그런 종교 활동이 하나님의 통치를 보장하는 것은 아니다. 오히려 하나님 나라 백성들이 하는 일과 삶을 통해서 하나님 나라를 보여 주어야 한다. 사람의 눈치를 보지 않고 보이지 않는 하나님께 인정받으려고 일한다면, 또한 주인들이 일터의 주인이 자신이 아니라 하나님 나라의 주인이 따로 계시다는 것을 인정한다면 그들을 통해서 사람들이 하나님 나라를 볼 수 있을 것이다(골 3:23-4:1).

③ 하나님의 뜻이 하늘에서 이루어진 것같이 이 땅에 이루어지도록 일해야 한다(10b절)

전통적으로 그리스도인은 땅을 하늘과 대조해서 부정적으로 인식했다. 그렇기에 우선 우리가 선 땅이 얼마든지 거룩한 곳이 될 수 있음을 인정해야 한다. 하나님의 뜻이 이 땅에 이루어지기 위해서는 먼저 하나님의 뜻을 거스르는 현실을 인식해야 한다. 그런 현실을 견디기 힘든 사람들은 속세에서 떠나려고 할 수 있다. 그러나 그것은 하나님의 뜻이 아니다. 세속적인 관행이 난무하는 곳에 하나님의 뜻이 이루어지기 위해서 그리스도인이 먼저 이 세상 속에(in) 살지만 세상에 속하지 않아야(not belong) 한다. 예수님은 제자들이 세상 속에 있지만 세상의 악에 빠지지 않게 해 달라고 기도하셨다(요 17:15). 사도 바울은 성도들이 이 세대를 본받지 말고 그 대신 마음이 변화되어 하나님의 뜻을 분별하도록 해야 한다고 했다(롬 12:2).

하나님의 뜻이 이 땅에 이루어지기 위해서는 하나님 나라 백성들이 세속의 일터 속에 거하면서 죄악된 현실과 싸워야 한다. 뱀같이 지혜롭고 비둘기같이 순결해야 한다(마 10:16). 이 과정을 통해 하나님의 뜻이 조금씩 이 땅에 이루어질 것이다. 하나님의 뜻이 이루어질 때 하나님의 나라가 임하고 하나님의 이름이 거룩하게 된다.

④ 일용할 양식을 위해서 간구해야 한다(11절)

마귀가 빵 문제로 시험할 때 예수님은 사람이 빵으로만 사는 것이 아니라 하나님의 말씀으로 산다고 답하셨다(마 4:4). 살아가는 데 빵이 필요하다는 것을 부정하지 않으셨다. 다만 빵만으로는 진정한 생명을 유지할 수 없다고 하신 것이다. 이 땅에서 생명을 유지하기 위해서 빵은 필수적이다. 그렇기에 육신의 삶에 필요한 양식을 하나님께 구해야 한다.

이때 가만히 앉아서 기도만 하는 사람에게 예수님은 기도의 응답으로 다음 말씀을 주시지 않았을까 생각한다. "그리고 우리가 여러분에게 명령한 대로, 조용하게 살기를 힘쓰고, 자기 일에 전념하고, 자기 손으로 일을 하십시오. 그리하여 여러분은 바깥 사람을 대하여 품위 있게 살아가야 하고, 또 아무에게도 신세를 지는 일이 없도록 해야 할 것입니다"(살전 4:11-12). 꼭 일을 해야만 하느냐고 반문하는 사람에게는 일하기 싫거든 먹지도 말라고 응답하실 것이다(살후 3:10). 이 땅에서 하나님 나라를 이루려면 그에 앞서 사람들이 일용할 양식으로 생명을 유지해야 한다. 그러므로 이를 위해서 기도해야 하며 그 기도의 응답을 위해서 일해야 한다. 일용할 양식을 얻기 위해서 일하는 것은 이 땅에 하나님 나라가 이루어지는 과정에서 필수적인 일이다.

⑤ 죄 용서를 위해서 기도해야 한다(12절)

일터에서 하나님 나라가 이루어지기 위해서는 죄에 대한 용서가 필요하다. 예수님이 십자가에서 죽으심으로 하나님이 인류의 죄를 용서하신 것처럼 하나님 나라는 사람의 죄를 용서하는 것으로 시작된다. 따라서 우리가 일터에서 서로를 용서하기 시작할 때 하나님 나라가 임하기 시작하는 것이다. 모든 인격적인 관계는 죄악 때문에 깨진다. 하나님과의 관계는 물론 인간관계도 죄 때문에 깨진다. 깨진 관계의 회복은 용서를 통해서 이루어진다. 하나님과의 관계가 회복된 것은 예수님이 십자가에 죽으심으로 우리의 죄를 담당했기 때문이다. 이런 용서를 경험한 그리스도인은 하나님이 주 안에서 우리를 용서한 것처럼 서로 용서해야 한다. "서로 친절히 대하며, 불쌍히 여기며, 하나님께서 그리스도 안에서 여러분을 용서하신 것과 같이, 서로 용서하십시오"(엡 4:32). 일터에서 나를 힘들게 하는 사람들이 있다. 그들을 향해 원수 갚으려 하지 말고, 용서하고, 선으로 악을 이길 때, 비로소 하나님 나라가 이루어진다(롬 12:19-21).

⑥ 유혹에 빠지지 않도록 기도해야 한다(13절)

죄 용서는 중요한 요소이지만 그보다 먼저 죄에 빠지지 않도록 해야 한다. 하나님을 믿는 사람도 세상에 사는 동안 각종 유혹들에 얽혀 있다. 이 유혹들은 육체의 욕망과 눈의 욕망과 세상 살림에 대한 자랑을 자극한다(요일 2:15-16). 유혹에 빠지지 않기 위해서 제일 먼저 할 일은 기도하는 것이다. 예수님도 겟세마네 동산에서 기도하면서 제자들에게 유혹에 빠지지 않도록 깨어 기도하라고 하셨는데(마 26:41), 지금 세대를 사는 모든 사람들에게 필요한 말씀이다.

일터에서는 물질이나 성에 관한 유혹이 항상 도사리고 있다. 그것보다 더 심각한 것은 많든 적든 권력을 가진 사람이 권력을 남용하고자 하는 유혹이다. 하나님 나라의 백성은 이런 유혹이 있다는 사실과 인간의 힘으로는 그것을 물리치기 어렵다는 사실을 인정하고, 하나님께 도움을 구해야 한다. 기도하는 사람은 당연히 유혹의 장소나 상황을 피하도록 한다. 유혹이 되는 장소나 상황에 그래도 머물러 있으면서 기도를 하는 것은 하나님을 시험하는 외람된 행동이 될 수 있다. 예전에 기도와 행함과 관련해서 많이 사용되던 말이 있다. "When we work, we work, but when we pray, God works"(우리가 일할 때 우리가 일한다. 그러나 우리가 기도할 때 하나님이 역사하신다). 은혜로운 말이지만 자칫 잘못 생각하면 기도하는 사람은 아무 일도 할 필요가 없다고 생각할 수 있다. 그런 생각은 '게으른 영성'을 조장할 수 있다. 우리가 어떤 문제를 위해서 기도한다는 것은 그에 대한 관심이 많다는 것을 의미한다. 그렇다면 그 문제를 위해서 자기 나름대로 최선의 노력을 기울이게 될 것이다. 그렇게 생각한다면 주님이 가르쳐 주신 기도문을 외우기만 할 것이 아니라 삶 속에서 구체적으로 실현되도록 수고를 아끼지 않아야 할 것이다.

• **예수님의 비유에 나타난 하나님 나라와 일**

예수님의 가르침을 보면 일상적인 일들을 비유로 사용해 영적인 진리를 설명한 것이 많이 나온다. 특히 하나님 나라를 가르칠 때는 구약 성경을 별로 인용하지 않으시고 당시 사람들에게 익숙한 일터의 이야기를 비유로 가르치셨다. 하나님 나라를 제대로 이해하기 위해서는 일터에 대해 제대로 알아야만 할 것 같다는 생각이 든다. 그만큼 예수님의 말씀 속에서 하나님 나라와 일터는 밀접한 관계가 있다.

예수님은 세속 사회에서 행해지는 다양한 일들을 통해서 하나님 나라의 속성을 보여 주셨다. 그때 예수님이 비유로 사용하신 일들은 당시 사람들에게 익숙한 일들이었다. 아마도 예수님이 현대 사회에서 오셔서 하나님 나라를 가르치신다면 지금 보편화된 훨씬 다양한 직업들을 사용하셔서 비유로 가르치지 않았을까 생각된다. 여기서 우리는 아주 중요한 진리를 발견한다. 하나님 나라는 일과 무관하지 않으며 오히려 일을 통해서 이해할 수 있다는 것이다. 마태복음 13장은 하나님 나라, 천국에 관한 비유를 모아 놓은 장으로서 '천국 장' 혹은 '하나님 나라의 장'이라고 해도 무리가 없다. 이 말씀을 살펴보면 그것을 더욱 분명하게 알 수 있다.

① 첫 번째 씨를 뿌리는 농부에 관한 비유(1-23절)

농부가 씨를 뿌리지만 밭의 종류에 따라 열매 맺는 것이 달라진다. 마찬가지로 똑같은 하나님의 말씀을 듣지만 마음 밭의 종류에 따라 결과가 달라진다. 길가와 같은 단단한 마음에 뿌려진 말씀은 마귀가 다 빼앗아 가기에 열매를 맺지 못한다. 돌밭 같은 마음을 가진 사람은 처음에 말씀을 기쁘게 받지만, 어려움이 생기면 들은 말씀을 잃어버린다. 가시밭 같은 마음을 가진 사람은 말씀을 잘 듣고 받아들이지만, 세상의 염려와 재물의 유혹으로 그 말씀이 제대로 성장하지 못한다. 좋은 땅 같은 마음을 가진 사람은 말씀을 받을 뿐 아니라 그 말씀대로 살아서 열매 맺는 삶을 살게 된다.

이 비유는 하나님 나라에 대한 소식을 들은 사람이 어떤 마음을 가지느냐에 따라서 하나님 나라가 시작조차 못하기도 하고, 도중에 중단되기도 하며, 풍성하게 이루어지기도 한다는 것을 보여 준다. 동시에 사탄이 직접 역사해서 핍박이나 세속적인 염려와 유혹을 동원해서 하나님 나라가 이루어지는 것을 방해하기도 함을 보여 준다.

그러므로 이 땅에 하나님 나라가 이루어지도록 하기 위해서는 믿음에 굳게 서서 악마와 맞서 싸워야 한다(벧전 5:9). 또한 핍박을 당할 때에는 두려워 피하려고 하지 말고, 믿음을 단련시키기 위해서 허락된 것으로 생각하며 기꺼이 고난을 수용해야 한다(벧전 1:6-7; 4:12-13). 또한 세속적인 염려와 재물의 유혹이 다가올 때는 그것들을 멀리해야 한다(벧전 2:11).

② 두 번째 씨를 뿌리는 농부에 관한 비유(24-30절)

첫 번 비유는 똑같은 씨를 다른 밭에 뿌린 것인데 비해 이 비유는 똑같은 밭에 뿌리지만 뿌린 씨의 종류에 따라 다른 결과가 나타난다. 즉 똑같은 마음이지만 그 속에 하나님이 말씀을 뿌린 경우와 사탄이 하나님을 대적하는 교훈을 뿌린 경우에 따라 그 결과는 완전히 달라진다. 현재 세상은 이 두 가지가 혼재되어 있다. "밭은 세상이다. 좋은 씨는 그 나라의 자녀들이요, 가라지는 악한 자의 자녀들이다"(마 13:38).

그러나 마지막 날에는 완전히 구별되어서 각각 천국과 지옥으로 나뉠 것이다. "가라지를 뿌린 원수는 악마요, 추수 때는 세상 끝 날이요, 추수꾼은 천사들이다. 가라지를 모아다가 불에 태워 버리는 것과 같이, 세상 끝 날에도 그렇게 할 것이다"(마 13:39-40). "선한 일을 한 사람들은 부활하여 생명을 얻고, 악한 일을 한 사람들은 부활하여 심판을 받는다"(요 5:29). "이기는 사람은 이것들을 상속받을 것이다. 나는 그의 하나님이 되고, 그는 내 자녀가 될 것이다. 그러나 비겁한 자들과 신실하지 못한 자들과 가증한 자들과 살인자들과 음행하는 자들과 마술쟁이들과 우상 숭배자들과 모든 거짓말쟁이들이 차지할 몫은, 불과 유황이 타오르는 바다뿐이다. 이것이 둘째 사망이다"(계 21:7-8).

하나님 나라는 아직 완전하게 이루어지지 않았다. 그래서 하나님을 믿는 백성들과 그렇지 않은 사람들이 함께 산다. 하나님의 나라 백성이라고 해서 그렇지 않은 사람보다 이 세상에서 더 행복하다거나, 부유하다거나, 성공적인 삶을 사는 것이 아니다. 하나님 나라 백성들은 완전하지는 않지만 사탄이 뿌린 가라지와 구별된 삶을 살아야 한다.

하지만 하나님 나라가 완전히 이루어질 때는 이 둘의 구별이 가시적으로도 분명해질 것이다. 그 나라에는 가라지에 해당되는 사람이 있을 자리가 없다. 알곡으로 인정된 사람들만 시민권과 상속권을 가지고 영원히 그곳에서 살게 될 것이다.

③ 사람이 심은 겨자씨의 비유(31-32절)

예수님의 비유에 의하면 겨자씨는 아주 작지만 이것이 땅에 떨어져서 자라면 엄청나게 큰 나무가 된다. 바로 그런 변화가 하나님 나라의 속성을 보여 준다. 이와 비슷한 비유로 밀알의 비유를 들 수 있다. 예수님은 자신의 죽음을 예상하면서 이 비유를 말씀하셨다. 밀알은 땅에 심으면 보이지 않는다. 죽은 것처럼 보인다. 그런데 싹이 나면서 생명이 땅을 뚫고 올라온다. 그리고는 자라나서 열매를 맺게 된다(요 12:24).

예수님이 오셔서 하나님 나라를 외치고 사람들의 병을 고칠 때 하나님의 나라가 시작되었다. 이것은 지구상의 작은 나라의 한 구석에서 일어난 일이다. 너무 작아서 세상이 알아채지도 못한다. 그나마 예수님의 능력을 알아보았던 이들도 예수님이 십자가에 죽으셨을 때는 포기하고 말았다. 그런데 예수님께서 부활하심으로 하나님 나라가 다시금 회복되었다. 그리고 사도들을 통해서 하나님 나라가 예루살렘과 유다와 사마리아와 땅 끝까지 이르게 되었다. 하나님 나라가 전 세계로 확장되어 모든 사람이 볼 수 있게 된 것이다.

당시 농부로 일하던 사람들은 이 말씀을 통해서 하나님 나라를 아주 실감 나게 이해할 수 있었을 것이다. 제일 먼저는 씨를 뿌리면서, 그 다음에는 농작물이 자라나는 것을 보면서, 마지막으로는 추수를 하면서 하나님 나라를 볼 수 있었을 것이다. 그들에게 하나님 나라가 무엇인가 물으면 아마도 별로 당황하지 않고 쉽게 대답했을 것 같다. '하나님 나라는 말씀을 믿는 사람들이 들어갈 수 있는 곳이며, 누릴 수 있는 축복이다. 하나님 나라는 지금 이 땅에서 이미 시작되어서 이루어지고 있다. 아직은 완전한 형태는 아니지만 나중에 마지막 때에 하나님 나라의 백성과 하나님 나라 백성이 아닌 사람들이 분리되면서 완성될 것이다. 하나님 나라는 지금은 사람들이 보기에 잘 보이지 않을 정도로 작지만 점점 성장하고 확장되어서 나중에 엄청나게 큰 형태를 띠게 될 것이다.'

그런데 현대의 농부들에게는 그다지 실감 나지 않을 것 같다. 예수님의 비유에 등장하는 농부처럼 일하지 않기 때문이다. 예수님이 지금 우리 사회에서 오셔서 하나님 나라를 비유로 가르치신다면 농업보다는 다양한 제품을 생산해서 유통하고 판매하는 과정에 빗대지 않으실까 생각한다. 가령 똑같은 상품이라도 어떤 매장에서는 엄청나게 잘 팔리는데, 다른 매장에서는 제대로 팔지 못할 수가 있다. 여러 가지 요인이 있지만 가장 중요한 것은 판매하는 사람이 그 상품을 어떻게 생각하느냐이다. 상품에 애착이 있는 사람은 어떻게든지 팔려고 이런 저런 노력을 한다.

그렇지 않은 사람은 아무 데나 놓아둔다. 싸구려 물건들 사이에 내버려둔다면 제대로 팔리지 않을 것이다. 이런 경우에 빗대어 하나님 나라는 여러 매장에 보낸 상품과 같다고 말씀하시지 않았을까 상상해 본다.

또 다른 예로 품질관리를 들 수 있다. 상품 제조 과정에서 가장 중요한 단계가 품질관리(Quality Control)이다. 똑같은 과정을 거쳐 생산된 물건이지만 어떤 이유로든 하자 있는 것은 판매할 수가 없다. 그런 물건은 다 골라내서 쓰레기 처리하거나 아니면 B품으로 판매하기도 한다. 이천 년 전 예수님은 하나님 나라를 그물에서 물고기를 가려내는 것에 비유하셨지만 21세기에 주님이 오신다면 어쩌면 하나님 나라는 제조 과정의 품질관리(QC)와 같다고 말씀하시지 않았을까.

④ 가루 서 말 속에 넣은 누룩의 비유(33절)

누룩을 반죽에 넣을 때는 그 양이 적어서 보이지 않지만 시간이 지나면서 변화를 일으켜 반죽을 엄청나게 부풀어 오르게 한다. 그것이 나중에 빵이 된다. 이처럼 하나님 나라는 이 세상에서 보이지 않게 시작하지만 시간이 가면서 변화를 일으켜 다른 모습을 갖게 한다.

평범한 가정주부는 하나님 나라가 자기와 무슨 관계가 있는지 이해할 수 없었을 테지만, 이 비유를 듣고 나서 매일 빵을 만들기 위해서 가루를 반죽하면서, 또 거기에 누룩을 집어넣으면서 그리고 나중에 그 빵이 화덕 속에서 구워지는 것을 보면서 하나님 나라를 상상할 수 있었을 것이다.

지금 우리는 하나님 나라에 대한 이야기를 책이나 강의, 설교를 통해서 들으며 관념적으로 흘려버린다. 그러나 예수님은 추상적으로나 관념적으로가 아니라 피부에 와닿게 가르치셨다. 아마도 예수님은 요리사를 향해서는 요리의 비유를 들어서 하나님 나라를 가르치셨을 것이다. 가령 요리사가 음식을 만들 때 탁자 위에 놓인 식재료는 먹을 수 있으나 아직 먹어선 안 된다. 끓이거나, 볶거나 하는 과정을 거쳐서 아주 먹음직한 음식이 되면 먹는 것이다. 어쩌면 하나님 나라는 음식을 요리하는 것과 같다고 말씀하셨을 수 있다.

⑤ 밭에 숨겨 놓은 보물의 비유(44절)

숨겨진 보물을 발견한 사람은 너무 기분이 좋았다. 그러나 그 보물을 자기의 것으로 만들기 위해서는 보물이 숨겨진 밭을 돈 주고 사야만 했다. 이전에는 그 밭이 그에게 별다른 가치가 없었다. 그러나 이제는 엄청난 가치를 가진 밭으로 변해 버렸다.

그는 자기 재산을 다 팔아서 그 밭을 샀다. 아마도 주변에서는 의아하게 생각했을지 모른다. 미쳤다고 말하는 사람도 있었을 것이다. 이 사람은 그런 말을 듣고도 흥분하거나 화를 내지 않고 속으로 미소만 지었을 것이다. 그는 다른 사람들이 모르는 비밀인 보물의 존재를 알았기 때문이다. 하나님 나라는 숨겨진 보물과 같다. 그것을 아는 사람은 재산을 다 팔아서 헌신할 만큼 가치가 있는 것이지만 모르는 사람들은 이해할 수 없는 것이다.

⑥ 좋은 진주를 구하는 상인의 비유(45-46절)

하나님 나라는 진주 상인이 최고 품질의 진주를 발견한 것과 같은 상황이다. 그 진주를 사 놓으면 나중에 비싼 값으로 팔 수 있다는 계산이 되니까 자기 소유를 다 팔아서 진주를 산다. 어쩌면 그는 그 귀한 진주를 여러 물건을 파는 가게에서 우연히 발견했을지 모른다. 그 가게에 있던 다른 사람들은 그 진주의 가치를 모르는데, 오직 그만이 아는 것이다. 그런 상황이라면 진주 상인은 그것을 사기 위해서 자신의 소유를 기꺼이 다 팔 수 있었을 것이다. 주변 사람들은 이상하게 생각했을지 모른다. 진주 하나가 뭐 대단해서 전 재산을 다 털어서 사는가? 진주에 대해서 좀 아는 사람들조차 지나치다고 생각했을지도 모른다. 그러나 진주 상인 귀에는 주변의 쑥덕거림이 하나도 들리지 않았다. 왜냐하면 이 진주는 세상 어느 곳에서도 다시 발견할 수 없는 독특하고 또 귀한 것이기 때문이다.

예수님은 하나님 나라를 소개하면서 자신이 바로 이 진주인 것을 암시하셨다. 나중에 영생을 얻기 원했던 젊은 관원에게 재산을 다 팔아서 가난한 사람에게 나눠 주고 자신을 좇으라고 하셨던 것은 이 교훈을 적용한 것이다. 그 청년은 예수님을 진주로 생각해 접근했지만 그렇게까지 엄청난 가치를 지닌 것인지는 몰랐다. 그래서 전 재산까지 팔아서 살 생각을 하지는 못했다. 결국 그는 하나님 나라에 들어가는 것을 포기하고 말았다. 예수님은 그 청년이 떠나간 후에 부자가 하나님 나라에 들어가기 어렵다고 말씀하셨다(막 10:23). 반면에 사도 바울은 예수 그리스도를 아는 지식이 가장 고귀하므로 다른 모든 것을 잃어버릴 뿐 아니라 배설물로 여기겠다고 했다(빌 3:8). 사도 바울은 예수님을 가장 귀한 진주로 여겨서 그것을 얻기 위해서 자신에게 있는 모든 것을 팔아서 기꺼이 그 진주를 산 것이다.

세상에는 보통 사람은 잘 모르는 귀중한 물건을 발견하는 안목을 가진 사람들이 있다. 이들은 가치를 알기에 파는 사람이 부르는 대로 값을 치른다. 그들은 투자에 뛰어난 재능을 가진 사람들이다. 물건이든 부동산이든 아니면 재능을 가진 사람이든, 가치 있는 것을 보는 안목이 있다. 그 안목보다 더 중요한 것은 일단 가치를 발견하면 모든 것을 동원해서 투자하는 결단력이다. 그들이 그런 결단을 할 수 있는 것은 나중에 투자금의 몇 배가 되는 돈을 거둘 수 있다는 확신이 있기 때문이다. 이런 투자를 하는 사람들은 하나님 나라에 대한 이 비유를 쉽게 이해할 수 있을 것이다.

하나님 나라에 들어가기 위해서는 가장 귀하게 여기는 모든 것들을 기꺼이 드려서 투자할 수 있어야 한다. 그것은 우리의 소유일 수도 있고, 우리의 목숨일 수도 있고 삶 전체가 될 수도 있다. 그럴 수 있는 것은 하나님 나라가 완성될 때 우리가 누리게 될 영광을 확신하기 때문이다. 하나님 나라를 얻기 위해서는 예수 그리스도가 우리를 구원하기 위해서 이 땅에 오신 하나님의 아들임을 믿어야 한다. 동시에 부활하심으로 하나님 나라의 통치자가 되신 분인 것을 알고 믿어야 한다. 또한 그를 믿으면 나중에 하나님 나라가 완성될 때 예수 그리스도가 누리는 영광을 똑같이 누리게 될 것을 확신해야 한다.

하나님 나라가 정말 인생을 다 투자할 만한 가치가 있는 것인지를 확신할 수 있어야 한다. 그렇지 않으면 중간에 쉽게 포기할 수 있다. 예수님이 오병이어의 이적을 베푼 후에 영생의 말씀을 전하자 그동안 그를 왕으로 삼으려고 쫓아다니던 사람들이 다 떠나가 버렸다. 그 모습을 보고 예수님이 제자들에게 "너희까지도 떠나가려 하느냐?" 하고 물으셨을 때 시몬 베드로가 멋진 대답을 했다. "주님, 우리가 누구에게로 가겠습니까? 선생님께는 영생의 말씀이 있습니다. 우리는, 선생님이 하나님의 거룩한 분이심을 믿고, 또 알았습니다"(요 6:66-69). 베드로는 하나님 나라의 가치를 알았기에 자신의 삶을 올인(all-in)했던 것이다.

한편, 하나님 나라의 비유가 오늘날 투자의 원리와 맞지 않는 것이 있다. 전도서는 이미 오래전에 투자의 원리를 가르쳐 주었다. "돈이 있으면, 무역에 투자하여라. 여러 날 뒤에 너는 이윤을 남길 것이다. 이 세상에서 네가 무슨 재난을 만날지 모르니, 투자할 때에는 일곱이나 여덟으로 나누어 하여라"(전 11:1-2). 이 원리는 현대의 포트폴리오식 투자에 적용되었다. 그런데 하나님 나라는 그런 식으로 투자해서는 안 된다. 하나님의 나라는 우리의 인생을 투자해야 할 여러 가지 중에 하나가 아니다. 하나님 나라는 우리가 올인해야 할 투자 대상이다. 하나님 나라에 자신의 모든 것을 투자하는 사람은 그 외의 것에는 흔들리지 말아야 한다. 아무리 그럴듯한 것이 있어도 눈길을 두지 말아야 한다. 그런데 하나님 나라에 인생을 투자했다는 사람들이 종종 하나님 나라가 아닌 것에도 인생의 일부를 투자하는 경우를 보게 된다. 하나님 나라에는 투자

포트폴리오가 있을 수가 없다. 올인만 있을 뿐이다.

⑦ 바다에 그물을 던져서 고기를 잡아 올리는 비유(47-50절)

하나님 나라는 그물로 고기를 잡는 것과 같다. 그물이 가득 차면 해변에 그물을 끌어올려 놓고 앉아서 좋은 것은 그릇에 담고, 나쁜 것들은 내버린다(마 13:47-48). 예수님은 목수 일은 했지만 어부로 일하신 적은 없었던 것 같다. 그러나 어부들이 일하는 것은 자주 보셨을 것이다. 제자들 중에 적어도 네 사람이 어부 출신이었으니 예수님은 그들의 삶과 일에 대해서 익숙하셨을 것이다. 잘 모르는 사람들은 물고기를 잡으면 다 판매를 하는 것으로 생각하는데, 실상은 그렇지 않다. 잡은 물고기 중에서 상품으로 팔 수 있을 만한 것들만 그릇에 담고 그렇지 못한 것은 바다에 다시 풀어 준다.

바로 이런 과정을 보면서 하나님 나라를 연상할 수 있다. 세상 모든 사람들이 마지막 때 하나님 앞에 서게 될 때, 모두가 하나님 나라에 들어가는 것이 아니다. 하나님은 사람들을 사랑하니까 다 들여보내시지 않을까 생각하는 이들이 있다. 하지만 하나님 나라에 맞지 않는 사람은 나쁜 고기를 내버리듯 버려질 것이다. 하나님 나라에 들어갈 사람들에 대해서 예수님은 이미 다양한 말씀을 했다. 요한복음에서는 누구든지 물과 성령으로 나지 아니하면 하나님 나라에 들어갈 수 없다고 하셨다(요 3:5). 마태복음에서는 "너희가 돌이켜서 어린이들과 같이 되지 않으면, 절대로 하늘나라에 들어가지 못할 것이다"(마 18:3)라고 하셨다. 이것은 산상수훈에서 마음이 가난한 자는 복이 있나니 천국이 그들의 것이라는 말씀과 일맥상통한다(마 5:3).

이 말씀 외에도 성경의 많은 부분에서 하나님 나라 문 앞에서 이루어질 일에 대해서 말한다. 어떤 사람들은 하나님 나라에 들어가지만 어떤 사람들은 문밖에서 슬피 울며 이를 갈게 될 것이다. 이런 말씀은 공장에서 제품을 만드는 과정에서 품질관리를 맡은 사람들에게 매우 실감 날 것이다. 아무리 시간을 들여서 수고해서 만들었을지라도 물건이 기준에 미치지 못하면 출고시킬 수가 없다. 같은 원리가 하나님 나라에 적용된다고 생각하면 하나님 나라와 그 나라에서 있을 심판에 대해서 쉽게 이해할 수 있을 것이다.

⑧ 하나님 나라를 위해 훈련받은 율법학자의 비유(52절)

율법학자들은 아무래도 보통 사람보다는 하나님 나라에 대해 더 많이 알기에 잘 가르칠 수 있다. 하나님 나라를 제대로 알고 설명하기 위해서 말씀을 찾아야 하는데, 그때 자기에게 익숙한 것만 찾아서는 안 된다. 자기가 잘 모르는 부분도 찾아서 공부하고 이해해야 한다. 그런 모습은 마치 창고에서 필요한 물건을 꺼낼 때 오래된 것만 꺼내거나 새것만 꺼내지 않는 집 주인의 모습과 비슷하다. 모든 기구들이 다 필요하다. 어떤 일을 할 때는 오래되어서 익숙한 도구가 적절하고, 또 다른 일을 할 때에는 새로운 환경에 맞는 도구가 적절하다. 하나님 나라를 이해하는 데도 예전의 가르침과 새로운 가르침이 다 필요하다. 새것은 신약 성경에, 낡은 것은 구약 성경에 비유하면 좋을 것 같다.

전통적으로 사람들이 지식을 습득하는 방법은 주로 책을 읽거나 공부하는 것이었다. 교사들을 통해서도 배우지만 역시 가장 좋은 공부 매체는 책이다. 그런데 요즈음 사람들은 인터넷을 통해서 정보도 검색하고 지식도 습득한다. 이 경우에 어느 것이 옳으냐 그르냐는 판단할 수 없다. 필요에 따라 다양한 매체를 이용할 뿐이다. 하나님 나라를 바로 이해하기 위해서도 다양한 통로를 이용할 수 있다.

세속 사회에서 하는 일이 하나님 나라와 무관하다고 생각한 사람들이 적지 않다. 초대 교회 교부 중의 한 사람인 터툴리안(Quintus Septimius Florens Tertullianus)이 "예루살렘이 아테네와 무슨 상관이 있느냐?"라고 말한 것처럼 말이다. 그런데 예수님의 가르침을 보면 하나님 나라와 세속의 일은 아주 밀접한 관련이 있음을 알 수 있다. 예수님은 당시 종교인들에게 익숙한 구약의 율법을 언급하지 않고, 평범한 일을 하는 사람들에게 익숙한 일의 여러 특성을 들어 가르치셨다. 만일 예수님이 율법을 동원해서 가르치셨다면 일상을 사는 사람들은 알아듣기 어려웠을 것이다.

예수님께로부터 자신들에게 익숙한 일의 비유로 하나님 나라에 대해서 배운 사람들은 일을 할 때마다 하나님 나라에 대해서 많이 묵상하게 되었을 것이다. 하나님 나라가 자기들의 일과 무관하지 않은 것을 알고 하는 일에서 의미를 찾고 일터에서 하나님 나라가 이루어지는 것에 관심을 기울이지 않았을까 생각한다.

예수님의 고난

예수님은 십자가에 죽기까지 엄청난 고난을 당하셨다. 세상 사람들의 죄 때문에 불의하게 당한 고난이었다. 그 고난에 대해서 복음서 기자들 이전에 이사야 선지자가 아주 소상하게 알려 주었다. "그는 실로 우리가 받아야 할 고통을 대신 받고, 우리가 겪어야 할 슬픔을 대신 겪었다. 그러나 우리는, 그가 징벌을 받아서 하나님에게 맞으며, 고난을 받는다고 생각하였다. 그러나 그가 찔린 것은 우리의 허물 때문이고, 그가 상처를 받은 것은 우리의 악함 때문이다. 그가 징계를 받음으로써 우리가 평화를 누리고, 그가 매를 맞음으로써 우리의 병이 나았다"(사 53:4-5).

예수님이 당하신 고난은 이 땅에 하나님 나라를 이루는 데 중요한 조건이 된다. 예수님이 십자가의 고난을 앞두고 괴로워할 때 하늘에서 이런 음성이 들렸다. "내가 이미 영광되게 하였고, 앞으로도 영광되게 하겠다"(요 12:28). 이때 하나님이 말씀하신 영광은 하나님 나라의 왕으로서 누리게 될 영광을 말하는데, 십자가의 고난은 바로 그 영광을 얻기 위해서 필연적으로 거쳐야 할 과정이었다. 예수님이 이 땅에서 고난을 심었기에, 마지막 날에 이루어질 하나님 나라의 영광을 거두게 되는 것이다. 그렇게 본다면 예수님의 고난은 이 땅에 하나님 나라가 임하는 첫 번째 단계라고도 할 수 있다.

예수님의 고난을 통해서 하나님 나라의 백성이 된 사람들은 세상에서 사는 동안 예수님이 당했던 고난을 체험해야 한다. 그것은 하나님 나라를 이루는 과정에서 필수적인 것이다. 어찌 보면 이 땅에서 그리스도인들이 당하는 고난은 하나님 나라 백성의 표지라고 할 수 있다. 오히려 아무런 고난이 없다면 진짜 하나님 나라의 백성인지 한번쯤 의심해 볼 수 있다.

• **하나님 나라 백성의 표지, 고난**

성경은 여러 곳에서 세속 사회에서 겪는 고난이 하나님 나라 백성의 정체성을 표시한다고 언급한다. 예컨대, 베드로 사도는 고난을 당하는 성도들에게 그리스도의 고난에 동참하는 것이니 기뻐하라고 했다. 물론 이것은 자기가 잘못한 일 때문에 고난당하는 것과는 구별해야 한다고도 말했다. 그러나 그리스도인으로 고난을 당하는 것이 확실하다면 그것 때문에 부끄러워하지 말고, 하나님께 영광을 돌리라고 했다(벧전 4:12-16). 사도 바울은 그리스도의 남은 고난을 자기 육신에 채워 가고 있다고 고백했다(골 1:24). 자신이 받는 고난을 예수님의 고난의 연속선상에서 이해한 것이다. 그래서 바울은 그리스도와 함께 영광을 얻기 위해서 그가 받으셨던 고난도 함께 받아야 한다고 했다(롬 8:17). 바울은 다른 서신에서 그리스도를 위하여 믿음과 함께 고난을 겸하여 받는 것을 특권이라고 했다(빌 1:29).

현대 그리스도인은 예수님의 십자가 고난을 공감하거나 실감하기 위해서 고난 주간에 여러 가지 노력을 한다. 과거에는 예수님이 십자가에 못 박힌 것을 똑같이 재현함으로써 문자 그대로 예수님의 고통을 맛보려는 사람들이 있었다. 그 정도는 아니더라도 고난 주간에 금식이나 미디어 금식을 하기도 한다. 물론 그런 정도의 육체적 절제로는 예수님의 고난을 체험하는 데 턱없이 부족하다. 더불어 고난을 의도적으로 실천하는 것이 자칫 종교적인 고행과 혼동될 우려도 있다. 중세 가톨릭교회에서는 예수님의 고난을 체험한다면서 육체적인 고행을 하는 경우가 많았는데, 이것이 자기 의로 변질되어서 오히려 예수님의 고난의 의미를 훼손시키곤 했다. 그리스도의 고난을 우리 몸에 채운다는 것은 나에게 주어지는 고난, 곧 내가 예수를 믿기에 다가오는 고난을 담담히 수용하는 것을 의미한다.

일터는 예수님의 고난을 체험하는 데 아주 적합한 장소이다. 베드로는 종들이 주인을 위해 일하다가 고난을 받는 것도 예수님의 고난에 동참하는 것이라고 했다(벧전 2:21). 고난은 노예들이나 품삯을 받는 일꾼들에게만 찾아오는 것이라 생각할 수 있다. 그런데 히브리서 기자는 주인들이 겪을 수 있는 고난도 암시하며 그것을 예수님이 받은 고난과 동일시했다. "자기에 대한 죄인들의 이러한 반항을 참아 내신 분을 생각하십시오. 그리하면 여러분은 낙심하여 지치는 일이 없을 것입니다"(히 12:3). 이런 고난의 현실은 현대 사회의 일터에서도 마찬가지다.

그리스도인들이 믿음 때문에 고난을 받든, 일터에서 일하는 과정에서 고난을 당하든 모두 다 하나님 나라를 이루어 가는 과정에서 발생하는 일이다. 하나님 나라의 백성이라면 일터에서 경험하는 다양한 형태의 고난을 감수해야 한다. 예수님이 십자가에서 엄청난 고난을 감수하시면서 하나님 나라를 보여 주셨듯이 예수를 믿는 사람들 역시 고난을 감수함으로 하나님 나라를 보여 줄 수 있다.

그렇다고 불의한 제도 아래서 당하는 고난을 무조건 수용해야 한다는 것은 아니다. 때로 하나님의 정의를 이루기 위해서 불의한 억압에 항거할 수 있고, 그런 일에 적극적으로 참여할 필요도 있다. 앞서 말했듯 야고보 사도는 당시 부자들이 축재하는 과정에서 농장에서 일하는 일꾼들에게 품삯을 제대로 주지 않는 것을 책망했다(약 5:4).

하나님 나라가 임하기를 원하는 그리스도인들은 이런 불의한 처사를 그냥 관망만 할 것이 아니라 이들의 권리를 찾아 주기 위해서 무언가 해야 하지 않을까. 근대에 일어난 노동 운동이 부분적으로는 하나님 나라의 일이었다고 생각할 수 있다. 그러나 이러한 운동을 할 때에도 사회가 정한 질서를 훼손하지 않도록 조심해야 한다.

예수님의 십자가 죽음

태초에 하나님께서 창조를 통해 시작하신 하나님 나라를 흔들어 놓은 원흉은 사탄이다. 인간이 타락한 후로 사탄은 지속적으로 세상에 영향력을 미쳐 왔다. 그렇기에 예수님이 하나님 나라를 이루기 위해서 이 땅에 오셨을 때 사탄은 아주 강력하게 반발했다. 예수님을 시험할 때 자기에게 절하면 만국의 영광을 주겠다고 한 것이 바로 그 때문이었다. 그 이후로 사탄은 예수님이 사역하시는 동안 귀신의 모습으로 나타나 방해하며 구체적으로 활동했다. 복음서에는 예수님이 귀신을 내쫓은 사건들이 기록되어 있는데 이것이 하나님 나라가 이 땅에 임했기에 나타난 현상이라고 할 수 있다(눅 11:20). 특히 예수님이 제자들을 파송해서 하나님 나라를 전하도록 하셨을 때, 그들이 귀신을 내쫓았다고 보고했고, 예수님은 "사탄이 하늘에서 번갯불처럼 떨어지는 것을 내가 보았다"라고 말씀하셨다(눅 10:17-18). 하나님 나라가 이 땅에서 이루어지는 과정에서 사탄의 세력이 약화될 것을 암시하는 말씀이다.

사탄의 세력에게 결정적인 사건은 예수님이 십자가에서 돌아가신 것이다. 외적으로 보면 예수님은 하나님 나라를 이루기는커녕 세상 권세의 심판을 받아 십자가라는 형틀에서 죽고 말았다. 그러나 그의 죽음으로 영적으로는 엄청난 일이 일어났다. 하나님 나라를 방해하는 사탄의 세력을 정복하신 것이다(골 2:15). 예수님이 십자가에서 죽으실 때, 통치자들과 권력자들의 무장을 해제시키고, 그들을 그리스도의 개선 행진에 포로로 내세워서 뭇 사람의 구경거리로 삼았다고 바울은 말한다. 가시적으로는 비참한 모습으로 뭇 사람들의 구경거리가 되었으나, 영적으로는 그동안 막강한 힘을 가지고 세상에 영향력을 미치던 사탄의 세력이 무장 해제당하고, 그들이 포로로 사로잡히게 된 것이다. 물론 이

때 사탄의 세력이 완전히 멸절된 것은 아니다. 그러나 세상의 가시적인 제도나 문화를 통해 역사하던 사탄의 세력을 패배시키고 하나님 나라의 포로로 만든 것은 확실하다. 사탄의 세력은 하나님 나라가 이 땅에 완성될 때 결국에는 완전히 멸망당할 것이다.

사도 바울이 "누구든지 그리스도 안에 있으면, 그는 새로운 피조물입니다. 옛것은 지나갔습니다. 보십시오, 새것이 되었습니다"(고후 5:17)라고 한 것은 바로 이것을 의미한다. 예수님이 십자가에서 죽으심으로 하나님 나라의 백성이 된 성도들은 아직도 악마가 우는 사자와 같이 삼킬 자를 찾고 있는 것을 인식한다(벧전 5:8). 하지만 마귀의 권세에 무릎을 꿇어서는 안 된다는 사실을 안다. 성도는 마귀를 향해 십자가에서 그리스도께서 승리하신 것을 선포해야 한다. 그리고 마귀와 영적인 전투를 해야 한다(엡 6:10-17). 마귀와의 싸움은 성도들의 내면에서도 이루어지겠지만 세상의 구석구석에서 이루어진다.

일터도 사탄의 세력과 싸움이 일어나는 현장이다. 이곳에서 싸워서 이기는 만큼 하나님 나라가 이루어지게 된다. 예수님이 십자가에서 일차 승리를 하셨기에 그를 믿고 따르는 사람은 영적인 전투에서 승리할 수 있다. 일터에서 영적 전투를 하는 것은 하나님 나라의 백성이 해야 할 중요한 일이다.

예수님의 부활

예수님은 죽었다가 사흘 만에 다시 살아나셨다. 이것은 과학적으로는 이해하기 어려운 현상이다. 그러나 이 땅에 하나님 나라를 이루기 위해서는 반드시 일어나야만 하는 일이었다. 그분이 죽는 것으로 끝났더라면, 아무리 고귀하고 위대한 죽음이라도 하나님 나라도 끝나 버렸을 것이다. 그러나 예수님은 죽음에서 부활하셨다.

예수님의 부활은 한 사람이 죽었다가 다시 살아난 것만을 의미하는 것이 아니다. 부활하심으로써 예수님은 온 세상을 다스리는 권세를 받게 되셨다(마 28:18). 사도 바울은 "성령으로는 죽은 사람들 가운데서 부활하심으로 나타내신 권능으로 하나님의 아들로 확정되신 분이십니다. 그는 곧 우리 주 예수 그리스도이십니다"(롬 1:4)라고 했다. 그는 예수님이 부활하심으로써 하나님의 아들이요, 하나님 나라의 통치자로 확증되셨다고 말한다.

물론 그 이전에도 예수님은 하나님 나라를 이 땅에 임하게 하셨다. 하지만 시간적으로나 공간적으로 제약이 있었다. 그런데 그가 죽었다가 다시 살아나시면서 온 세상을 다스리는 분으로 인정받게 된 것이다. 물론 아직 세상은 예수님의 주권을 인정하기는커녕 인식조차 못하지만 하나님 나라의 백성들은 그것을 인식한다. 부활하신 예수님은 이제 하나님 나라의 주권자가 되신다.

주님은 부활하심으로 이스라엘의 주권자가 아니라 온 우주의 주권자가 되심을 증명하셨다. 주님은 교회의 머리가 되실 뿐 아니라, 삶의 현장에서도 주권자가 되신다(골 1:20). 그러니까 자연스럽게 예수님은 세속의 모든 일터에서도 주권자가 되신다. 세상 사람들은 일터에서 하나님 나라를 보지 못한다. 그러나 하나님 나라 백성은 주권자이신 예수님이 함께하신다고 믿는다. 그러니까 바울은 노예들에게 세상의 주인의 눈치를 보면서 일하지 말고 주님께 하듯 하라고 했다(골 3:23). 하나님 나라의 백성이 된 그리스도인은 교회에서만 아니라 세속의 일터에서도 그리스도를 주님으로 모셔야 한다. 그럴 때 일터에서 하나님 나라가 드러나는 것이다.

예수님의 부활로 말미암아, 그를 믿는 자들이 함께 새 생명을 얻을 수 있게 되었다. "그러므로 우리는 세례를 통하여 그의 죽으심과 연합함으로써 그와 함께 묻혔던 것입니다. 그것은, 그리스도께서 아버지의 영광으로 말미암아 죽은 사람들 가운데서 살아나신 것과 같이, 우리도 또한 새 생명 안에서 살아가기 위함입니다. 우리가 그의 죽으심과 같은 죽음을 죽어서 그와 연합하는 사람이 되었으면, 우리는 부활에 있어서도 또한 그와 연합하는 사람이 될 것입니다"(롬 6:4-5). 예수님의 부활을 믿고 그 부활을 체험한 사람은 이 땅에 사는 동안 부활한 사람으로 살아야 한다. 에베소서에서는 그것을 옛 사람을 벗고 새 사람을 입으라는 말로 표현했다. "여러분은 지난날의 생활 방식대로 허망한 욕정을 따라 살다가 썩어 없어질 그 옛 사람을 벗어 버리고, 마음의 영을 새롭게 하여, 하나님의 형상을 따라 참 의로움과 참 거룩함으로 지으심을 받은 새 사람을 입으십시오"(엡 4:22-24). 로마서에서는 예수 믿는 사람들이 자신의 지체를 불의의 연장이 되게 하지 말고, 죽은 사람들 가운데 살아난 사람답게 의의 연장으로 하나님께 바쳐야 한다고 말한다(롬 6:13).

예수님은 부활하심으로써 세상의 모든 권세를 가지셨지만 예수를 믿는 사람들은 아직 그런 수준에 이르지 못했다. 그것은 예수님이 다시 오실 때에 이루어진다(요일 3:2). 예수님에게 모든 나라의 권세가 주어졌기에 예수님은 제자들을 보내어 모든 나라가 그분의 권위에 순복하도록 부르신다.

팀 체스터(Tim Chester)는《십자가와 부활을 사는 일상 영웅》(IVP, 2015)이란 책에서 하나님 나라와 예수의 부활의 관계에 대해 비교적 자세하게 설명해 준다. "우리는 예수님이 왕이며 그분이 왕이 되실 것이라고 선포한다", "다시 살아나신 왕의 권세는 그분의 백성이 그분의 통치를 선포할 때 그들에게 위임된다(계2:27)", "예수님과 연합해서 부활을 체험했기에 이전의 삶과는 다른 삶을 살아야 한다. 그것이 현재 성도들이 삶에서 하나님 나라를 이루는 것이다. 첫 번째 부활은 우리가 회심할 때 성령을 통해 선물로 받게 되는 영적인 생명이다. … 부활의 능력, 부활의 자유, 부활의 생명 이것들은 우리가 지금 여기에서 장차 올 미래의 하나님 나라를 경험하게 한다", "하나님의 다스림은 자유와 생명과 평화를 가져온다. … 에덴 이후로 인간은 하나님의 왕권을 거부해 왔다. 그러나 시편 2편에는 하나님이 기름 부으신 왕을 통해 이 세상에 대한 통치를 다시 확고하게 하실 것이라는 선언이 이어진다. … 부활하신 그리스도에게 모든 권세가 주어졌고 그는 하늘의 보좌에 앉으셨다."

일터에서 하나님 나라를 이루기 위해서는 허망한 욕정을 따라서 살지 않고, 의로움과 거룩함으로 옷 입어야 한다. 자신의 몸이 불의의 도구로 사용되는 것이 아니라 의의 도구로 사용되도록 해야 한다. 이것을 좀 더 확대한다면 우리가 하는 일이 하나님 나라를 이루는 도구가 되도록 하는 것이다.

예수님의 재림

부활하신 예수님은 40일 동안 제자들에게 하나님 나라에 대해서 가르치신 후에(행 1:3), 하나님의 보좌가 있는 하늘로 올라가셨다. 이때 예수님이 제자들에게 가르치신 내용은 무엇일까. 기록이 없기에 정확하게 말할 수는 없지만, 아마도 부활하심으로 말미암아 자신이 하나님 나라의 통치자가 되셨다는 것과 온 세상을 통치하는 일을 하나님의 우편에서 지속하실 것임을 알려 주셨을 것이다. 하지만 제자들은 "주께서 이스라엘 나라를 회복하심이 이때니이까"라고 물었다(행 1:6). 제자들은 아직도 자신들이 생각하는 이스라엘의 독립과 하나님 나라를 혼동하고 있었던 것이다. 이때 예수님은 자신의 재림을 암시하면서 그때까지 제자들에게 하나님 나라의 증인이 될 것을 명했다(행 1:8).

　예수님은 하늘로 올라가면서 하나님 나라의 왕이 되신 것을 보여 주셨고, 동시에 왕으로서 다시 이 땅에 귀환할 것을 예고하셨다(행 1:11). 지금 예수님은 하나님의 우편에 게시면서 하나님의 나라를 통치하고 계신다. 지금 이 세상은 이미 하나님의 우편에 계신 예수님의 통치하에 있다. 물론 대부분 사람들은 그런 사실을 알지 못한다. 안타까운 것은 예수를 믿는 사람들도 이 사실을 실감하지 못한다는 것이다. 아직도 이 세상을 사탄에게 속한 것으로 인식한다. 물론 사탄의 세력이 아직 남아 있기는 하지만 예수 그리스도의 통치가 전 세계의 모든 영역에 이루어지고 있음을 알고 믿어야 한다.

　예수님이 하늘 보좌에서 통치하시는 나라에는 세속의 일터도 당연히 포함된다. 하나님 나라 백성들은 일터의 주인이 예수님이신 것을 알아야 한다. 상관의 눈치를 보지 말고, 일터의 주인이신 주님의 눈치를 보고 일해야 한다. 즉 모든 일을 주께 하듯 해야 하는 것이다(골 3:22-25). 기업을 경영하는 사람들은 자기가 일터의 주관자이지만, 그 위에 예수님이 진정한 주관자이심을 인식해야 한다(골 4:1). 그렇게 할 때 일터에서 하나님 나라가 이루어진다.

- **재림을 기다리는 성도는 지금 자리에서 최선을 다해 일한다**
  종종 시한부 종말론자들은 예수님의 재림을 맞이한다면서 하던 일을 그만두고 재산을 정리하고 일정한 장소에 모여 오실 주님을 기다려야 한다고 주장하곤 한다. 시한부 종말론 자체가 성경적인 근거가 없는 허황된 가르침이다. 그런데 더 허황된 것은 재림을 기다리기 위해 현실에서 하던 일을 다 그만두어야 한다는 생각이다.

참된 재림 신앙을 믿는 성도는 예수님이 재림할 때 하나님 나라가 완성될 것을 기대하면서, 이 땅에서 지속적으로 하나님 나라를 이루어 가야 한다. 예수님이 눈앞에 다시 오실 그 순간까지 일과 삶을 통해서 그 나라를 이루어야 하는 것이다.

예전에 비 오는 수요일에 예배드리러 오는 사람들이 적은 것을 보고, 어느 분이 예수님이 비 오는 수요일에 재림하실 것이라고 우스갯소리 하는 것을 들은 기억이 있다. 곰곰이 생각해 보면 그런 농담의 이면에는 예수님께서 다시 오실 때 예배당에서 예배드리고 있는 사람만이 기쁘게 재림을 맞이할 수 있을 것이라는 전제가 깔려 있다. 하지만 마태복음 24장 40-41절을 보면 예수님은 "그때에 두 사람이 밭에 있을 터이나, 하나는 데려가고, 하나는 버려둘 것이다. 두 여자가 맷돌을 갈고 있을 터이나, 하나는 데려가고, 하나는 버려둘 것이다"라고 재림 때의 광경을 묘사한다. 이 말씀을 지금 우리 상황에 적용한다면 언젠가 예수님이 오셔서 사람들을 구별하실 텐데 그가 예배당에서 예배를 드리고 있는지 세속 일터에서 일하고 있는지는 중요한 게 아니라고 할 수 있다. 중요한 것은 그가 진정으로 예수를 믿는 사람인가 아닌가 하는 것뿐이다. 그 순간에 예배당에 있든 일터에 있든 집에 있든 주님은 당신을 믿는 사람을 택해서 데려가실 것이다.

그러므로 재림을 기다리는 사람들은 현재 주어진 일터에서 하나님의 백성답게 성실하게 일함으로써 그곳에서 하나님의 나라를 이루는 데 자신의 몫을 다해야 한다. 다시 오실 하나님 나라의 왕 예수님은 그것으로 자신의 믿음을 드러낸 사람들을 불러서 하나님 나라에 들어가게 하실 것이며, 그 나라에서 통치하는 일을 맡기실 것이다(계 22:5). 그때 하나님 나라에서 성도들이 왕 노릇한다는 것이 구체적으로 어떤 일을 말하는 것인지는 정확하게 모른다. 그러나 하나 분명한 것은 이 땅에서 하나님 나라를 이루어 가기 위해서 수고했던 일의 연속선상에 있다는 것이다. 그래서 사도 바울은 부활에 대한 교훈을 전하고 나서 마지막 부분에 이렇게 말했다. "그러므로 나의 사랑하는 형제자매 여러분, 굳게 서서 흔들리지 말고, 주님의 일을 더욱 많이 하십시오. 여러분이 아는 대로, 여러분의 수고가 주님 안에서 헛되지 않습니다"(고전 15:58).

• **지금의 세상 나라의 연속선상에 있는 완전한 하나님 나라**

물론 그날에 하늘은 불타 없어지고, 원소들은 타서 녹아 버리고, 우리는 새 하늘과 새 땅을 기다린다는 말씀 때문에(벧후 3:10-11), 이 땅은 없어지고 새로운 세상이 창조되리라 생각할 수 있다. 그러나 새 하늘과 새 땅을 기다리는 사람들이 어떻게 살아야 할지 가르쳐 준 내용을 보면 이미 창조하신 세상을 새롭게 만드시는 것으로 그곳을 이해할 수 있다.

예수님은 제자들에게 "새 세상에서 인자가 자기의 영광스러운 보좌에 앉을 때에"(마 19:28)라고 말씀하신다. 이때 사용된 '새롭게 된다'라는 단어는 성도들이 성령으로 새롭게 태어난다고 했을 때 사용된 단어와 같다. 성령으로 말미암아 새로운 피조물이 된다는 것은(고후 5:17) 옛 사람을 소멸시키고, 새로운 사람을 창조한다는 것이 아니라 기존 사람을 새롭게 창조하신다는 것이다. 마찬가지로 해석한다면 하나님이 땅과 하늘을 소멸시키고 새로운 세상을 창조하는 것이 아니라, 기존의 세상을 새롭게 만드신다는 것이다. 베드로 사도는 이 땅에서 하나님의 백성답게 사는 것이 그 나라를 준비하는 길임을 분명히 했다. "이렇게 모든 것이 녹아 버릴 터인데, [여러분은] 어떠한 사람이 되어야 하겠습니까? 여러분은 거룩한 행실과 경건한 삶 속에서 하나님의 날이 오기를 기다리고, 그날을 앞당기도록 하여야 하지 않겠습니까? 그날에 하늘은 불타서 없어지고, 원소들은 타서 녹아 버릴 것입니다. … 사랑하는 여러분, 여러분이 이것을 기다리고 있으니, 티도 없고 흠도 없는 사람으로, 아무 탈이 없이 하나님 앞에 나타날 수 있도록 힘쓰십시오"(벤후 3:11-12, 14).

그렇다면 완성될 하나님 나라에서 왕 노릇할 성도들은 그날을 기다리면서 현재 삶의 현장에서 거룩한 행실과 경건한 삶을 살아야 하며, 티도 없고 흠도 없는 삶을 살아야 한다. 그것이 하나님 나라를 이루는 것이다.

예수님이 천국으로 떠나신 것은 이 세상으로부터 인류를 구출하고자 하심이 아니라, 하나님께서 이 땅에 좌정하여 통치하시도록 하기 위함이었다. 성부 하나님과 성자 예수님, 성령 하나님은 변화된 세계를 꿈꾸신다. 그곳은 우리가 사는 바로 이 세상이다. 삼위일체 하나님은 인간이 망가뜨린 창조 세계를 새롭게 하고, 회복하며, 다시 세우는 창조의 권능을 계시하기 원하신다.

• 완성된 하나님 나라와 일

주님이 이 땅에 다시 오실 때 이전에 죽었던 모든 사람들이 새로운 몸을 입고 부활하게 된다. 이때 예수를 믿는 사람은 생명의 부활을 하고, 믿지 않는 이들은 심판받기 위해서 부활한다(요 5:28-29). 바로 이때 예수님이 이 땅에 처음 오시면서 시작된 하나님 나라가 완성된다. 그동안 숨겨져 있었기에 모두가 인식하지는 못했던 하나님 나라가 이제 모든 사람들이 보고 인식할 수 있도록 나타난다. 그때가 되면 세상에 있는 모든 사람들과 만물들이 예수님을 왕으로 인정하고 무릎을 꿇게 된다(빌 2:10-11). 이로써 하나님 나라가 완성되는 것이다

요한은 이전의 하늘과 땅은 사라지고 새 하늘과 새 땅을 보았다고 했는데 이것은 새 예루살렘이 하늘에서 내려와서 이루어진 것이다(계 21:1-2). 하나님 나라는 하늘 위에 있는 특정한 공간이 아니라 예수님이 하늘에서 이 땅으로 내려오신 것처럼, 예루살렘이 하늘에서 이 땅으로 내려오면서 이루어지는 나라다. 그 나라의 보좌에 앉은 분이 모든 것을 새롭게 한다고 말씀하신다(계 21:5). 전통적으로 하나님 나라가 완성될 때, 새

로운 세상은 하늘에서 이루어진다고 생각했다. 그러나 성경에는 하나님 나라가 이 땅에 이루어진다고 암시하는 말씀들이 많다.

미로슬라브 볼프(Miroslav Volf)는 그의 책《일과 성령》(IVP, 2019)에서 이렇게 말한다.

"소멸 대신 이 세상의 종말론적 변혁을 성경은 가르친다. 즉 성경은 하나님 나라의 위치가 이 땅임을 강하게 암시한다. … 따라서 그분의 통치가 최종적으로 이 땅 위에 임하기를 갈망하는 것이 바른 신앙이다. 유사하게 온유한 사람이 땅을 차지하게 되리라는 약속에서 '땅'은 오직 '하나님 나라의 지상적 위치'를 가리킨다. 세상의 종말에 부활한 하나님의 백성은 새로워진 땅에서 살 것이다. … 부활의 몸은 그에 부합하는 영화롭게 된, 그러나 여전히 물질적인 환경을 요구한다."

팀 체스터는《십자가와 부활을 사는 일상 영웅》에서 다음처럼 말한다.

"우리가 위의 것을 생각한다는 것은 하늘로 가게 될 것을 꿈꾼다는 의미가 아니다. 하늘로부터 내려올 새 시대를 향해 산다는 뜻이다. 우리가 하늘을 바라보는 것은 그곳에 그리스도가 좌정해 계시며, 언젠가 그분이 이 땅 위에 나타나실 것이기 때문이다."

그 하나님 나라에서 부활한 하나님의 백성들이 하나님과 함께 영원히 살게 된다(계 21:3). 새로운 나라에서 살게 된 사람들에게는 눈물도, 죽음도, 슬픔도, 울부짖음도, 고통도 없을 것이다(계 21:4). 그곳에는 결혼도 없을 것이다(마 22:30).

그런데 그때 일도 없어질 것이라고 생각하는 사람들이 많다. 아마도 현재 세상에서 일하는 것이 힘들게 느껴지는 사람들은 하나님 나라에서 아무런 일도 하지 않고, 편하게 지낼 것이라 상상할지 모르겠다. 그러나 사람들이 부활의 몸을 입고 사는데, 아무런 일이 없다는 것이 오히려 더 이상하게 느껴진다. 아무 일도 하지 않고, 영원히 산다는 것은 실감 나지 않는다. 그때 우리가 어떤 일을 하게 될지 정확히는 알 수 없다. 그러나 분명한 것은 그때 하는 일에는 슬픔이나 고통이 동반되지 않을 것이라는 점이다. 성경에 분명히 소개된 일은 성도들이 그 나라를 다스리는 일이다(마 19:28, 계 22:5). 이렇게 완성될 하나님 나라는 예수를 믿는 성도들이 받아 누릴 유산이라고, 성경은 여러 곳에서 말한다(고전 6:9-10; 15:50; 갈 5:21; 엡 5:5).

•　　**완성될 하나님 나라를 기다림**

부활 후에 이 땅에서 완성된 하나님 나라에 살게 될 사람들은 이 땅에 사는 동안 그 나라에 합당한 사람이 되어야 한다. 그리고 그 나라에 합당한 삶을 살며 그 나라에 합당한 일을 해야 한다(살전 2:12, 살후 1:5, 벧후 1:11).

《일과 성령》에서 미로슬라브 볼프의 말과 《십자가와 부활을 사는 일상 영웅》가운데 팀 체스터의 말을 차례로 소개한다.

"지금 이 땅에 살고 있는 그리스도인은 하나님 나라가 완성될 때를 소망하면서 기다려야 한다. 그러나 기다림을 수동성과 혼동해서는 안 된다. 신약에서 하나님 나라를 간절히 기다리라는 명령은 그 나라를 위해 열심히 일하라는 권고와 상충하지 않는다. '하나님 나라의 참여'는 '하나님 나라의 열망'과 대조적이 아니라 보완적인데, 전자는 후자의 필연적인 결과다. 하나님 나라의 참여라는 맥락에서 세상을 더 나은 것으로 만드는 인간의 일상적인 일은 오직 하나님의 행하심을 통해 오게 될 종말론적 하나님 나라에 (하나님의 정화가 필요한 제한적이고 불완전한 방식으로나마) 기여한다. 일상적인 일을 하는 인간은 '창조를 완성하고 하늘과 땅을 새롭게 할 하나님 나라를 위한 동역자'인 것이다. … 성령을 통해 역사 안에 이미 일하고 계신 하나님은 인간의 행위를 사용하여 새 창조를 실제적 방식으로 선행하는 임시적 상태를 창조하신다."

"그러나 우리의 궁극적 미래는 새 하늘과 새 땅이다. 우리는 하늘로 가기를 기다리는 것이 아니다. 우리의 구원자가 하늘로부터 오기를 기다리는 것이다. … 우리는 하늘 스타일을 따라 살면서 하늘 보좌에 계신 왕의 권위를 인정하는 하늘의 시민이다. 우리는 하늘 문명의 전초기지로 살아간다."

다시
보기

✓ 하나님 나라는 예수님이 이 땅에 오심으로 시작되었고 그의 죽으심과 부활을 통해서 진정한 모습을 드러냈다.

✓ 예수님은 목수로 일하면서 하나님 나라를 보여 주셨다. 하나님 나라는 평범하면서도 세속적인 일을 통해서도 발견할 수 있다.

✓ 이 땅에서 그리스도인들이 당하는 고난은 하나님 나라 백성의 표지라고 할 수 있다.

✓ 일터에서 하나님 나라를 이루기 위해서는 허망한 욕정을 따라서 살지 않고, 의로움과 거룩함으로 옷 입어야 한다.

✓ 예수님이 하늘 보좌에서 통치하시는 나라에는 세속의 일터도 당연히 포함된다. 하나님 나라 백성들은 일터의 주인이 예수님이신 것을 알아야 한다.

✓ 참된 재림 신앙을 믿는 성도는 예수님이 재림할 때 하나님 나라가 완성될 것을 기대하면서, 이 땅에서 지속적으로 하나님 나라를 이루어 가야 한다.

나눠
보기

1 예수님의 목수 일처럼 평범한 일도 하나님 나라를 위해 쓰임 받는 다고 생각해 본 적이 있는가?

2 예수님을 하나님 나라의 왕으로 인정하는 것이 아니라, 내 욕심을 위해 이 땅의 왕으로 삼으려고 했던 적이 없는지 고민해 보자.

3 예수님이 가르치신 팔복을 일터에서 삶으로 살아 내는 사람을 만나 본 적 있는지 나누어 보자.

4 하나님 나라를 위해 얼마만큼의 시간과 물질과 마음을 투자하고 있는지 점검해 보자.

5 고난이 하나님 나라의 표지인 이유는 무엇인가?

6 예수님이 부활하신 사실이 지금 하나님 나라를 사는 우리의 삶을 어떻게 변화시키는가?

7 재림을 기다리는 성도로서 지금 우리가 할 수 있는 일은 무엇일지 나누어 보자.

5

일터에 임하는
하나님 나라

성령을 따르라

성령은 하나님의 창조 사역에 함께하셨다. "하나님의 영은 물 위에 움직이고 계셨다"(창 1:2b). 그 이후로 성령은 하나님 나라와 관계된 모든 일에 관여하고 역사하셨다. 그러므로 이 땅에, 특히 일터에 하나님의 나라가 임하기를 원하는 사람은 성령의 역할에 대해서 잘 알고 그것을 구체적으로 실천해야 한다.

• **성령의 역사로 하나님 나라에 들어간다**

예수님은 자기를 찾아온 니고데모에게 "누구든지 다시 나지 않으면, 하나님 나라를 볼 수 없다. … 누구든지 물과 성령으로 나지 아니하면, 하나님 나라에 들어갈 수 없다"(요 3:3, 5)라고 하셨다. 이 말씀은 하나님 나라에 속한 사람이 되기 위해서 성령의 역사로 다시 태어나야 한다는 것이다. 하나님 나라와 성령의 역사가 직접적인 관련이 있음을 알 수 있다.

이 땅에 하나님 나라는 예수님이 오심으로써 다시 시작됐다. 대부분 사람들은 그 사실을 알지 못한다. 심지어는 구약의 율법이나 선지자의 가르침에 정통한 당시 종교인들도 그것을 몰랐다. 당시 그 사실을 알았던 소수의 사람들은 성령이 그것을 알게 한 이들이었다. 아기 예수를 축복했던 시므온이 바로 그들 중 한 명이다. 시므온은 이스라엘이 받을 위로를 기다리던 사람이다. 그런 그에게 성령이 임하셨다(눅 2:25). 그는 주님께서 세우신 그리스도, 즉 하나님 나라의 왕을 만나기 전에는 죽지 않을 것이라는 성령의 계시를 받았다(26절). 그러던 어느 날, 성령의 인도하심으로 성전에 갔을 때 그 아기를 만날 수 있었다. 그 순간 그는 "내 눈이 주님의 구원을 보았습니다. … 이는 이방 사람들에게는 계시하시는 빛이요, 주님의 백성 이스라엘에게는 영광입니다"라고 찬양했다(30, 32절). 그는 성령의 역사하심으로 그 나라가 이 땅에서 다시 시작된 것을 알아챈 몇 안 되는 사람 중 한 명이었다.

이렇게 성령이 사람들 속에서 역사하실 때, 하나님 나라가 이 땅에 임한 것과 그 나라에 속한 백성이 된다는 사실도 깨닫게 하신다. 사도 바울도 "성령을 힘입지 않고서는 아무도 '예수는 주님이시다' 하고 말할 수 없습니다"(고전 12:3)라고 했는데, 이 말씀은 하나님 나라의 백성이 되어 예수를 그 나라의 최고 통치자로 인정하게 되는 것은 성령의 역사를 통해서만 가능하다는 것을 강조하는 것이다.

• **성령의 역사를 통해서 하나님 나라가 전파된다**

제자들은 부활하신 예수님께 '하나님께서 이스라엘 나라를 회복하실 때가 지금입니까?'라고 물었다. 이때 예수님은 그들의 질문에 직접적인 답은 하지 않으시고 보이지 않는 하나님 나라가 확장될 것에 대해서 말씀하셨다. "그러나 성령이 너희에게 내리시면, 너희는 능력을 받고, 예루살렘과 온 유대와 사마리아에서, 그리고 마침내 땅 끝에까지 이르러 내 증인이 될 것이다"(행 1:8).

예수님이 지상 사역을 통해서 하나님 나라를 보여 주신 것은, 하나님께서 성령과 능력을 보여 주셨기에 가능했다(행 10:38). 예수님은 자신의 사역에 성령이 함께하셨다는 사실을 아셨기에 제자들에게도 하나님 나라를 전하기 위해서는 성령을 받아야 한다고 말씀하신 것이다. 주님의 말씀대로 성령을 받은 제자들을 통해서 하나님 나라의 백성이 된 사람들은 하나님 나라의 복음을 전 세계에 전파했다. 선교의 역사는 바로 성령이 그 백성을 통해서 하나님 나라를 전파하시는 과정을 보여 준다.

사도들이 새로운 지역에서 선교를 시작할 때마다 성령은 강력하게 역사하셨다. 빌립이 사마리아 사람들에게 하나님 나라와 예수 그리스도의 복음을 전했을 때에도 그랬고, 베드로와 요한이 사마리아 사람들에게 안수를 하자 그들이 성령을 받았을 때에도 그랬다(행 8:17). 베드로가 이방인 고넬료와 그의 친지들이 모인 곳에서 말씀을 전하자 그 말을 듣는 모든 사람에게 성령이 내리셨을 때도 마찬가지였다(행 10:44). 바울이 에베소에서 만난 제자들에게 안수했을 때에도 성령은 강하게 역사하셨다(행 19:6). 이처럼 하나님 나라가 확장되는 일에는 성령의 역사가 반드시 함께했다.

성령의 역사가 일어나면 복음에 대한 열정이 생기고, 담대하게 복음을 전할 용기가 생기게 된다. 그다음으로 성령의 역사는 사람들의 마음을 찔러서 죄를 회개하도록 하고(행 2:38), 예수 그리스도를 주님으로 모시도록 한다(고전 12:3). 그런 일이 일어날 때마다 하나님 나라가 전파되는 것이다. 성령은 하나님 나라를 전파한다.

이러한 성령의 역사는 일터에서도 일어난다. 성령 충만한 그리스도인이 복음의 열정을 가지고 살면, 주변 사람들에게 복음을 전할 수 있게 된다. 복음 사역에 무척 바빴던 바울이 텐트 만드는 일을 한 것은 일차적으로 경제적인 필요 때문이었지만, 또 다른 중요한 이유는 그가 일하는 곳이 하나님 나라를 확장하는 일에 효과적인 장소였기 때문이었으리라 생각된다. 바울은 브리스길라, 아굴라 부부와 함께 텐트 만드는 일을 했는데, 일하는 동안 동종 직종의 사람들과 접촉하면서 그들에게 복음을 전하지 않았을까 생각한다. 데살로니가 교회 성도들에게 한 말을 들으면 충분히 그런 짐작을 할 수 있다. "형제자매 여러분, 여러분은 우리의 수고와 고생을 기억하고 있을 것입니다. 우리는 여러분 가운데 아무에게도 폐를 끼치지 아니하려고, 밤낮으로 일을 하면서 하나님의 복음을 여러분에게 전파하였습니다"(살전 2:9).

하나님 나라는 종말의 때에 완성될 예정이지만, 왕이신 그리스도를 통해 이미 역사 안으로 들어왔다. 그리고 성령을 통해 그리스도의 임재는 계속되며, 하나님 나라의 역사도 지속되고 있다. 성령은 미래에 있을 하나님 나라의 삶을 현재의 그리스도인 공동체 안에 창조하신다. 성령님의 역사로 우리는 종말론적 하나님 나라를 지금 이곳에서도 희미하게 맛볼 수 있다. 이와 관련하여 팀 체스터는《십자가와 부활을 사는 일상 영웅》에서 "우리는 성령을 통해 미래의 능력 가운데 살고 있으며 그 능력으로 세상이 필요로 하는 것들을 채우고 섬길 수 있다"고 했다. 유사한 맥락에서 선교학자 레슬리 뉴비긴(Lesslie Newbigin)은《변화하는 세상 변함없는 복음》(아바서원, 2016)에서 "성령은 그 나라의 맛보기"이며, "성령은 하나님 나라를 위한 식전 음료와 같다"고 했다. 또한 "만일 우리가 하나님의 자녀라면 우리는 그 나라의 상속자인 만큼 그 나라의 풍성함을 바라볼 수 있다. 다시금, 성령은 장차 그 나라가 완성될 것을 보증해 주는 담보이다. … 우리는 언제나 하나님의 통치를 사탄의 통치와 구분시키는 경계선에 예수와 함께 있다. 그곳은 두 나라, 두 정권 사이에 날마다 매시간 전쟁이 벌어지는 장소다"라고 했다.

• 　　성령은 하나님 나라의 일을 하게 한다

　　성령은 성도들에게 다양한 은사를 주서서 교회 공동체에서 하나님 나라의 일을 하게 하신다. 성령이 주시는 은사로 하나님 나라의 일을 했던 최초의 인물은 아마도 성막을 지은 브살렐이 아닐까 생각된다. 하나님은 그에게 성령을 채워 주어서 지혜와 총명과 지식과 온갖 기술을 갖게 하셨다(출 31:2-3). 그는 생각한 것을 금과 은과 놋으로 만들었으며 뛰어난 기술력으로 보석을 깎는 일과 나무 조각하는 일을 했다(출 31:4-5). 브살렐이 손으로 한 일이 바로 하나님 나라에 속한 일이라고 할 수 있다.

　신약 성경 여기저기서 성령의 다양한 은사가 소개된다. 고린도전서 12장 4-11절에는 지혜의 말씀, 지식의 말씀, 믿음, 병 고치는 은사, 기적 행하는 능력, 예언하는 은사, 영을 분별하는 은사, 방언을 말하는 은사, 방언을 통역하는 은사 등이 소개된다. 로마서 12장 6-8절에서는 예언, 섬기는 일, 가르치는 일, 권면하는 일, 나누어 주는 일, 지도하는 일, 자선을 베푸는 일 등의 은사가 열거된다.

　고린도전서 12장에 기록된 은사들은 주로 교회 공동체에 적용되지만, 로마서 12장에 기록된 은사는 교회 공동체만이 아니라 성도들이 살아가는 세속의 일터에서도 필요한 은사들이다. 다른 말로 표현한다면 성도들이 모여서 이루는 교회에만 적용되는 게 아니라 성도들이 흩어진 교회로 생활할 때에도 적용이 된다는 말이다. 하나님 나라 백성들은 성령께서 주시는 은사를 활용해서 자신이 처한 곳에서 하나님 나라를 이루어 갈 수 있다.

미로슬라브 볼프가 《일과 성령》에서 한 말을 보자. "성령의 은사는 하나님이 각각의 그리스도인을 부르시고 구비시키는 특정한 임무나 기능과 관련이 있다. … 구원의 첫 열매이신 그리스도의 영은 기독교 공동체 안에서 행하실 뿐 아니라 그러한 공동체를 통해 세상에 영향을 끼치기를 바라신다." 성령이 주시는 은사로 교회 공동체를 섬기는 일을 하는 성도들이 비슷한 일을 일터에서 할 때 성령이 같은 은사를 부어 주신다.

① 예언이면 믿음의 정도에 맞게 예언할 것이요

예언의 은사는 미래의 일을 알게 한다기보다는 일반적으로 하나님의 뜻을 분별하는 은사라고 볼 수 있다. 사도 바울은 이 세대를 본받지 말고 하나님의 뜻을 분별하라고 하면서, 마땅히 생각해야 할 것 이상으로 생각하지 말고 하나님이 나누어 주신 믿음의 분량대로 분수에 맞게 생각하라고 했다(롬 12:2-3). 예언의 은사를 믿음의 분량에 맞게 사용하라는 말이다.

그리스도인들도 일터에서 하나님의 뜻을 분별할 필요가 있을 때가 많다. 어디에서 어떤 일을 하는 것이 하나님의 뜻인지 알고 싶을 때도 있다. 그럴 때 성령이 분별하는 은사를 주시면 바르게 결정할 수 있다. 물론 이때 믿음의 분량에 따라 분수에 맞게 생각해야 한다. 종종 허무맹랑한 일을 하나님의 뜻이라고 우기면서 추진하는 이들이 있는데 하나님의 백성들은 겸손하게 자기를 부인할 줄 알아야 한다.

종종 예언의 은사를 받았다는 이들이 일터에서 결정을 앞둔 사람들을 돕는다면서 하나님의 뜻을 왜곡하는 것을 본다. 하나님이 특정한 사업이나 직업을 택하라고 하셨다고 하거나 합리적인 근거도 없이 어떤 것이 하나님의 뜻이라고 강요하는 경우도 있다. 그러므로 예언의 은사를 일터에 적용할 때는 정말 신중해야 한다.

② 섬기는 일이면 섬기는 일에 힘써야 한다

이 땅에서 우리가 하는 일은 거의 다 섬기는 일에 해당된다. 교회 공동체뿐 아니라 세속의 일터에서도 마찬가지다. 특히 현대 사회에서는 서비스업이 많은 비중을 차지한다. 서비스 업종은 전문 지식을 필요로 하는 일에서부터 육체노동을 하는 일에 이르기까지 다양하다. 하지만 공통적으로 필요한 것은 고객을 섬기는 마음 자세다. 고객은 왕이라는 말이 있을 정도로 일하는 사람은 섬기는 종이 되어야 한다. 그런데 사람이 그런 자세를 가지고 일하기 쉽지 않다. 그리스도인은 일터에서 섬김의 모범이 되어야 한다. 성령이 주시는 섬기는 은사를 받은 사람은 분명 훨씬 잘해 낼 수 있을 것이다.

③ 가르치는 일이면 가르치는 일에 힘써야 한다

예수님이 제자들에게 부탁한 일은 예수님이 제자들에게 가르치셨던 것을 다른 사람들에게 가르쳐서 지키게 하라는 것이었다(마 28:19-20). 하나님 나라의 백성은 모두 하나님의 말씀을 가르치고 전하는 사명이 있다.

그렇지만 그들 중에 특별히 가르치는 은사를 받은 사람들이 있다. 그들은 가르치는 일을 전문적으로 할 수 있다. 교회 공동체에서는 설교자들이나 성경 교사들에게 가르치는 은사를 주실 것이고, 세속의 일터 중에는 학교를 비롯한 다양한 교육 기관에서 종사하는 사람들에게도 가르치는 은사를 주신다.

말씀을 전하는 목사든 일반 교육을 하는 교사든, 다 성령께로부터 가르치는 은사를 받은 사람이 하는 것이 바람직하다. 물론 가르치는 은사가 부족한 사람도 그 일을 할 수는 있다. 하지만 가르치는 은사가 부족한 목회자는 자칫 회중의 영혼을 배고프게 만들 수 있다. 한국 사회에서는 가르치는 일에 별로 관심도 없고, 은사도 없는 사람들이 교사가 되는 경우가 많다고 한다. 교사가 안정된 직업이기 때문이다. 정말 안타까운 일이다.

가르치는 일을 하는 사람은 그 일을 즐겨야 한다. 성령께로부터 가르침의 은사를 받은 사람은 그럴 수 있다. 만일 성도 중에 가르치는 은사가 있다면 꼭 학교 교사가 되려고 애쓰기보다 다른 영역에서라도 가르치는 일을 찾으면 된다. 그리고 어떤 영역에서든 일단 가르치기 시작했다면 성령님께 가르치는 은사를 구해야 할 것이다.

④ 권면하는 사람은 권면하는 일에 힘써야 한다

교회는 원래 서로에게 사랑과 선행을 격려하는 공동체다. 그렇기에 성도들끼리 서로를 권면하고 격려하는 일은 중요한 사명이다. 이 영역에 은사를 받은 사람은 특별히 전문적으로 할 수 있다. 사람들을 권면하고 격려하는 직종도 있다. 권면의 은사를 받는다면 그 일을 훨씬 더 잘할 수 있을 것이다.

가깝게 알고 있는 집사님이 의류 매장을 운영하는데 직원 관리는 주로 사모님이 맡아서 하고 있었다. 이 사모님은 신학 공부를 하고 전도사로 사역하다가 결혼한 후에 남편의 사업을 돕고 있었다. 사모님은 사업 경험도 없는데 직원 관리를 정말 잘해서 사업이 날로 번창했다. 교회 사역만 하던 분이 사업을 잘하는 것이 하도 놀라워서 비결을 물었다. 사모님은 교회에서 청년들을 대상으로 사역하는 것이나 기업에서 직원들을 관리하는 일이나 본질적으로 다를 것이 없다고 했다. 내가 볼 때, 그분은 사람들을 권면하는 은사를 받았기에 어디서나 그 일을 잘할 수 있었던 것 같다.

⑤ 나누어 주는 사람은 순수한 마음으로 해야 한다

초대 교회에서는 어려운 사람들을 구제하는 일이 중요한 사역이었다. 지금도 구제는 교회에 맡겨진 사역이다. 하지만 요즘엔 일반 시민 단체들이 구제 사역을 더 많이 감당하는 것 같다. 혹은 정부 기관이나 관련 기구에서 과거 교회가 하던 사역을 담당한다. 그래서 어려운 사람들을 돕는 교회의 구제 사역이 예전처럼 많지 않다고 한다.

교회를 통해서 하든 일반 사회단체나 정부 기관을 통해서 하든, 어려운 사람들을 돕는 일을 하려면 재물을 나누어 주는 은사가 있어야 한다. 또 그 일을 할 때는 순수해야 한다. 월급 받기 위해 이 일을 하다 보면 어려운 사람들의 마음을 상하게 할 수도 있고, 자칫 재정 문제로 실수하기도 쉽다.

⑥ 지도하는 사람은 열성으로 해야 한다

이 말씀은 리더십을 은사의 하나라고 말씀하시는 것 같다. 통상 리더 혹은 지도자를 통솔하는 사람으로 생각한다. 하지만 현실적으로는 그렇지 않다. 원래 리더는 따라오는 사람들이 있는 사람을 말한다. 아무리 자기가 리더라고 생각해도 따르는 사람이 없다면 그는 진정한 리더라고 할 수 없다. 어떤 일이든지 사람들이 함께하는 조직에서는 리더의 역할이 있게 마련이다. 그리스도인은 그런 위치에서 리더십을 보여 주어야 한다.

가장 바람직한 리더십의 모범은 역시 예수님이다. 그리고 예수님의 리더십의 핵심은 겸손과 섬김에 있다. 제자들의 발을 씻기실 때 보여 준 겸손과 섬김이 일터에서 항상 나타나야 한다. 기질에 따라 섬기는 자세가 부족한 리더는 성령님께 이 은사를 간구해야 할 것이다.

⑦ 자선을 베푸는 사람은 기쁜 마음으로 해야 한다

어려운 사람들에게 자선을 베푸는 일은 그리스도인이면 누구나 해야 할 일이다. 그런데 다른 사람 돕는 일을 유난히 잘하는 사람들이 있다. 그런 사람들은 자선을 의무가 아니라 즐거운 마음으로 한다. 그런 사람들은 자선의 은사를 받은 사람이다. 개인적으로는 이 분야의 은사를 받지 못했다고 생각한다. 다른 사람에게 베푸는 일을 해도 기쁜 마음으로 하지 못하고 인색해지기 때문이다. 언제부터인가 이 은사를 달라고 하나님께 기도했더니 조금씩 나아지는 것 같다. 조금이라도 베풀 때 마음이 기뻐지는 것을 느낀다.

자선 단체에서 일하는 사람에게만 해당되는 은사는 아닌 것 같다. 일터에서 어려움을 당하는 이웃을 볼 때 그리스도의 사랑을 표현해야 하는 모든 그리스도인들에게도 해당되는 것이다. 일하는 그 순간에도 자선을 베풀 수 있는 은사 주시기를 구하자.

• **성령은 일터에서 열매 맺는 삶을 살게 한다**

미로슬라브 볼프의 《일과 성령》에 의하면 성령의 열매는 그리스도인 실존의 일반적 특성인 '성령이 내주하시고 힘을 공급하시는 이들의 삶의 방식'을 가리킨다. 완성된 하나님 나라에서는 성령의 열매가 완벽한 모습으로 나타나게 될 것이고, 모든 사람들이 그런 열매를 맺기에 사랑과 기쁨, 오래 참음과 자비와 양선 그리고 충성과 온유와 절제가 완전한 모습으로 나타날 것이다. 하지만 지금 이 땅에서도 희미하게 이러한 열매들이 나타날 수 있으며, 이를 통해서 하나님 나라를 생각나게 할 수 있다. 하나님 나라 백성은 교회뿐만 아니라 일터에서도 성령의 열매를 맺음으로 하나님 나라의 삶의 방식을 세상에 보여 줄 수 있다.

갈라디아서 5장 22-23절에 나오는 성령의 아홉 가지 열매는 그리스도인이라면 대부분이 다 아는 것이다. 그런데 실제로 생활 속에서 실감하지는 못할 때가 많다. 일터에서는 더더욱 그렇다. 성령이 함께하는 그리스도인은 일터에 이런 열매를 맺게 된다. 그럴 때 일터에 하나님 나라가 임할 것이다.

① 사랑하기 힘든 곳에서 사랑하기

사랑은 하나님 나라 백성이 지녀야 할 모든 성품들의 원천이다. 예수님은 제자들에게 하나님 나라의 계명을 말씀하실 때 "주 너의 하나님을 사랑하라"라고 하면서 "이웃을 네 몸과 같이 사랑하여라"라고 하셨다(마 22:37, 39). 제자들에게 서로 사랑하라고 하면서, 만일 제자들이 이렇게 서로 사랑하면 이로써 세상 사람들이 그들을 예수님의 제자인 줄로 알게 될 것이라고 하셨다(요 13:34-35). 따라서 하나님 나라 백성의 정체성은 이웃을 사랑하고, 서로 사랑하는 것이다. 초대 교회가 주변 사회로부터 구별되었던 것은 종교적인 예식이나 활동에 의해서가 아니라 성도들이 사회적이고 인종적인 차이를 초월해서 서로 사랑했던 것을 통해서다.

하나님 나라 백성이 이 열매를 맺으면 먼저 함께 일하는 사람들을 사랑할 것이다. 내 마음에 드는 사람이나, 선하고 관용하는 윗사람을 사랑하기는 비교적 쉽지만 마음에 들지 않는 사람이나 까다로운 상사를 사랑하기란 정말 어렵다(벧전 2:18). 그러나 성령 충만하면 그것이 가능하게 된다. 사람들이 그리스도인에게서 이런 사랑의 열매를 보면 그 믿음을 인정할 것이다.

우리가 일터에서 하는 일은 많은 사람에게 영향을 미친다. 고객에게 서비스하는 일은 물론, 제품을 제조해서 판매하는 일 역시 영향을 미친다. 우리가 일할 때, 사랑으로 한다면 분명 선한 영향력을 미치게 될 것이다. 결과적으로 우리는 일을 통해서 이웃을 사랑하게 된다.

② 기뻐하기 힘든 상황에서 기뻐하기

"좋은 때에는 기뻐하고, 어려운 때에는 생각하여라"(전 7:14a)라는 전도서 말씀이 있다. 일을 잘해서 인정받거나 그로 인해서 승진했을 때는 누구나 기뻐한다. 그럴 때 주변에서 함께 기뻐해 주어야 진짜 기쁘다. 성령 충만한 사람은 이런 기쁨에 더하여 하나님이 주시는 신적인 기쁨을 누린다. 그들에게는 늘 기쁜 일이 생기고 또 주변과 기쁨을 나눈다.

대부분의 사람들은 일이 잘 풀리지 않으면 기뻐할 수 없다. 윗사람의 책망을 받을 때도 기뻐할 수 없다. 하나님을 믿는 사람도 마찬가지이다. 그러나 안 좋은 일이 일어났을 때 깊이 생각하다 보면 숨겨진 하나님의 뜻을 어렴풋하게 알게 된다. 그러면 분노와 슬픔에서 헤어 나올 수 있다. 그때 영적인 기쁨이 스며드는 것을 느끼게 된다. 이것은 분명 성령께서 주시는 신적인 기쁨이다. 그러므로 성령이 우리 안에 역사하시면 항상 기뻐할 수 있다. 사도 바울이 "항상 기뻐하십시오"(살전 5:16)라고 했는데 이런 모습을 통해 하나님 나라를 맛볼 수 있다.

팀 체스터는 《십자가와 부활을 사는 일상 영웅》에서 "우리 세상에는 슬픔이 가득하다. 그러나 장차 올 하나님 나라에는 기쁨이 넘칠 것이다. … 우리 세상에는 미움이 가득하다. 그러나 장차 올 하나님의 세상에는 사랑이 가득할 것"이라고 말했다.

③ 갈등이 있는 곳에 화평을

예수님이 십자가에서 죽으심으로 원수로 생각하던 사람들 사이에 화해의 길을 여셨다. 바울은 "여러분 쪽에서 할 수 있는 대로 모든 사람과 더불어 화평하게 지내십시오"(롬 12:18)라고 권면했다. 일터에서 일 때문에 혹은 서로 간의 감정 문제로 갈등이 참 많이 일어난다. 그런데 성령 충만한 그리스도인들은 이런 갈등을 성령의 도우심으로 풀 수 있다. 양보나 희생이 필요한데 사람의 의지로는 쉽지 않으나 성령 충만함을 받으면 가능해진다.

성령께서 이끄시는 그리스도인은 갈등이 일어나는 상황에서 어떻게든 화평을 이루려고 애쓸 것이다. 화해를 위해서 자기 시간과 에너지를 사용하기도 할 것이고, 물질로도 섬길 것이다. 이러한 노력 덕분에 신실한 그리스도인이 있는 일터에서는 일하는 사람들 사이에 평화가 만들어진다. 그것을 통해서 일터의 사람들은 하나님 나라를 맛볼 수 있다.

④ 견디기 힘든 상황에서 오래 참음

예수님은 고난 가운데서 오래 참음으로 하나님 나라를 보여 주셨다(히 12:2-3). 그 나라 백성인 그리스도인 역시 보통 사람들이 참아 내지 못하는 고난을 참아 내야 한다. 기질적으로 잘 참는 사람이 있지만, 그렇지 못한 경우가 대부분이다. 그럼에도 그리스도인에게 성령이 역사하면 오래 참는 열매를 맺을 수 있다.

일터에서는 재정적인 문제나 업무상 일어나는 여러 문제로 위기가 자주 발생한다. 이 위기가 금방 풀리지 않으면 사람들은 초조해지고, 불안해한다. 이럴 때 끝까지 견디는 사람이 결국 이긴다. 대부분 사람이 의지로 버틴다. 성령 충만한 그리스도인은 위기를 하나님이 허락하신 것으로 생각해서 이를 수용하기에, 그 속에서 더 잘 참고 견디어 낼 수 있다.

갈등이 생기고 해결책이 금방 나타나지 않을 때, 원망하거나 불평해 봐야 아무 소득이 없다. 참고 견디는 것이 가장 확실한 해결책인 경우가 많다. 이런 일 역시 인간의 힘으로 감당하기 어렵다. 이럴 때 성령이 함께하시면 참고 견딜 수 있다.

⑤ 가혹한 환경에 자비를

사람들은 누군가 자기에게 자비를 베풀어 주면 좋아한다. 그런데 자신이 다른 사람에게 자비를 베푸는 데는 인색하다. 일이 밀려서 힘들어 하는 사람을 도와주는 것이 일터에서 베풀 수 있는 자비 중 하나다. 또 경제적으로 어려움을 겪는 동료를 십시일반으로 돕는 것 역시 자비를 베푸는 것이 된다. 흔히 자비는 어려운 환경에 있는 가난한 사람들에게 베푸는 것이라고 생각하지만, 일터에서 만나는 사람이면 누구에게나 베풀 수 있다. 이 역시 성령의 열매다.

⑥ 선을 행하기 어려운 곳에서 선을 행함

그리스도인들은 선한 일에 힘써야 한다. 그러기 위해서는 하는 일이 선해야 한다. 사람들에게 해를 끼치는 일은 선한 일이 될 수 없다. 그런 일은 아무리 돈을 많이 벌어도 거절해야 한다. 성령께서 양선의 열매를 맺게 하시기에, 그리스도인은 그런 결단을 할 수 있다. 하는 일 자체는 문제가 없어도 그 일을 할 때 정직하지 않으면 그 일은 선한 일이 될 수 없다. 성령이 함께하면 모든 일을 정직하게 실행해서 선한 일이 되게 한다. 양선의 열매를 맺는 그리스도인은 불의한 일을 보고만 있지 않는다.

⑦ 계산이 난무하는 곳에서 충성을 보여 줌

일터에서 신뢰할 수 있는 사람은 충성된 사람이다. 성과를 내는 능력도 중요하고, 의사소통의 지혜도 중요하지만, 결국 사람을 신뢰하게 만드는 것은 충성심이다. 이런 사람은 사람을 기쁘게 하려고 눈가림으로 일하지 않으며, 주님을 두려워하는 마음으로 충성한다(골 3:22). 충성하는 사람은 자기가 하는 일에 책임감을 갖는다. 그러기에 혼신을 다해서 일한다. 기질상 충성하기 쉬운 사람이 있고 그렇지 못한 사람이 있다. 그러나 성령이 함께하면 누구나 충성스런 일꾼이 된다.

달란트 비유를 보면 알 수 있듯이 다섯 달란트나 두 달란트 받은 종이 칭찬받은 것은 실력이나 성과 때문이 아니었다. 충성되었기에 칭찬받았다(마 25:21, 23). 그 종들은 충성이라는 성령의 열매를 맺은 것이다. 반대로 악하고 게으른 종이라고 책망을 들은 한 달란트 받은 종은 충성의 열매를 맺지 못한 종이었다.

⑧ 살벌한 일터 환경에서 온유함

온유하면 일을 공격적으로 해 나가지 못할 것처럼 보인다. 온유한 사람을 유약한 사람이라고 생각하기 때문이다. 하지만 꼭 그렇지만은 않다. 성경은 온유한 사람이 땅을 기업으로 얻는다고 말씀하신다(시 37:11, 개역개정). 온유한 성품을 가지고도 얼마든지 일터에서 성공할 수 있다는 말이다. 갈등 상황에서도 양보할 여유가 있었던 이삭 같은 사람이 좋은 예다.

한편 기질이 온유하지 못한 사람들도 있다. 그런 사람도 성령이 함께하시면 온유한 사람이 될 수 있다. 모세는 기질적으로는 과격한 데가 있었다. 그러나 성령 충만해서 지상에서 가장 온유한 사람으로 평가를 받았다(민 12:3, 개역개정). 모세는 인간의 기질 때문이 아니라 성령의 역사로 그렇게 될 수 있다는 것을 보여 준다.

⑨ 절제하기 어려운 문화 속에서 절제를 보여 줌

절제도 성령의 열매다. 절제는 금욕과는 다르다. 하나님이 주신 것을 얼마든지 누리지만(딤전 4:4-5), 그것이 지나치지 않도록 스스로 자제하는 것이다. 맡겨진 일을 잘하려다 보면 자칫 일 자체나 성과에 과도하게 집착하기 쉽고 무리하게 된다. 현대인들이 경험하는 병적인 스트레스는 다 이런 것 때문에 발생한다. 일을 절제하는 것 역시 절제의 열매에 속한다. 성령이 충만해야만 절제할 수 있다. 또 일터에서 일어나는 상당히 많은 문제들은 대부분 분노를 절제하지 못해서 일어난다. 감정을 절제하는 것도 엄청난 힘을 필요로 한다. 사람의 의지만으로 감정을 통제하기는 쉽지 않다. 역시 성령이 충만한 사람은 절제할 수 있다.

이렇게 성령의 열매를 맺는 삶은 하나님 나라를 미리 앞당겨 맛보는 삶이다. 팀 체스터는 《십자가와 부활을 사는 일상 영웅》에서 "우리 세상에는 불의와 압제가 넘쳐 난다. 그러나 장차 올 하나님 나라에는 정의와 평화가 넘쳐 날 것"이라고 했다. 성령이 우리 삶 속에 역사할 때, 장차 올 하나님 나라에서 넘칠 것을 미리 맛볼 수 있다. 그것이 바로 성령의 열매이다.

교회와 하나님 나라의 관계

예수님이 부활하신 후 승천하시기 전에 제자들에게 마지막으로 가르치신 것은 하나님 나라에 대한 것이었다. 그리고 제자들에게 마지막으로 당부하신 것은 땅 끝까지 이르러 주님의 증인이 되라는 것이었다. 이 명령을 받은 제자들이 나가서 제일 먼저 외친 것은 '예수께서 부활하셨다'는 부활의 정언이었고, 그 메시지를 전하는 곳마다 교회를 세우기 시작했다. 이러한 전통은 바울의 선교에서도 계속되었다. 바울은 가는 곳마다 예수의 부활을 전한 후에 그곳에 교회를 세웠다.

사도행전을 보면 사도들은 사역하는 동안 하나님 나라에 대해서 별로 언급하지 않았다. 이것은 예수님의 가르침과는 사뭇 다르다. "우리가 하나님 나라에 들어가려면, 반드시 많은 환난을 겪어야 합니다"(행 14:22b)라는 권면 정도가 하나님 나라에 대해서 언급한 대목이다.

하지만 사도행전의 마지막 부분을 보면 바울이 로마 법정에 재판받을 것을 기다리면서 셋집에 머물렀을 때 방문자들에게 예수님과 하나님 나라에 관한 것을 가르쳤던 것을 알 수 있다(행 28:28-31). 누가는 전반적으로 사도행전에서 하나님 나라에 대한 언급보다 예수 그리스도의 부활에 대한 증언을 더 많이 기록한다. 하지만 첫 부분과 마지막 부분에서 하나님 나라에 대해서 말한다. 즉 사도들이 예수의 부활을 증언한 것이 바로 하나님 나라를 소개한 것과 마찬가지였으며, 교회를 세운 것은 하나님 나라를 대표하는 공동체를 세운 것으로 볼 수 있다.

- **하나님 나라와 교회를 동일시할 때 나타나는 오류들**

하나님 나라와 교회는 신학적으로 중요한 관계다. 교회는 하나님 나라가 아니며 그 둘은 동일하지 않다. 그러나 아주 밀접한 관계인

데, 교회가 이 땅에 하나님 나라를 이루는 데 중요한 역할을 한다.

교회는 건물이나 장소가 아니다. 하나님 나라 백성들의 공동체다. 가시적으로 볼 수 있는 교회는 하나님 나라가 아니다. 그렇지만 이 땅에서 하나님 나라를 가장 비슷하게 보여 주는 것이 성도의 공동체로 존재하는 교회다. 교회는 세상 속에 존재하지만 세상을 주관하지도 않고, 세상에 종속되지도 않는다.

개혁주의학술원에서 발간한 자료에서 하나님 나라와 교회의 관계를 아주 깔끔하게 정리해 놓은 내용을 볼 수 있다. "하나님의 나라와 교회는 분리할 수 없는 밀접한 관계 속에 있지만 교회 그 자체를 하나님의 나라와 완전 동일시할 수는 없다. 따라서 교회는 왕국 백성들의 신앙과 그 표현을 조직체인 교회에만 국한시키려 하거나, 교회가 세상의 다른 모든 영역을 직접적으로 완전 통제하려 해서는 안 된다."(개혁주의학술원 홈페이지 도서자료실, 조하나, '79. 하나님의 나라와 교회')

교회사를 보면 교회를 하나님 나라와 동일시하는 실수를 자주 했다. 그 결과로 적어도 두 가지 양극단의 오류를 범하게 된다. 첫 번째 오류는 지상의 교회가 하나님 나라의 통치권을 가진다고 생각하는 것이다. 그러한 사상을 바탕으로 교회는 세상에 영향을 미쳤는데, 이때 교회는 세속적인 힘을 사용했다. 정치적인 권력이나, 군사력, 경제력을 사용하기도 하고, 때로는 세속적인 이데올로기를 사용하기도 했다. 교회가 십자군 전쟁을 일으킨 것이 한 예다. 중세에는 교회를 하나님 나라와 거의 일치시켜 세상을 통치하는 하나님의 대리인 비슷한 역할을 부여했다. 이때 교회는 영적인 영향력 대신에 세속적인 힘을 사용했기에 부패하고 말았다.

교회가 신대륙에 선교를 한다며 무력을 사용한 것은 또 다른 예다. 현대에 들어와서 선교가 훨씬 건전하게 바뀌기는 했지만 여전히 교회는 세상을 정복하려는 자세로 선교에 임하기도 한다. 그러다 보니 지금도 정치적인 힘이나 경제력을 사용하고자 하는 유혹에서 자유롭지 않다. 보수적인 교회뿐만 아니라 사회 정의를 강조하는 교회도 비슷한 실수를 범한다. 일부 진보적인 교회는 이 땅에 하나님 나라를 건설해야 한다는 생각으로 정치적인 이념을 따라 교회의 역할을 넘어서는 활동을 하곤 했다.

두 번째 오류는 하나님 나라가 교회로 제한된다고 생각해서 세속 사회로부터 단절되는 것이다. 초기 수도원 공동체들이 그런 모습을 보였다. 개신교 교회 중에도 하나님 나라를 자기들 공동체와 동일시하면서 세상을 부정하는 교회들이 있는데, 이들은 세상과 단절된 삶을 살고자 애를 쓴다. 이런 공동체들은 세상을 향해 폐쇄적으로 변하기 쉽다. 그 때문에 세상에 하나님 나라를 보여 주지 못한다. 또한 하나님 나라에 속한 일을 교회 공동체 내부에만 제한하고 만다. 이런 전통을 따르는 복음주의 교회들은 교회와 세상을 성속으로 분리하고 내부지향적으로 되어 버렸다. 전도를 해도 교회를 성장시키기 위한 것이며 세속 사회를 위해서 무언가 하더라도 그것은 교회의 내부 사역의 일환일 뿐이다. 이러한 교회를 세상은 종교 기관으로만 인식할 뿐, 교회를 통해서 하나님 나라

(하나님의 통치)를 볼 수 없다.

이 두 가지 극단은 교회와 하나님 나라를 동일시할 때 나타나는 오류들이다. 그렇다면 교회와 하나님 나라는 어떻게 다른가? 둘 사이의 관계에 대해서 성경은 무엇이라고 말하는가?

• **하나님 나라와 교회의 관계**

교회와 하나님 나라는 분명히 다르다. 교회는 세상 속에 실체로서 존재하지만, 하나님 나라는 이 땅에서 아직은 영적으로만 존재한다. 그래서 이 둘이 아주 밀접한 관계가 있지만 설명하기 모호한 부분이 있다. 그래서 많은 신학자들은 성경의 자료를 동원해서 다양한 제안을 한다.

신학자 조지 엘든 래드(George Eldon Ladd)는 《신약신학》(대한기독교서회, 2001)에서 교회와 하나님 나라를 구별하면서 둘 사이의 관계를 네 가지로 표현했다. 첫째, 하나님 나라가 교회를 창조했다. 둘째, 교회는 하나님 나라를 증거한다. 셋째, 교회는 하나님 나라의 도구이다. 마지막으로 교회는 하나님 나라의 관리자이다.

레슬리 뉴비긴은 《변화하는 세상 변함없는 복음》에서 교회가 하나님 나라는 아니지만 거룩함을 미리 맛보는 교제의 공동체라고 했다. 그렇기에 교회는 하나님 나라의 표지인 동시에 도구로 간주될 수도 있는 것이다.

정주채 목사는 《우리는 그리스도의 교회인가?》(생명의 양식, 2017)에서 교회를 세상에서 하나님 나라를 대리하는 기관이라고 정의하면서 다음과 같이 설명한다. 첫째로 교회는 하나님 나라의 복음을 전파하여 하나님 나라를 확장하는 미션을 가진 성령 공동체이고, 둘째로 교회는 하나님 나라의 은혜와 축복을 세상에 흘러가게 하는 축복의 통로이며, 셋째로 교회는 하나님의 영광을 드러내는 공동체이다.

이외에도 하나님 나라와 교회와의 관계를 설명한 내용들이 많지만 대동소이할 것이다.

개인적으로는 교회를 이 땅에 세워진 하나님 나라의 대사관으로 설명하고 싶다. 우리나라에 있는 미국 대사관도 그렇고, 반대로 미국에 있는 우리나라 대사관도 그렇듯 대사관은 그 나라 자체는 아니지만, 실제적으로 파송한 국가의 영토로 간주된다. 그래서 한 나라의 대사관은 세계 각지에서 본국을 대표하는 작은 정부 역할을 하며, 경제 협력, 문화 홍보, 정보 수집 등 파견국과의 외교에서 주축을 담당한다. 파견국 사람들은 대사를 파견한 본국을 볼 수는 없지만, 그 나라를 대략적으로 체감할 수 있다.

하나님 나라를 하나의 국가로 생각하면 그리스도인은 이 세상에 사는 하나님 나라의 백성이 된다. 그리고 교회는 자신들의 본국인 하나님 나라의 대사관과 비슷한 역할을 한다고 할 수 있다. 물론 완벽한 비유는 아니겠지만 둘 사이의 관계를 이해하는 데 어느 정도 도움을 준다. 성경에서도 이와 비슷한 이미지를 제시한다. "그러므로 우리는 그리스도의 사절입니다. 하나님께서는 우리를 시켜서 여러분에게 권고하십니다. 우리는 그리스도를 대리하여 간청합니다. 여러분은 하나님과 화해하십시오"(고후 5:20).

• 하나님 나라와 모인 교회, 흩어진 교회

교회와 하나님 나라와의 관계를 정립하기 위해서는 교회의 이중성을 알아야 한다. 전통적으로 교회는 우주적 교회와 지역 교회로 나뉘어 인지돼 왔다. 우주적 교회는 하나님 나라와 거의 비슷한 개념이다. 하나님 나라의 가시적인 현현이라고 할 때의 교회는 지역 교회를 말한다. 지역 교회는 일정한 시간과 장소에 모여서 예배를 드리고 교제도 나누는 신자의 공동체다. 이들이 모여서 공동체를 이룰 때 모인 교회(gathered church)라 할 수 있다. 교회가 하나님 나라를 대리한다고 할 때 전통적으로는 모인 교회를 말했다. 그러나 이렇게 교회를 이해하면 교회는 시간과 장소에 제한받게 된다. 시간과 장소에 제한받는 교회는 하나님 나라의 대리인 역할을 온전하게 할 수 없다. 시간이나 장소에 제한받지 않는 교회가 있어야 한다. 바로 흩어진 교회(scattered church)다.

성도들은 모임 시간이 끝나면 세상으로 흩어진다. 그러나 그들은 교회를 떠난 것이 아니다. 예배당을 떠났을 뿐이다. 그들은 여전히 교회다. 흩어져 있기에 교회라 의식하지 못할 뿐이다. 이들이 여전히 교회의 지체이니 흩어진 교회라고 할 수 있다. 모인 교회와 흩어진 교회는 구별은 되지만 분리되지 않는다. 모인 교회와 흩어진 교회는 지역 교회의 두 측면이라고 볼 수 있다. 이 두 교회는 똑같이 그리스도의 몸이지만 서로 다른 모습으로 존재한다. 그리고 서로 다른 방법으로 하나님 나라를 보여 주고, 대리한다.

모인 교회는 사람들이 하나님 나라를 찾을 수 있도록 보여 준다. 가장 우선적인 일은 회중 예배를 통해서다. 하나님 나라가 완성될 때 일어날 가장 중요한 일은 온 세상 사람들이 하나님께 무릎을 꿇고 예배드리는 것이다. 모인 교회는 회중 예배를 통해 하나님 나라를 미리 맛본다. 또 하나님 나라가 완성될 때, 모든 백성들이 연합해서 온전한 교제를 하게 된다. 모인 교회는 성도의 교제를 통해 이러한 완성된 하나님 나라의 공동체를 미리 맛보게 한다.

하나님 나라가 완성되면 성도들이 예수 그리스도와 함께 다스리게 된다. 모인 교회가 주변 세상을 섬기는 것은 하나님 나라의 통치를 미리 연습하는 것이다. 모인 교회의 중요한 일은 성도들이 흩어진 교회로서 하나님 나라를 나타낼 수 있도록 양육하고 훈련하는 것이다.

세상 속에서 성도가 개인적으로, 혹은 소그룹으로 존재하는 것이다. 교회는 공동체이기에 개인으로 존재할 수 없다. 그러나 성도들이 교회의 지체이므로 세상 속에서 교회를 대표할 수 있다. 모인 교회에서는 예배가 하나님 나라를 보여 주는 가장 우선적인 것이라면, 흩어진 교회에서는 세상에서 하는 일이 우선적이다. 예배와 일(노동)은 현대 사회에서 완전히 구별된 활동이지만, 원래 이 둘은 동일한 활동이었다. 창세기를 비롯해서 구약 성경에 나오는 히브리어 '아바드'는 예배와 일을 동시에 가리킨다. 성도들은 일터에서 일할 때 흩어진 교회로서 하기에 그것이 바로 하나님 나라의 일이 된다. 성도들은 일터에서 일을 통해 하나님 나라를 이루어 간다. 그것이 흩어진 교회다. 모인 교회에서 성도들 간의 교제가 하나님 나라를 보여 준다면 흩어진 교회에서는 세상 속에서 구별된 삶을 통해서 하나님 나라를 보여 줄 수 있다.

모인 교회에서 훈련받은 성도들은 흩어진 교회가 되어서 자기 주변에 있는 사람들에게 복음을 전할 수 있다. 일터에서 성도들이 복음을 전하여, 하나님 나라 복음이 전파된다면 그것이 바로 하나님 나라의 임함이다.

모인 교회가 세상을 섬기는 데는 한계가 있다. 하지만 흩어진 교회는 모든 영역에서 역할을 감당한다. 교회가 하나님 나라를 이룬다고 할 때 교회 공동체가 조직적으로 어떤 활동을 하면 조심스러운 면이 있다. 그러나 성도들 개개인이 흩어진 교회의 지체로서 하나님 나라를 이루어 나가는 것은 오해의 여지가 없다.

모인 교회와 흩어진 교회의 관계에 대해서, 앞서 언급한 개혁주의학술원 홈페이지에 게시된 조하나의 글 '하나님의 나라와 교회'에서 간단하지만 포괄적인 정의를 발견했다.

"주일 예배의 핵심인 말씀의 선포는 하나님의 백성들로 하여금 한 주간 동안 창조 세계의 모든 분야에서 '산 제사'(롬 12:1)를 드릴 수 있도록 다시 준비하게 하고 새 힘을 공급해 준다. 그리고 월요일 아침에 다시 성도는 세상 속에서 하나님의 나라를 위한 사명을 따라 각자의 일터로 파송받는다."

기독교 철학자 제임스 스미스(James K. A. Smith)는 《습관이 영성이다》(비아토르, 2018)에서 "그렇기에 주일에 드리는 예배는 '주중에 하는 일'에서 도피하는 것이 아니다. 그와 반대로 예배 의례는 우리 마음을 훈련시키고, 우리의 욕망이 하나님과 그분의 나라를 향하게 한다. 따라서 예배를 마치고 일터로 보냄 받을 때, 우리는 우리 영혼을 사랑하시는 분을 향한 습관으로 형성된 지향성을 지닌 채 우리의 일을 한다"라고 말했다.

선교학자인 뉴비긴도 《변화하는 세상 변함없는 복음》에서 이 둘 사이의 관계를 잘 설명한다.

"교회는 조직체로서 '십자가의 군사들'을 징병하는 신병 모집소이며, '성령의 검'을 사용하도록 하나님의 백성들을 훈련하는 훈련소와 같다. 교회는 매일의 왕국 생활을 살아갈 수 있도록 왕국 백성들을 모집하고 훈련하여 세상에서 파송하는 역할을 감당해야 한다. 그리고 교회는 전쟁터의 병기창과 고속도로의 주유소(power station)와 같아서 하나님의 나라를 향하는 세상의 순례 길에서 계속 투쟁할 수 있는 힘을 공급받기 위하여 생명의 떡과 포도주를 새롭게 공급받으며 말씀과 성령의 능력으로 재충전되는 곳이라고 할 수 있다."

하나님 나라가 일터에 임하기 위해서는 흩어진 교회가 활성화되어야 한다. 이때 일터 속에 있는 흩어진 교회를 '일터 교회' 즉 일터에서 성도들이 모여서 또 다른 교회를 형성하는 것으로 혼동하기 쉽다. 그러나 '일터 교회'는 일터라는 장소에서 '모인 교회'이지 일터 속으로 '흩어진 교회'가 아니다. 흩어진 교회는 일터 속에서 교회의 사명을 감당하는 성도 개개인을 말하는 것이다. 일터 속의 교회는 보통의 모인 교회처럼 예배와 성도의 교제가 중심이다. 그러나 흩어진 교회는 성도들이 하는 일 자체가 예배가 되어야 하고, 일터 속에서 구별된 삶이 중요한 사역이 된다.

최근에 들은 복음성가의 가사 중에 흩어진 교회로 성도를 표현하는 내용이 기억난다. "우리는 주의 움직이는 교회, 이곳은 주님을 위한 자리"("우리는 주의 움직이는 교회" 중). 모인 교회가 고정된 교회라면, 흩어진 교회는 움직이는 교회라고 해도 좋을 것 같다. 움직이는 교회는 이 세상의 어느 곳에나 갈 수 있는데 그곳이 주님을 위한 자리가 될 수 있다.

전도의 재발견

• **전통적인 전도의 약점**

전도는 복음주의 교회가 전통적으로 강조한, 교회에 맡겨진 최고의 사명이다. 그렇기에 그동안 한국의 복음주의 교회는 전도를 최우선 순위에 두고 그 일에 헌신해 왔다. 그 결과 교회는 많이 성장했으나 교회는 물론 개인 성도들이 세상에서 그만큼 영향력을 갖지는 못했다.

그 이유는 우리의 전도가 예수님이 하셨던 하나님 나라 복음 전도나 사도들이 했던 전도와는 달리, 하나님 나라와 조금 분리되었거나 잘못 연결된 방식의 전도였기 때문이다.

전통적인 전도의 첫 번째 문제는 '예수 천당, 불신 지옥'으로 요약할 수 있다. 이러한 전도 구호는 하나님 나라를 예수 믿는 사람이 미래에 가게 될 하늘의 장소로 가르친 것이다. 그러다 보니 전도는 지옥에 갈 사람들을 천국에 가도록 권유하는 것이 되어 버렸고, 천국 복음은 천국에 들어가는 입장권과 같은 것이 되어 버렸다. 원래 전도는 하나님 나라를 소개하고 하나님 나라의 시민권자가 되도록 권유하는 것이어야 한다.

두 번째 문제는 전도할 때 예수 그리스도를 구세주로만 소개한 것이다. 그러니까 개인의 영혼 구원에만 집중해 신앙을 종교적이면서 사적인 영역으로 제한했다. 원래 전도는 예수 그리스도가 하나님 나라의 통치권자, 곧 왕이심을 인정하고 그의 권위에 복종하게 하는 것이다.

세 번째 문제는 전도를 하나님 나라를 확장하는 수단이라고 생각한 것이다. 물론 그러한 생각이 아주 잘못된 것은 아니다. 하지만 그러한 생각은 자칫 전도를 비기독교인을 개종시켜서 기독교 영역을 보다 넓게 확장하는 것으로 오해하게 만들 수 있다. 실제로 지역 교회에서 전도는 교회 성장을 위한 전략이 되어 버리기도 한다. 원래 전도는 하나님 나라가 이미 이 땅에서 시작되었고, 곧 전 세계가 하나님 나라가 될 것을 선포하는 것이었다.

●   **전도와 하나님 나라의 관계**

전도에 대한 잘못된 생각들을 고치고 바로잡기 위해서는 하나
님 나라와의 관계에서 재정의해야 한다. 그래야 주님이 원하시는 전도
를 할 수 있다. 예수님이 공식적으로 사역을 시작하면서 제일 먼저 외친
말씀은 "회개하라 천국(하나님 나라)이 가까이 왔다"는 말씀이었다. (마 3:2;
막 1:15) 예수님의 첫 메시지의 중심 주제는 하나님 나라였다. 이 말씀의
뜻을 잘 새겨야 한다.

마태복음 4장 23절은 예수님의 공생애 사역을 그들의 회당에서 가르
치며, 하늘나라의 복음을 선포하며, 백성 가운데서 모든 질병과 아픔을
고쳐 주신 것으로 요약한다. 이 세 가지 사역 중 전도에 해당되는 것은
'하늘나라의 복음을 선포'한 것이다. 여기서 하늘나라는 바로 하나님 나
라를 말한다. 예수님이 전한 복음 중 하나님 나라가 중요한 주제였음을
다시 한 번 확인할 수 있다.

그러기에 예수님이 승천하신 후 제자들이 전한 메시지에도 당연히 하
나님 나라가 중심에 있었다. 사도행전은 복음서만큼은 아니지만 제자
들의 복음 전도의 중심에 하나님 나라가 있음을 보여 준다. 가령, 빌립
이 유대를 떠나 처음으로 사마리아에서 전도했을 때, 그는 하나님 나라
와 예수 그리스도의 이름에 관한 기쁜 소식을 전했다(행 8:12). 사도 바
울도 에베소의 회당에서 하나님 나라에 대해서 강론했고(행 19:8), 에베
소 교회 장로들에게는 자신이 늘 하나님 나라에 대해서 선포했노라고
말했다(행 20:25). 나중에 바울은 로마에서 재판을 기다리는 동안 복음을

전했는데, 이때도 그는 담대하게 하나님 나라를 전하고, 주 예수에 관한 일들을 가르쳤다(행 28:31). 물론 사도들이 메시지에서 매번 하나님 나라를 언급하지는 않았다. 우리도 복음을 전할 때 천편일률적으로 하나님 나라를 언급해야 할 필요는 없다. 그러나 복음의 메시지 안에 예수님이 소개했던 하나님 나라에 대한 핵심 메시지는 빠뜨리면 안 된다. 그렇게 본다면 전도는 기독교 영역의 확장이라기보다는 하나님 나라를 소개하고 홍보하는 것 그리고 선포하는 것이라고 해야 정확하다.

지금까지 교회가 전통적으로 전한 복음에는 예수 그리스도는 있어도 하나님 나라에 대한 언급이 별로 없었다. 내가 어린 시절에 지역 교회에서 교육받았을 때도 그랬지만, 선교 단체에서 전도에 관해 더 체계적으로 훈련을 받을 때도 마찬가지였다. 그 이후 전도에 관한 다양한 훈련을 받았을 때도 하나님 나라에 대한 언급은 거의 없었던 것 같다.

혹시 그렇게 된 것이, 사도 바울이 "나는 여러분 가운데서 예수 그리스도 곧 십자가에 달리신 그분밖에는, 아무것도 알지 않기로 작정하였습니다"(고전 2:2)라는 말씀을 문자 그대로 생각해서 그런 것인지는 모르겠다.

- ### 총체적인 복음

우리가 전해야 할 복음의 중심은 물론 예수 그리스도다. 좀 더 구체적으로 말한다면 예수 그리스도의 대속의 죽음과 그의 부활이다.

사도 바울은 복음을, "나도 전해 받은 중요한 것을 여러분에게 전해 드렸습니다. 그것은 곧, 그리스도께서 성경대로 우리 죄를 위하여 죽으셨다는 것과, 무덤에 묻히셨다는 것과, 성경대로 사흘날에 살아나셨다는 것과"(고전 15:3-4)라는 표현으로 정의했다. 그러나 예수 그리스도를 증거하는 것과 하나님 나라 복음은 불가분의 관계에 있다.

메시야가 이루실 하나님 나라에 대한 기본적인 이해가 있는 사람에게는 예수 그리스도만 소개해도 충분하다. 그래서 베드로를 비롯한 사도들이 유대인들에게 복음을 전할 때 하나님 나라에 대한 언급은 별로 하지 않는다. 그러나 하나님 나라에 대한 아무런 이해가 없는 사람에게 예수 그리스도만 소개하면, 자칫 복음을 오해할 소지가 있다. 즉 예수를 믿으면 구원을 얻고 영생을 누린다는 식으로만 복음을 곡해하게 되는 것이다.

복음주의 국제 선교 회의에서 종종 나오는 말 중에 '총체적인 복음'(Whole Gospel)이란 말이 있다. 이 말이 암시하는 것은 전통적으로 전한 복음은 총체적이 아니라는 것이다. 그동안 교회가 전한 복음은 예수님을 전하지만 사도 바울과 빌립이 전했던 '하나님 나라'가 빠졌기 때문일 것이다.

물론 전통적인 전도에서도 하나님 나라가 완전히 배제된 것은 아니다. '예수 천당, 불신 지옥'이라는 단순한 전도 구호를 살펴보면, 하나님 나라를 '천당'으로 소개한다. 그런데 이때의 천당이 성경이 가르치고 초대 교회 전도자들이 전했던 하나님 나라를 오해하게 만든 측면이 있다.

그러므로 하나님 나라를 포함하는 전도를 하기 위해서는 먼저 '예수 천당, 불신 지옥' 패러다임을 수정해야 한다. 이 구호에는 예수님이 이 땅에 오셔서 성육신하시고 십자가에 죽으시고 부활하신 것이 바로 하나님 나라를 시작하신 것이라는 내용이 빠져 있다. 그리고 예수님이 그 나라의 왕이 되기 위해 이 땅에 오셨고, 지상에서의 사역을 통해 그 나라의 왕이 되신 것은 거의 말하지 않는다. 총체적인 복음을 전하기 위해서는 바로 이 부분이 수정되거나 적어도 보완되어야 한다.

•   **전도의 내용으로서의 복음**

　　그렇다면 이제 하나님 나라의 복음을 선포하기 위해서는 복음의 내용이 어떻게 보완되어야 할까? 첫째로 예수님의 부활의 의미를 강조해야 한다. 물론 예수님의 십자가의 죽음이 인류의 죄를 대속했고, 그것을 믿는 사람은 구원을 얻는다는 것이 복음의 핵심이다. 그런데 예수님의 부활에 대해서는 십자가만큼 강조하지 않는다. 초대 교회 사도들의 메시지에서는 예수님의 부활이 중심이었다. 십자가를 통한 대속 사역에 대해서 선포하는 만큼 예수님이 부활을 증거해야 한다. 단지 죽은 자가 다시 살아났다는 것이 아니라 부활하신 예수님이 세상의 모든 권세를 가지신 분으로 인정되었다는 것이 중요하다. 그리스도의 부활에 대해 강조할 때 자연스럽게 주님이 하나님 나라의 왕 되심을 선포할 수 있다.

둘째로, 우리가 소개하는 예수님을 구세주 이상의 주님, 곧 하나님 나라의 왕으로 소개해야 한다. 전통적으로 예수님을 구세주로만 소개했는데, 언제부터인가 구주(savior)와 주님(lord)으로 소개해야 한다는 주장이 나타났다. 이런 전도를 로드십 복음 전도(Lordship Evangelism)라고 해서 기존의 전도와 구별하기도 한다. 아마도 예수님을 구주로만 소개하면, 예수를 믿기만 하면 구원받는다는 식으로 복음이 곡해될 수 있다는 문제의식 때문인 것 같다. 그래서 이들은 예수님을 구주이자, 동시에 주님으로 인정할 것을 요구해야 한다고 주장한다. 이런 복음을 받아들일 때, 구원받은 사람의 삶은 분명히 달라진다. 예수를 믿는 사람은 자연스럽게 하나님의 자녀가 되면서 지상에 있는 교회의 지체가 되고 동시에 아직 눈에 보이지 않는 하나님 나라의 백성이 되는 것을 의미한다. 이런 복음이라야 총체적인 복음이 될 수 있다.

예수님을 주님으로 인정한다는 것은 무슨 뜻인가? 예수님이 내 삶의 주인이시라는 고백인가? 물론 그렇다. 그러나 하나님 나라 신학은 예수님을 개인의 주님으로 모시는 것에서 한 발 더 나아가서 그분을 하나님 나라의 왕으로 소개한다. 굳이 그런 전도에 이름을 붙인다면 왕권 복음 전도(Kingship Evangelism)라고 할 수 있겠다. 예수를 구주로 믿고 구원받게 되며, 예수님을 자기 삶의 주님으로 모시는 사람이 되고, 더 나아가 예수님을 왕으로 모시는 그 나라의 백성이 되는 것이다. 예수를 믿으면 영적인 상태가 변하고, 영적인 신분이 변할 뿐 아니라, 영적인 국적도 변하는 것이다. 이런 변화를 인식하는 사람은 세상을 바라보는 자세가 달라질 것이고 자신의 정체성에 대해서도 완전히 다른 시각을 갖게 될 것이다.

로마 제국은 모든 종교에 대해서 포용 정책을 취했다. 그런데도 초대 교회는 로마 제국에 의해서 극심한 핍박을 받았다. 왜 그랬을까? 이는 초대 교회가 예수 그리스도를 개인의 구주나 주인으로만 고백한 것이 아니라, 로마 제국을 포함하여 온 세상을 통치하시는 하나님 나라의 왕으로 고백했기 때문이었다. 초대 교회의 전도가 그동안 우리가 보아 왔던 전통적인 전도와 다른 것은 기독교 교리를 전하면서 종교를 바꾸라고 권한 것을 넘어서, 하나님의 나라로 국적을 바꾸기를 권했다는 점이다. 이것은 오늘날 우리의 전도에 부족한 부분을 보여 준다.

• **과정으로서의 전도**

그런데 이런 식으로 복음을 전하면 처음 복음을 듣는 사람들이 이해하기도 쉽지 않고 또 그렇게 소개된 예수님을 쉽게 받아들이지 않을 가능성이 많다. 그래서 그동안 복음주의의 전도는 복음을 먹기 좋은 알약으로 만들어서 삼키기 좋도록 만들어 왔다. 이런 식의 전도는 자칫 디트리히 본회퍼(Dietrich Bonhoeffer)가 염려했던 '값싼 은혜'(cheap grace)의 복음 전도가 될 가능성이 크다. 그 결과 '쉽게 믿는 신앙'(easy believism)이란 말도 나오지 않았나 생각된다.

예수님을 너무 쉽게 영접했기에 그리스도인의 숫자는 엄청나게 증가

했으나, 세상 속에서 하나님 나라의 영향력은 별로 늘어나지 않았다. 오히려 교인 수가 적었을 때보다 복음의 영향력은 줄어들었고, 부정적인 이미지만 커졌다. 초대 교회는 소수의 무리였지만 천하를 어지럽게 할 정도로 영향을 미쳤는데, 현대 기독교는 통계 숫자는 엄청나게 증가했지만 영적인 영향력은 오히려 약화되었다.

이런 시점에서 하나님 나라의 복음을 회복해서 그대로 전하는 것을 교회가 결단해야 하지 않을까 생각된다. 그렇게 하기 위해서는 전도에 대한 정의 자체가 변해야 한다. 지금까지는 짧은 순간에 개인이나 무리들에게 복음을 전해서 그 자리에서 예수님을 영접하게 하는 식으로 전도를 생각했다. 이런 방식으로는 하나님 나라의 복음을 전하기 점점 어려워진다. 현대인들은 초대 교회 당시의 청중들과 비교했을 때 하나님 나라에 대한 최소한의 개념도 없기 때문이다. 쉽게 전하려면 어쩔 수 없이 십자가로 요약된 복음을 전할 수밖에 없다.

요약된 복음을 믿어서 신자가 된 사람일지라도 양육 과정에서 하나님 나라를 가르치면 문제가 없다고 생각할 수 있다. 그러니까 전도할 때 하나님 나라를 충분히 전하지 못했다면 양육 과정에서 하나님 나라를 잘 설명하는 것이다. 그렇게 하면 초신자가 하나님 나라에 대해서 들어 볼 수는 있을 것이며, 이미 들어서 알게 된 복음을 하나님 나라의 관점에서 새롭게 이해할 수 있을 것이다.

그러나 이렇게 해도 문제는 여전히 남는다. 이미 자신은 예수님을 믿는다고 생각하기에 하나님 나라와 예수님을 믿는 것을 따로 생각할 위험이 있다. 이런 문제를 해결하기 위해서는 전도를 짧은 시간 안에 수행하는 것으로 보지 말고, 좀 더 긴 과정을 통해 복음을 전하는 것으로 보면 어떨까 싶다. 초대 교회에서 행했던 예비자 교육(catecumenal school)을 교회 교육 과정이라기보다는 복음을 전하는 전도의 긴 과정으로 보자는 것이다. 실제로 초대 교회에서는 1-3년간의 과정을 마친 뒤에야 세례를 받을 수 있었다. 예비자 교육은 이미 믿은 신자들을 대상으로 하는 양육 과정이 아니라, 긴 과정 속에서 복음을 전하는 것이다.

전통 교회에서 학습이라는 단계를 거치고 세례 문답을 한 후에 세례를 베풀었던 것은 그러한 초대 교회의 전통을 나름대로 따른 것이라고 생각된다. 그와 비교해 보면 그동안 복음주의 기독교는 전도를 너무 단순하게 생각했기에 온전한 전도의 모습을 조금씩 잃어버리지 않았나 생각한다.

물론 복음서나 사도행전의 기록을 보면 예수를 믿는다고 고백한 사람에게 즉시로 세례를 베푼 장면을 볼 수 있다. 그러나 즉시 세례의 관습이 문제를 만들어 내는 것을 보게 되고, 교회가 조금씩 체계를 잡아 가게 되었으며, 시대가 변함에 따라 점차 예비자 교육 과정을 두게 된 것으로 보인다. 지금 우리 상황도 마찬가지다. 기존의 전도 방식에 문제가 생겨나고, 현대 교회가 초대 교회에서 멀어져 가는 현상을 보면서, 복음 전도를 새롭게 정비할 필요가 있다. 전도가 하나님 나라의 백성을 만드는 일이 된다면 하나님 나라가 이루어지는 것을 좀 더 선명하게 볼 수 있지 않을까. 이를 위해서 무엇보다 하나님 나라 신학을 회복해야 한다. 그리고 그 신학을 바탕으로 전도와 선교를 새롭게 정립해야 한다.

• 전도의 목적으로서의 하나님 나라

지금까지는 전도를 교회 성장이나 민족 복음화 혹은 세계 선교의 수단으로만 생각했다. 전도가 목적 달성을 위한 수단이 되어 버렸기에 효율성을 강조하게 되었고, 효율성을 강조하다 보니 전도가 조금씩 변질되었다. 복음을 받아들이는 사람이 많아지게 하기 위해서, 즉 성과를 내기 위해서 복음의 내용을 생략하거나 축소하는 일이 생겨난 것이다.

예수님은 "좁은 문으로 들어가거라"(마 7:13-14)라고 하셨는데, 좁은 문을 우리가 마음대로 넓힌 것은 아닐까. 예수님이 가르치신 씨 뿌리는 비유에 나오는 돌밭 같은 마음을 가진 사람을 신자로 인정해 주는 실수를 범한 것은 아닐까. 그런 의미에서 하나님 나라를 제대로 소개하는 일은 전도를 원래의 의도대로 회복하는 것이 된다.

전도할 때 하나님 나라를 전하는 목적은 듣는 사람이 예수 그리스도를 그 나라의 왕으로 인정하고 그 나라의 백성이 되도록 하기 위함이다. 전도 집회를 하거나 교회 성장을 추구하더라도 하나님 나라가 이루어지는 것이 목적이 되어야 한다.

이렇게 말하면서도, 하나님 나라를 전하는 전도가 현실적으로 실천하기 쉽지 않겠다는 생각이 든다. 무엇보다도 그동안 이런 식으로 전도를 해 본 적이 없기에 자신이 없어진다. 또 이렇게 전도할 경우에 과연 열매가 얼마나 맺힐까 하는 의문도 생긴다. 그러다가 역발상을 해 본다. 어차피 전통적으로 전했던 복음의 내용이나 방법이 지금 시대에 맞지 않아서 전도가 잘 안 된다고 고민하는 상황이라면, 차제에 한번 하나님 나라를 전하는 새로운 전도를 시도해 보면 어떨까.

특히 일터에서의 전도에 대해서는 별다른 연구도 없었고, 시도도 없었다. 그동안 복음주의 교회에서 전통적으로 해 왔던 방식의 전도를 일터에서도 시행했을 뿐, 사실 결과가 그렇게 긍정적이지는 않았다. 노방 전도 등 불특정 다수에게 하는 획일화된 전도를 매일 만나는 동료 직원에게 하다 보니 부작용이 적지 않았다. 그래서 일터에서의 전도에 하나님 나라가 임하도록 연구도 하고 시도해 보면 어떨까 제안해 본다.

물론 전통적으로 해 왔던 전도를 매도하는 것이 아니다. 그런 전도는 인지적 전도가 대세를 이루었던 크리스텐덤 시대에 알맞은 전도였다. 초대 교회 역사가 알렌 크라이더(Alan Kreider)는 《회심의 변질》(대장간, 2012)에서 초대 교회가 3B의 변화, 곧 'Belief'(복음의 내용을 믿음), 'Belonging'(교회에 소속됨), 'Behavior'(행동)의 변화를 이끄는 전도를 했다고 말했다. 그 3B의 변화가 있고 난 뒤에라야 'Baptism'(세례받음)이 주어졌다. 하지만 중세 크리스텐덤 시대에는 3B의 과정 중에서 첫 단계인 신념의 변화만을 전도의 목표로 삼았다. 복음의 내용을 말로 전해서 그것을 수용하면 개종했다고 본 것이다. 그리고 그 과정은 점점 쉽게 그리고 빨리 진행되었다. 그렇게 전도를 받은 사람들 중에도 신실한 사람이 얼마든지 있지만 그렇지 않은 사람도 많이 포함될 수 있었다. 그럼에도 이것이 효율적이어서 그렇게 전도해 왔고 하나님께서는 그 시대에 이러한 방식의 전도를 사용하셨다.

그런데 이제 포스트 크리스텐덤 시대가 되었다. 변화된 시대에는 시대에 맞는 새로운 방식의 전도를 고민하지 않으면 안 된다. 무조건 과거의 전도 방식을 고수하면 부작용이 커진다. 포스트 크리스텐덤 시대에서 교회는 초대 교회처럼 전도하는 법을 개발해야 한다. 그래서 세 가지 변화가 있고 난 뒤에 세례를 베푸는 방식을 회복할 필요가 있다. 즉 먼저 복음의 내용을 믿어야 하고(Belief), 그다음에 교회 공동체에 소속되고(Belonging), 이어서 삶의 변화가 있어야 한다(Behavior). 그런 다음 비로소 세례를 받고 하나님 나라의 백성이 되는 것이다.

프랑스에 있는 미션디모데교회는 바로 이런 식으로 전도의 방식을 변화시킨 교회다. 이 교회도 초기에는 전통적인 복음주의 교회처럼 노방전도와 축호 전도를 했었다. 그런데 언제부터인가 그런 전도가 맞지 않다는 것을 느끼게 되었다. 더욱이 프랑스는 일반 사회에서 종교를 공적으로 표현하는 것을 금하기에 더더욱 전도가 어려워졌다. 그래서 미션디모데는 교회에서 말씀을 선포하고 교회 공동체의 삶을 통해서 복음을 전하는 길을 찾았다.

요즘 미션디모데교회는 전도 프로그램이 따로 없다. 전도 훈련이라는 개념도 없다. 그런데도 50년 역사에 전국에 35개 교회를 개척했을 뿐 아니라, 지금도 계속해서 회심의 역사가 일어나고 있다. 이들에게 전도는 교회의 사명이거나 존재 목적이 아니다. 교회가 말씀을 전하는 믿음의 공동체가 되니까 자연스럽게 나타나는 결과였다. 이 교회는 전도를 위한 계획이 없다. 전도를 위한 전략도 없다. 그러나 전도의 결과는 풍성하다. 굳이 이들에게 전도를 위해서 하는 활동이 무엇이냐고 묻는다면 아마도 교회 공동체나 개인의 삶에서 하나님 나라를 보여 주는 것이라고 대답할 것이다. 이런 교회에서는 베드로 사도가 한 전도가 가능하지 않을까 생각된다. "다만 여러분의 마음속에 그리스도를 주님으로 모시고 거룩하게 대하십시오. 여러분이 가진 희망을 설명하여 주기를 바라는 사람에게는, 언제나 답변할 수 있게 준비를 해 두십시오"(벧전 3:15).

돈:
하나님 나라의 재물관

사람들은 거의 대부분 돈 때문에 일한다. 일에서 의미를 찾기도 하고 일을 소명으로 생각하는 사람도 있지만, 대개 돈이 목적이다. 그래서 일터에 하나님 나라가 임하게 하려면, 하나님 나라와 돈의 관계를 분명하게 정립해야 한다. 하나님 나라와 이 세상 재물과의 관계에 대해서 예수님이 가르치는 바는 크게 두 가지다. 하나는 부자가 천국에 가는 것이 어렵다는 것(마 19:23)이고, 다른 하나는 보물을 하늘에 쌓아 두라는 것(마 6:20)이다. 이 말씀에서 말하는 천국이나 하늘은 미래에 이루어질 하나님 나라를 말하는 것 같다. 그 하나님 나라는 돈과 무관한 곳일까, 아니면 아주 돈이 많은 곳일까?

지금 현대인의 삶에서 가장 중요하게 여겨지는 것이 돈인데 완성될 하나님 나라에서도 여전히 돈이 그렇게 중요할까? 아니, 그 나라에서도 돈이 필요할까? 이 땅에서처럼 그 나라에서도 돈을 벌기 위해 일해야 할까? 어떤 방법으로도 해결하지 못했던 빈부의 격차가 하나님 나라에서는 해결이 될까? 이런저런 상상을 해 보지만 성경에 뚜렷한 해답은 없다.

에덴동산을 상상해 보면 몇 가지 추론해 낼 수는 있다. 에덴에서 아담과 하와는 적어도 생계를 위해서 일하지는 않았다. 에덴은 생계가 보장된 곳이었기 때문이다. 에덴에는 돈이나 그에 해당되는 것은 없었을 것이다. 그런데 죄가 세상에 들어오면서 일과 삶 사이에 돈이 끼어들었다. 죄가 세상에 들어오면서 땅이 저주를 받았다. 그 이후로 사람들은 물물 교환을 하게 되었고, 사회가 복잡해지면서 돈이 필요하게 되었다. 그때부터 사람들은 돈을 벌기 위해서 일해야만 했다. 삶이 더욱 복잡해지자 점점 더 돈이 중요해지기 시작했다. 사람들은 돈을 사랑하고, 의지하게 되었다. 이제는 돈 때문에 수많은 죄를 범하게 되었다. 인간의 죄 때문에 세상에 돈이 들어오게 되었는데, 바로 그 돈 때문에 다시금 죄악이 관영해진 것이다.

완성된 하나님 나라에서도 일은 지속될 것이다. 그러나 에덴동산에서처럼 더 이상 돈은 필요 없어질 것이다. 이 땅에서 하나님과 경쟁하는 신처럼 존재하는 재물이 그 나라에서는 더 이상 존재하지 않을 것이다(마 6:24). 그러므로 돈과 관련되어 발생했던 죄도 당연히 없어질 것이다. 토머스 모어(Thomas More)는 《유토피아》에서 천국에는 돈이 없을 것이라고 상상했다.

그러나 우리는 여전히 돈이 필요한 세상에 산다. 돈을 벌고, 돈을 사용해야 한다. 돈과 관련된 소유, 소득, 소비가 삶에서 너무 중요한 요소다. 그런 세상 속에서 돈 때문에 죄짓지 않고 살기 위해서는, 우리 삶에서 맘몬이 하나님을 대신하지 못하도록 해야 한다. 우리의 재정 생활 속에 하나님 나라가 임하기를 기도하면서 하나님 나라의 모습을 이루려고 노력해야 한다.

• **하나님 나라가 임하면 돈에 대해 걱정하지 않게 된다**

돈을 빼고는 인간의 삶을 생각할 수 없다. 세상의 수많은 문제들이 돈 때문에 생기지만 그럼에도 돈을 무시하거나 부정할 수는 없다. 삶에서 돈이 차지하는 비중이 크다 보니 그것이 사람들의 생각에서 많은 부분을 차지한다. 대부분 사람들은 현실에서 돈이 항상 부족하다고 느낀다. 가난한 사람은 말할 것도 없지만 부자들도 크게 다르지 않다. 최고 부자인 사람에게 "돈을 얼마 정도 가지면 만족하겠느냐?"고 물었더니 "조금만 더"(Just a little bit more)라고 대답했다는 이야기가 있다. 그러니까 사람들은 항상 돈에 대해서 생각하고, 돈 때문에 걱정하고, 돈 때문에 화를 내고, 돈 때문에 불만을 가지며, 돈 때문에 두려워한다.

예수님 시대 많은 사람들이 "무엇을 먹을까, 무엇을 입을까"를 걱정했는데, 요즘 사람들의 돈에 대한 고민과 같다. 예수님은 그런 걱정은 하나님을 모르는 이방인들이나 하는 것이라고 하셨다(마 6:32). 돈 때문에 걱정하는 것은 인간을 창조하시고 보존하시는 하나님을 신뢰하지 못하는 것이기 때문이다. 그래서 주님은 돈 걱정하는 사람들에게 먼저 하나님 나라를 구하라고 하셨다(마6:33; 눅12:31).

지금 우리가 구해야 할 하나님 나라는 무엇인가? 이를 알기 위해서는 완성될 하나님 나라의 상황을 미리 보아야 한다. 하나님 나라는 완벽한 세상일 것이다. 부족한 것이 없는 세상일 것이다. 주님은 부족한 것이 많은 세상에 사는 사람들에게 이런 완벽한 하나님 나라를 구하라고 하시며, 이 나라가 임하기를 기도하라고 하셨다. 하나님께서 부족한 것을 다 채워 주실 것이라고 약속하셨다(마 6:33).

물론 우리가 하나님 나라를 구한다고 해서 당장 돈이 하늘에서 쏟아질 것이라는 말씀이 아니다. 다만 "나의 하나님께서 자기의 풍성하심을 따라 그리스도 예수 안에 있는 영광으로 여러분에게 필요한 것을 모두 채워 주실 것"이기에(빌 4:19) 더 이상 걱정하지 않을 수 있다는 것이다. 하나님 나라가 우리 삶에 임한다고 해서 재정적인 상황이 갑자기 나아지는 것이 아니라, 재정 문제로 걱정하던 마음 상태가 변하게 될 것이다. 이것은 아무것도 염려하지 말고 기도와 간구로 하나님께 구할 때, 하나님의 평화가 우리의 마음과 생각을 지켜 주신다는 말씀(빌 4:6-7)과

맥을 같이한다.

재정적으로 풍요하지만 삶에 하나님 나라가 임하지 않은 사람은 결국 가진 것을 다 잃어버리고 절망적인 최후를 맞이하게 된다. 이런 사람을 가리켜 주님은 자기를 위해서는 재물을 쌓아 두면서도 하나님께 대해서는 부요하지 못한 사람이라고 하셨다(눅 12:21).

돈은 일시적인 해결책은 될 수 있어도 궁극적인 답을 주지는 않는다. 하나님 나라가 그의 삶에 임해서 마음에 평화가 찾아올 때 비로소 궁극적으로 문제가 해결되는 것이다.

• **하나님 나라가 임하면 경제적으로 책임감을 지니게 된다**

이 땅에 하나님 나라가 임하기를 원하는 사람은 완성된 하나님 나라에서 아무런 의미가 없어질 돈에 얽매이지 않는다. 그러나 우리는 여전히 돈이 필요한 세상에 살고 있고 돈과 무관하게 살 수는 없다. 하나님 나라의 백성도 이 땅에서 경제적인 필요가 있기에 경제적으로 책임 있는 생활을 해야 한다.

돈이 필요한 세상에 살면서 경제적으로 무책임해서 남의 신세를 지는 사람들이 있다. 그들은 스스로는 걱정하지 않을지 모르지만 다른 사람들에게 짐이 될 수 있다. 하나님을 믿고 하나님 나라를 사모한다는 사람들 중에도 그런 사람들이 있을 수 있다. 이런 사람들은 하나님 나라를 종교적인 영역으로 제한시켜서 생각하는 사람들이다. 사도 바울은 데살로니가 성도들 중에서 나름대로 하나님 나라를 추구한다면서 아무 일도 하지 않고 다른 사람들에게 신세를 지는 사람들을 향해서 이렇게 책망했다. "그리고 우리가 여러분에게 명령한 대로, 조용하게 살기를 힘쓰고, 자기 일에 전념하고, 자기 손으로 일을 하십시오. 그리하여 여러분은 바깥 사람을 대하여 품위 있게 살아가야 하고, 또 아무에게도 신세를 지는 일이 없도록 해야 할 것입니다"(살전 4:11-12)

에베소 교회 성도들 중에도 주님을 믿는다면서 경제적인 활동을 제대로 하지 않는 사람들이 있었다. 사도 바울은 그들에게 강하게 도전했다. "도둑질하는 사람은 다시는 도둑질하지 말고, 수고를 하여 [제] 손으로 떳떳하게 벌이를 하십시오. 그리하여 오히려 궁핍한 사람들에게 나누어 줄 것이 있게 하십시오"(엡 4:28).

경제적인 영역에서 하나님 나라를 구하는 것은 자신이 수고하고 열심히 일해서 책임을 다하는 것이다. 그러면 하나님이 경제 문제를 해결해 주실 것이다.

• **돈을 사랑하는 곳에 하나님 나라가 임하지 않는다**

돈은 삶의 모든 영역에서 모든 문제를 해결해 준다(전 10:19). 온 세상을 소유하신 하나님의 아들 예수님도 이 땅에 사시는 동안 돈이 필요하셨다. 제자 공동체의 경제생활을 위해서 유다가 돈 관리를 했던 것을 보면 그것을 알 수 있다(요 13:29). 사도 바울 역시 돈이 필요했고, 여러 교회들이 그의 사역을 위해서 후원했다. 예수님이나 사도 바울도 돈이 필요했다면 우리는 더 말할 것도 없다. 돈은 정말 필요하다.

돈의 필요를 느끼고 돈의 유용성을 아는 사람은 자기도 모르는 사이에 돈을 사랑하기 쉽다. 당시 종교적으로 경건하다고 소문났던 바리새인도 돈을 좋아했다. 그들은 하나님과 재물을 동시에 섬길 수 없다는 말씀을 듣고 예수님을 비웃었다(눅 16:14). 바리새인이 돈을 사랑한 것은 당시 모두가 아는 사실이었다. 예수님이 성전을 청결케 하신 사건을 보면 당시 종교 지도자들이 성전에서의 다양한 사업을 통해서 재정적인 이익을 얻었음을 짐작할 수 있다. 그들이 예수님을 미워한 것은 종교적인 이유도 컸지만 경제적인 이유가 더 컸던 것 같다. 돈과 관련한 예수님의 가르침이 돈을 사랑했던 그들에게 엄청난 부담을 주었기 때문이다. 성경 속에는 종교를 빙자하여 경제적인 부를 추구한 사람들이 많다. 예컨대, 에베소의 아데미 신전에 필요한 우상을 만들던 은장색들이다. 그들은 바울이 전한 복음 때문에 자기들의 사업이 손해를 보자 그를 공격했다(행 19:23-27). 사도행전은 그때 주님의 '도' 때문에 소동이 있었다고 기록하는데, 실은 '돈' 때문에 일어난 소동이었다. 예수님은 성전에서 장사하는 것을 뒤집어엎으시면서 만민이 기도하는 집을 '시장'으로 만들었다고 하지 않고 '강도들의 소굴'로 만들었다고 책망하셨는데, 이는 당시 종교 지도자들이 돈을 탐한 죄를 지적한 것이다. 그런 성전이나 종교에 하나님 나라가 임할 수 없다.

반면에 예수님은 하나님 나라는 돈 없이도 이루어진다는 사실을 보여 주셨다. 이것을 가르치기 위해 전도 여행을 떠나는 제자들에게 전대에 금화도 은화도 동전도 넣지 말라고 하셨다(마 10:8). 하나님 나라의 백성들도 돈의 필요까지 막을 수는 없다. 그러나 돈에 대한 애착이 생긴다면 과감하게 떨쳐 버려야 한다(딤전 6:10). 그래야 하나님 나라가 임할 수 있다.

이것은 성도들 개인의 삶에만 적용되는 것이 아니라 교회 공동체에도 적용된다. 언젠가 비신자가 교회를 비판하면서 교회에서 돈 이야기를 너무 많이 한다고 말하는 것을 들은 적이 있다. 목사들이 강단에서 돈 이야기를 너무 자주 한다는 것이다. 나도 그리스도인인 입장에서 그런 것 같다고 생각했는데, 그것이 세상에 비춰진 교회의 모습이라면 심각한 문제가 아닐 수 없다. 하나님 나라를 보여 주어야 할 교회가 돈을 사랑하는 모습으로 비춰진다는 것은 모순이다. 돈을 사랑하는 사람의 삶에 하나님 나라가 임할 수 없듯이, 돈을 사랑하는 교회에도 하나님 나라가 임할 수 없다. 그러므로 이 세상 속에서 교회가 하나님 나라가 되기 위해서는 돈을 사랑하지 말아야 한다. 오해로라도 그런 이미지로 비춰지지 않도록 주의해야 한다. 돈으로 교회가 무슨 좋은 일을 하느냐 하는 것은 부차적인 문제다. 어떤 이유로든 교회가 돈을 사랑한다면, 그 교회에 하나님 나라는 임할 수 없다.

- **돈의 힘을 의지하는 곳에 하나님 나라가 임하지 않는다**

　세상에서 가장 강력한 힘을 가지고 있는 것이 바로 돈이다. 그러다 보니 사람들이 돈의 힘을 의지할 수 있다. 현실적으로 돈을 많이 가진 사람들이 힘을 갖게 되고 사람들은 그들을 의지한다. 부자가 되는 것은 죄가 아니나 돈의 힘을 남용하거나 의지하는 것은 죄다.

　예수님은 하나님과 재물을 동시에 섬길 수 없다고 하셨다(마 6:24). 재물에 하나님과 대등한 힘이 있음을 암시하는 말씀이다. 재물의 힘을 의지하는 것은 우상 숭배이다. 바울은 탐욕이 우상 숭배라고 했다(골 3:5). 돈의 힘을 의지하는 것은 이방신을 섬기는 것과 기본적으로 똑같다는 말이다. 그래서 사도 바울은 부자를 향해서 "교만해지지도 말고, 덧없는 재물에 소망을 두지도 말고, 오직 우리에게 모든 것을 풍성히 주셔서 즐기게 하시는 하나님께 소망을 두"라고 했다(딤전 6:17). 하나님을 믿노라 하면서 돈의 힘을 의지하는 사람의 삶에 하나님 나라가 임할 수 없다. 돈을 가지고 사는 것이 잘못이라는 말이 아니다. 가진 재물 때문에 마음이 든든해진다면 그때부터 하나님 나라가 떠나가기 시작한다는 말이다. 그래서 예수님은 부자가 천국에 가기 어렵다고 하신 것이다. 그러므로 하나님 나라가 임하기 위해서는 돈을 의지하는 마음을 떨쳐 버려야 한다.

　간혹 돈 많은 사람들이 교회에서 영향력을 많이 미치는 경우를 본다. 부자들이 내는 헌금 자체는 문제가 없지만 교회가 그들의 돈의 힘을 의지하기 시작하면 그때부터 하나님 나라가 임하기 어려워진다. 사람들이 하나님보다 돈의 힘을 의지하게 되기 때문이다.

사역을 하려면 돈이 꼭 필요한 것이 피할 수 없는 현실이다. 구약 시대에 성전을 건축하거나 수리할 때도 돈이 필요했다. 초대 교회가 선교할 때에도 돈이 필요했다. 그러나 돈이 없어서 어떤 사역을 못한다면 그만두는 것이 낫다. 돈의 힘을 의지하는 일에는 하나님 나라가 임할 수 없기 때문이다. 무슨 일이든지 하나님을 의지하기보다 돈을 의지한다면 우상을 숭배하는 일이 된다. 그런 사역은 하나님 나라와 아무 상관이 없다.

유럽에 가면 거대한 성당들이 많이 있다. 엄청난 돈을 들여서 지은 것들이다. 예배드리기 위해서 지은 건물이지만 그곳에 하나님 나라가 보이지 않는다. 이것은 현대식 교회당도 마찬가지다. 돈의 힘에 의지해서 이루어진 모든 것에 하나님 나라는 더 이상 존재하지 않는다. 그러므로 하나님 나라가 임하기 위해서는 돈의 힘을 의지해서는 안 된다.

교단 선거에 몇 억씩 돈이 들어간다고 한다. 교회 내의 선거는 당연히 하나님이 택하신 지도자를 뽑는 것이다. 그런데 그런 일에 돈의 힘이 끼어든다면 그 선거, 그 회의에 하나님 나라는 없다. 하나님 나라가 교회에 임하기 위해서는 무슨 일에든 돈의 힘을 의지하거나 사용해서는 안 된다.

• 주어진 물질에 자족할 때 하나님 나라가 임한다

이 세상에는 부자가 있는 반면 가난한 사람도 있다. 대부분은 부자가 되고 싶어 한다. 가난한 삶에서 벗어나고자 하는 것이다. 가난에서 벗어나 부유해지는 것은 발전이고 성장이다. 개인도 그렇고, 사회도 그렇다. 그런데 문제는 사람들이 부자가 되어야 행복하다고 생각한다는 점이다. 인간의 행복을 재물의 많고 적음으로 평가하는 것이다. 그리스도인들도 이런 생각을 하는데, 이런 사람들은 믿음이 좋으면 부자가 될 수 있다는 번영신학 같은 비성경적인 사상에 쉽게 넘어간다.

완성된 하나님 나라에는 부자와 가난한 사람이 따로 없을 것이다. 분명 빈부의 차별이 사라질 것이다. 하나님 나라에서의 복은 재물과는 상관이 없다. 그러므로 그 나라가 임하기를 원하는 사람들은 그 나라의 삶을 지금 이 땅에서 실천해야 한다. 사도 바울이 그 비결을 가르쳐 주었다. 부자가 되는 것은 죄가 아니고, 가난하게 사는 것도 죄가 아니다. 부자가 되는 것이 복이 아니고, 가난하게 사는 것도 복이 아니다. 따라서 하나님 나라의 백성은 이 세상에 사는 동안 부자로도 살 수 있고, 가난하게도 살 수 있어야 한다. 이 세상에 하나님 나라를 나타내는 것은 살아가는 동안에 풍부에 처할 줄도 알고 빈궁에 처할 줄도 아는 것이다(빌 4:11-12). 재정의 영역에 하나님 나라가 임하게 하는 것은 자신에게 주어진 물질에 자족하는 것이다.

그런데 이런 자족의 생활을 사람의 힘으로는 이루기 어렵다. 때문에 아굴은 그 문제를 가지고 하나님께 기도했다. "허위와 거짓말을 저에게서 멀리하여 주시고, 저를 가난하게도 부유하게도 하지 마시고, 오직 저에게 필요한 양식만을 주십시오. 제가 배가 불러서, 주님을 부인하면서 '주가 누구냐'고 말하지 않게 하시고, 제가 가난해서, 도둑질을 하거나 하나님의 이름을 욕되게 하거나, 하지 않도록 하여 주십시오"(잠 30:8-9).

부유하다고 교만하거나 사치한다면 하나님 나라는 그 사람에게 멀어진다. 가난하다고 해서 불만을 갖거나 남의 재산을 탐내거나 도둑질한다면 역시 하나님 나라가 멀어진다. 재정 생활에 하나님 나라가 임하면 풍부하다고 교만해지지 않고, 모든 일에 감사하게 된다. 개인도 그렇지만 교회도 재정이 풍족할 수도 있고, 부족할 수도 있다. 풍족하다고 교회가 스스로 교만하면 하나님 나라는 그 교회에 임하지 않는다. 부족하다고 위축이 된다면 역시 그 교회에 하나님 나라가 임할 수 없다. 풍족하든 부족하든 그 상황에 감사하면서 그에 맞게 사역을 한다면 그것을 통해서 하나님 나라가 교회에 이루어질 것이다.

서머나 교회는 궁핍했지만 하나님 나라가 임했기에 오히려 부요한 교회로 인정받았다. 반대로 라오디게아 교회는 재정적으로 풍족했지만 하나님 나라가 임하지 않았으므로 불쌍하고 가난한 교회가 되고 말았다(계 3:17). 교회가 주어진 물질에 자족할 때 그 교회에 하나님 나라가 임한다.

- **경제적인 보상을 유보할 때 하나님 나라가 임한다**

세상에는 수고한 만큼 경제적으로 보상해야 한다는 법칙이 존재한다. 그것이 세상의 가장 기본적인 정의다. 바울 역시 군인이든 농부든 일한 만큼 재정적인 보상을 받는 것이 옳다고 말했다(고전 9:7-9). 그러면서 성전에서 일하는 사람이나 복음 전하는 사람도 세속 직업을 가진 사람들과 똑같이 재정적인 보상을 받아야 한다고 했다(고전 9:13-14). 그러니까 일한 만큼 경제적인 보상을 해 주지 않는 것은 불의이다(약 5:1-6).

일한 사람은 일한 만큼 보상을 요구할 권리가 있다. 마태복음 20장에 나오는 포도원 비유에서 아침부터 일한 사람이 주인에게 불평을 한 것은 충분히 이해가 된다. 하루 종일 일한 사람과 한 시간 일한 사람이 똑같은 돈을 받는다는 것은 그들에게 불공정한 일이었다(마 20:12). 그때 주인은 자기가 그렇게 할 권리가 있다고 했는데(마 20:15), 이것은 자격이나 권리와 무관하게 주는 은혜가 하나님 나라의 속성임을 보여 준다.

이 세상과 달리, 완성된 하나님 나라에는 경제적인 보상이 없다. 하나님 나라에서는 어떤 수고도 돈으로 보상하지 않는다. 그 나라는 돈이 필요 없기 때문이다. 예수님이 하나님 나라 복음을 전하라고 열두 제자를 보내실 때, 거저 받았으니 거저 주라고 하셨다(마 10:8-10). 이는 하나님 나라의 이러한 모습을 보여 주기 위해서다.

하나님 나라는 은혜의 나라다. 하나님이 예수 그리스도를 통해 값없이 우리를 구원하셨다. 하나님은 우리를 구원하실 때 경제적인 보상을 기대하지 않으셨다. 따라서 하나님 나라 백성은 하나님께로부터 거저 받은 것을 거저 주어야 한다. 사도 바울은 전도 사역을 하는 동안 그것을 실천했다. 그는 교회로부터 사례를 받을 권리가 있지만 그 권리를 쓰지 않았다(고전 9:12). 일이나 사역을 하되 경제적인 보상을 기대하지 않고 자원으로 할 때, 바로 하나님 나라가 임하는 것을 볼 수 있다.

물론 일을 시키고 경제적인 보상을 하지 않는 것은 불의한 행동이다. 그것이 복음 전도를 위한 사역이라고 해도 마찬가지이다. 일한 사람에게 경제적인 보상을 하지 않는 것은 이웃의 생존권을 빼앗는 착취가 될 수 있다. 선교 단체나 기독교 단체에서 일한 사람에게 적절한 경제적 보상을 하지 않는 경우에 임금 착취라는 오명을 벗을 수 없다.

그러나 하나님 나라가 임하기를 원하는 사람은 자원해서 경제적인 보상을 유보할 수 있어야 한다. 내가 받을 경제적인 보상을 포기할수록 하나님 나라가 가까이 임하게 된다. 자신에게 주어진 권리를 유보하는 것은 하나님 나라를 위한 헌신이 되기 때문이다.

• **하나님 나라를 위해 저축하고 하나님 나라에 투자하라**

이 땅에 사는 모든 사람은 불확실한 미래에 대비하기 위해서 돈을 저축해야 한다. 내일은 내일이 걱정한다고 해서 현재 해야 할 저축을 무시해서는 안 된다(마 6:34). 미래에 어떤 이유로 돈이 필요할지 모르기 때문이다. 저축하지 않고, 미래를 대비하지 않은 사람은 노후에 어려움을 겪을 수밖에 없다.

그러나 하나님 나라에는 돈이 필요 없다. 그러므로 하나님 나라를 준비하기 위해서 저축할 필요는 없다. 그런데 주님은 하나님 나라에 재물을 쌓아 두라고 하셨다(눅 12:33-34). 바울도 부자들에게 오는 시대에 든든한 기초를 쌓으라고 했다(딤전 6:18-19). 돈이 필요 없는 하나님 나라에 재물을 쌓으라는 말씀은 무슨 뜻인가?

하나님 나라가 지금 세상에 임하기를 원하는 사람은 하나님 나라를 위해 저축할 필요가 있다. 이것은 계좌 이체에 비유할 수 있는데, 내 계좌의 돈을 하나님 나라의 계좌로 이체하는 것이다. 그 방법은 무엇일까? 하나님께 헌금을 드리거나, 이웃을 위해서 구제하거나, 돈이 필요한 사람들과 나누는 것이 바로 하나님 나라로 계좌 이체하는 길이다. 지금 내가 하나님께 드리거나 구제하는 순간, 그 돈은 이 땅에 임한 하나님 나라의 계좌로 넘어가는 것이다. 이렇게 해서 이 세상에 있는 하나님 나라의 계좌에 돈이 쌓일 때 하나님 나라가 이 땅에 든든히 서게 된다.

따라서 지금 우리의 도움을 필요로 하는 이웃의 계좌는 이 세상에 임한 하나님 나라에 속한 나의 계좌라 할 수 있다. 사도 바울은 빌립보 교회 성도들이 보내는 선물에 대해 감사하면서 그것을 그들의 장부에 유익한 열매가 늘어나는 것이라고 했다(빌 4:17). 빌립보 교회가 바울에게 돈을 보내면 그 돈이 바로 하나님 나라에 속한 빌립보 교회의 계좌로 넘어간다고 말하는 것이다.

많이 하면 많이 이체되고, 적게 하면 적게 이체된다. 그러면서 하나님 나라가 점점 커 간다. 하나님 나라가 이미 이 땅에 시작된 것을 아는 사람 그리고 그 나라가 이 세상에서 자라기를 바라는 사람이 해야 할 가장 중요한 일은 구제, 즉 재물을 이웃과 나누는 것이다. 사도 바울이 에베소 교회 성도 중 도둑질하는 이들에게 "도둑질하는 사람은 다시는 도둑질하지 말고, 수고를 하여 [제] 손으로 떳떳하게 벌이를 하십시오. 그리하여 오히려 궁핍한 사람들에게 나누어 줄 것이 있게 하십시오"(엡 4:28)라고 한 것은 바로 이것을 의미하는 것이다.

종교 개혁 당시 면죄부를 파는 사람들은 연옥에서 고통받는 가족들을 천국으로 올려 보내기 위해 돈을 내도록 하면서 "모금함에 동전이 짤랑하고 떨어지는 순간 영혼이 연옥에서 천국으로 날아오른다"라고 말했다. 이러한 기만적인 술책이 당시 사람들에게 통했다. 그들은 예수님의 가르침을 오해하여, 성경이 가르치는 계좌 이체의 원리를 잘못 적용한 것이다.

헌금은 내 영혼이나 가족의 영혼을 '구원하는 데'에는 아무 소용이 없다. 우리의 구원이 은이나 금같이 썩어질 것으로 된 것이 아니기 때문이다(벧전 1:18). 구제 헌금도 내 구원에는 아무런 영향을 미치지 않는다. 그러나 내가 누군가를 사랑하는 마음으로 그를 위해 돈을 지출하는 순간 하나님 나라의 내 계좌에 돈이 이체된다. 그리고 그 나라는 이 세상에서 영향력을 미치게 된다.

요즈음 세상에서 돈을 많이 버는 사람은 투자를 잘하는 사람이다. 우리나라의 땅 부자들은 부동산에 투자해서 돈을 벌었다. 주식 투자를 잘하는 사람도 돈을 많이 번다. 투기로 변질되지 않는다면 문제없는 행위다. 정상적인 투자는 자본주의 사회에서 바람직한 경제 활동이기 때문이다.

그런데 투자로 돈을 벌기 원하는 사람은 투자 가치가 있는 것을 잘 찾아서 투자해야 한다. 이 세상에서 최고의 투자 가치가 있는 것은 바로 하나님 나라다. 예수님은 밭을 사는 사람과 진주 장사의 비유를 통해서 하나님 나라에 투자 가치가 있음을 가르쳐 주셨다(마 13:44-46). 하나님 나라를 아는 사람, 그 나라가 임하기를 원하는 사람은 이 세상에 있는 동안 하나님 나라에 투자한다. 예수님은 하나님 나라를 구하라고 가르친 후에 아버지께서 그 나라를 너희에게 주기를 기뻐하신다고 하셨다(눅 12:31-32). 이 세상에서 하나님 나라에 투자하는 사람에게 그 나라를 주시겠다고 말씀하신 것이다.

과부가 자기 생활비 두 렙돈을 다 헌금했다는 것은 결국 하나님 나라에 자신의 모든 것을 투자한 것을 의미한다. 하나님 나라가 임하기를 원하는 사람은 얼마든지 그렇게 할 수 있다. 반대로 부자 청년은 소유를 팔아 가난한 사람들에게 주고 예수님을 좇으라는 말을 듣고 되돌아가고 말았다. 그는 하나님 나라가 얼마나 귀한 것인지 몰랐기에 자기 재산을 하나님 나라에 투자하지 못했다. 부자가 하나님 나라에 들어가는 것이 낙타가 바늘귀로 들어가는 것보다 더 어렵다고 하신 말씀은 돈 많은 부자는 구원받지 못한다는 뜻이 아니다. 하나님 나라가 최고의 투자처인 것을 모르는 부자들을 향한 경고의 말씀이다. 예수님을 만난 후 삭개오는 자기 소유의 절반을 가난한 사람에게 주고, 강제로 빼앗은 것이 있으면 네 배로 갚겠다고 했다. 그 말을 들은 예수님은 "오늘 구원이 이 집에 이르렀다. 이 사람도 아브라함의 자손이다"라고 하셨다(눅 19:8-9). 이 말씀은 하나님 나라가 이 집에 임했고, 삭개오가 하나님 나라의 상속자가 되었다는 뜻이다.

하나님 나라 백성은 하나님 나라를 소유하게 될 상속자이다(롬 8:17). 하나님 나라 백성들은 자신이 상속할 그 나라가 얼마나 귀한 것인지 알기에, 그 나라를 위해서 자신의 재물을 기꺼이 포기할 수 있다. 물론 우리의 구원은 돈으로 살 수 없다. 즉 하나님 나라의 상속권은 돈으로 살 수 없다(벧전 1:18). 그러나 만일 하나님 나라를 위해 재물을 투자하면, 하나님 나라가 그에게 임하고, 그는 하나님 나라의 상속권을 얻게 된다.

하나님 나라가 임하기를 원하는 사람은 세상의 것으로 하나님 나라에 투자를 한다. 자신의 모든 것을 하나님 나라에 투자할 수 있어야 한다. 세상 사람이 보기에 어리석게 느껴질지 몰라도, 하나님 나라가 임하기를 원하는 사람은 지금 이 땅에서 자신의 모든 것을 드린다.

• **재물을 자원해서 나누어 경제적 공평을 이루는 곳에 하나님 나라가 임한다**

이 세상에는 부자와 가난한 사람이 섞여 산다(잠 29:13). 아무리 부자 나라라고 해도 가난한 사람들이 있고, 가난한 나라에도 부자는 있다. 빈부 간의 불평등 문제를 해결하기 위해서 국가도 많이 애쓰지만 해결하지 못한다. 공산주의는 원래 경제적인 평등을 주장하는 이념으로 태동했다. 하지만 공산주의 이념도 이 세상의 빈부 차이를 해결하지 못했다. 빈부의 차별 문제는 현재 우리가 사는 세상에서 완전히 해결될 수 없다. 그것은 하나님 나라가 완성될 때나 이루어질 것이다.

하나님 나라에는 부자도 가난한 사람도 없다. 그러므로 지금 이 세상에 하나님 나라를 이루는 것이 부자도 가난한 사람도 없는 모두의 평등을 이루는 방법이다. 현실적으로 불가능하지만 그 방향으로 나아갈 때 하나님 나라가 임하게 된다.

이스라엘 민족이 가난한 사람들을 위해서 세운 제도는 이런 정신을 반영한다. "밭에서 난 곡식을 거두어들일 때에는, 밭 구석구석까지 다 거두어들여서는 안 된다. 거두어들인 다음에, 떨어진 이삭을 주워서도 안 된다. 포도를 딸 때에도 모조리 따서는 안 된다. 포도밭에 떨어진 포도도 주워서는 안 된다. 가난한 사람들과 나그네 신세인 외국 사람들이 줍게, 그것들을 남겨 두어야 한다. 내가 주 너희의 하나님이다"(레 19:9-10).

또한 예루살렘 교회는 그것을 일시적으로 보여 주었다. "믿는 사람은 모두 함께 지내며, 모든 것을 공동으로 소유하였다. 그들은 재산과 소유물을 팔아서, 모든 사람에게 필요한 대로 나누어 주었다"(행 2:44-45). "많은 신도가 다 한마음과 한 뜻이 되어서, 아무도 자기 소유를 자기 것이라고 하지 않고, 모든 것을 공동으로 사용하였다"(행 4:32). 물론 이런 공동체가 모든 곳에서 항상 지속되었던 것은 아니다. 그러나 이 정신은 초대 교회에 살아 있던 정신이었다. 그리고 그 정신이 실현되는 곳에 하나님 나라가 임했던 것이다.

사도 바울은 연보의 목적이 가난한 사람에게 보내서 평형을 이루는 것이라고 고린도 교회에 가르쳤다. "나는 다른 사람들을 편안하게 하고, 그 대신에 여러분을 괴롭게 하려는 것이 아니라, 평형을 이루려고 하는 것입니다. 지금 여러분의 넉넉한 살림이 그들의 궁핍을 채워 주면, 그들의 살림이 넉넉해질 때에, 그들이 여러분의 궁핍을 채워 줄 수도 있을 것입니다. 이렇게 하여 평형이 이루어지는 것입니다"(고후 8:13-14). 구제하는 것은 가난한 사람을 돕는 것이기도 하지만, 우리 사회의 빈부 차이를 줄이려는 노력이며 이것은 이 세상에 하나님 나라가 이루어지게 하는 중요한 시도이기도 하다. 하나님 나라가 임하기를 원하는 사람은 지금 이 세상에서 빈부의 차이가 줄어들도록 노력해야 한다. 그것이 하나님 나라의 모습이기 때문이다. 물론 평등을 이루기 위한 방법은 다양하며, 각자가 다르게 선택할 수 있겠지만 말이다.

어느 사회에서나 과도한 빈부 격차는 가장 심각한 문제가 되는 경우가 많다. 이것을 해결하기 위해서 다양한 법과 제도가 만들어져 왔다. 물론 법과 제도는 완전하지 않다. 하지만 제한적으로나마 하나님 나라를 이루려는 시도가 될 수 있다. 하나님 나라 백성인 그리스도인은 사회에서 그런 일이 일어나도록 동참해야 한다.

하나님 나라의 백성은 빈부 격차를 줄이는 일을 아까워하거나 마지못해 의무적으로 하는 것이 아니라 기쁜 마음으로 해야 된다. 바울이 부자들에게 이런 부탁을 한 것은 이 세상에 하나님 나라를 이루는 길을 알려 준 것이다(딤전 6:18). 반대로 야고보가 가난한 일꾼에게 품삯을 주지 않는 부자를 책망하고 징계하는 것 역시 이 땅에서 하나님 나라를 이루는 사역의 일환으로 볼 수 있다(약 5:1-6).

- **강제로 분배하는 방법은 하나님 나라와 무관하다**

세상 나라에서도 세금 제도를 통해서 가난한 사람들을 돕기 위한 노력을 한다. 조금이라도 빈부 간의 평형을 이루려고 하는 것이다. 그런데 세상 나라에서는 정치적 힘을 가지고 억지로 빈부 간의 평형을 이루려고 하다가 인권이나 재산권을 무시하는 실수를 범하기도 한다. 역사 속 독재자들이나 공산주의 정권이 그런 실수를 하지 않았나 생각한다. 그들의 동기가 하나님 나라 정신과 유사한 것은 사실이지만 실행 방법은 하나님 나라와 무관하다.

완성될 하나님 나라는 진리를 통해서 자유가 주어진 나라다(요 8:32). 그러므로 하나님 나라의 질서를 수립하고 유지하기 위해서 법의 힘을 의지할 필요가 없다. 하나님 나라에서는 백성들이 자유롭게 행동해도 그것이 법에 위배되지 않는다. 그 나라에서는 처벌에 대한 두려움으로 법을 지키는 것이 아니라 자발적으로 순종한다. 완전한 율법, 즉 자유를 주는 율법이 바로 하나님 나라의 법이기 때문이다(약 1:25). 한마디로 말해서 사람이 자기가 원하는 대로 행하지만 그것이 바로 하나님을 기쁘시게 하는 일이 된다(빌 2:13). 이 땅에 임한 하나님 나라는 사람의 자유를 제한하지 않는다. 그런 점에서 폭력적인 방식으로 가난한 자들을 해방하려는 시도는 하나님 나라와 무관하다.

다시 말하지만 우리 그리스도인은 하나님 나라가 이 땅에 임하는 것을 보기 위해서 빈부 격차를 줄이는 일에 헌신해야 한다. 하지만 동시에 인간의 자유를 제한함으로써 해서는 안 된다. 사도 바울은 빈부의 차이를 없애고 평등하게 하기 위해서 연보에 대해서 가르칠 때 아주 중요한 원칙을 말했다. "각자 마음에 정한 대로 해야 하고, 아까워하면서 내거나, 마지못해서 하는 일은 없어야 합니다. 하나님께서는 기쁜 마음으로 내는 사람을 사랑하십니다"(고후 9:7). 이 원리는 구제할 때 지켜야 할 원리지만 교회에서 헌금할 때는 물론 우리 사회에서 법이나 제도를 정할 때에도 지켜야 할 원리다.

하나님 나라가 이 땅에 임하기를 원하는 사람은 빈부의 차이를 없애기 위해서 강제력을 사용하기보다는 선의를 가진 사람들의 자유로운 마음을 따라서 해야 한다. 사도 바울이 오네시모에 관해서 빌레몬에게 아주 중요한 말을 한다. "그대의 승낙이 없이는 아무것도 하고 싶지 않았습니다. 나는 그대가 선한 일을 마지못해서 하지 않고, 자진해서 하기를 원하기 때문입니다"(몬 1:14). 하나님 나라가 임하기를 원하는 사람은 억지나 강제가 아닌 자원하는 마음을 통해서 이루기를 원한다.

킹덤 컴퍼니는
무엇일까?

전통적으로 그리스도인이 경영하는 기업을 '기독교 기업', 혹은 '기독교 회사'라고 불러왔다. 하지만 '기독교 기업'이란 용어는 정의하기가 쉽지 않다. 가장 피상적인 의미에서의 기독교 기업은 기업의 대표가 그리스도인일 때 부르는 명칭이다. 조금 더 심층적인 의미에서 보자면, 회사 내에서 기독교적인 활동(예배나 성경 공부, 전도)을 할 때 그런 이름을 붙이기도 한다. 또는 기업 수입의 상당 금액을 기독교 사업에 헌금하는 경우에도 그런 이름을 붙인다. 종합하면 기업이 기독교라는 종교와 관련이 있을 때, 기독교 기업이라고 부르는 것 같다.

언제부터인가 그리스도인 기업인들 가운데 자신이 경영하는 기업을 킹덤 컴퍼니(Kingdom Company)라고 부르는 사람들이 생겼다. 킹덤 컴퍼니는 문자적으로 정의하면 '하나님 나라의 기업'이라고 번역할 수 있는데, 이에 대해 사람들은 다양한 방법으로 정의한다. 최근 선교 현장에서는 비즈니스로 선교를 하는 기업을 킹덤 컴퍼니로 정의하기도 한다. 이 말의 기본적인 의미는 '하나님 나라가 임하기를 기대하는 기업', 혹은 '하나님 나라를 보여 주는 기업' 정도로 정의하면 좋을 것 같다.

킹덤 컴퍼니를 정확하게 정의하기도 어렵지만 기업 속에 하나님 나라가 임한다는 것이 구체적으로 무엇을 말하는지도 설명하기 쉽지 않다.

기업을 바라보는 관점에 따라 다양한 방법으로 설명할 수 있을 듯싶다. 특히 기업 경영을 전문으로 하는 사람들은 이와 관련해서 아주 구체적으로 설명할 수도 있을 것이다. 나는 신학자도 아니고, 기업 경영에 대한 지식도 없지만 성경이 가르쳐 주는 하나님 나라의 원리를 기업에 적용해 보면서 나름대로 킹덤 컴퍼니를 정리해 보려고 한다. 이제부터 내가 정리할 킹덤 컴퍼니는 현실 사회에는 존재하지 않을지도 모른다. 그러나 하나님 나라가 임하기를 구하는 기업이라면 이러한 기업이 되기를 추구할 수 있고, 또 추구해야 하지 않을까 생각한다.

- **킹덤 컴퍼니는 하나님이 주인인 기업이다**

기업의 법적인 소유권은 기업인에게 있다. 물론 주식회사의 경우에는 원칙적으로 주주에게 있지만 사실상 소유권은 대주주에게 있다고 말할 수 있다. 그러나 기업에 하나님 나라가 임하기 위해서는 기업의 소유권이 하나님께 있음을 인식해야 한다. 하나님 나라는 모든 것이 하나님께 속한 나라이기 때문이다(대상 29:11-12). 기업의 대표자는 물론 모든 구성원들도 그것을 인식해야 한다. 믿지 않는 이들은 그 의미를 제대로 이해하기 어려울 수 있다. 그러나 기업의 법적 소유권자인 대표는 그것을 선언하고 매사에 드러내기 위해 힘써야 한다. 만일 그리스도인 기업인이라면 적어도 '내 회사, 내 돈'이라는 말은 의지적으로 피해야 할 것이다. 대표가 그렇게 할 때 믿는 사람들은 물론 믿지 않는 사람들도 킹덤 컴퍼니를 조금씩 이해할 수 있을 것이다.

그렇다면 현실에서 기업주의 역할은 무엇인가? 기업주는 기업의 참주인이신 하나님을 보좌해서 기업을 관리하는 청지기가 되어야 한다. 골로새서 4장 1절에서 종들을 두고 있는 주인들을 향해서 바울은 "여러분도 하늘에 주인을 모시고 있다는 사실을 아시기 바랍니다"라고 했는데, 이 말은 세속 사회에서는 기업의 주인인 사람도 만유의 주이신 그리스도 앞에서는 청지기에 불과하다는 것을 가르쳐 준다.

기업은 세상 속에 있기에, 특히 자본주의 질서 속에 있기에 세상 풍조를 따라서 경영하기 쉽다. 그러나 킹덤 컴퍼니는 이 시대의 풍조를 따라가지 말고, 기업의 주인이 되시는 하나님의 뜻을 분별하여 경영하기 위해 힘써야 한다(롬 12:2). 하나님의 뜻대로 경영하기 위해서는 기업의 주인이신 하나님의 말씀을 따라야 하고(시 119:105), 뜻이 하늘에서 이루어진 것같이 땅에서도, 즉 이 기업에서도 이루어지기를 기도해야 한다.

물론 그렇다고 해서 세속적인 경영 원리나 실천이 다 잘못되었다는 말은 아니다. 다만 이윤을 추구하다 보면 하나님의 뜻에서 멀어지기 쉽기에, 세속적인 경영을 무조건 따라 하지 말고, 그것이 하나님의 뜻에 부합하는지를 항상 살펴야 한다는 말이다. 그래서 야고보 사도는 돈을 벌려고 사업을 하고자 하는 사람에게 사업 자체를 부정하지 않고, 다음과 같이 권면했다. "도리어 여러분은 이렇게 말해야 할 것입니다. '주님께서 원하시면, 우리가 살 것이고, 또 이런 일이나 저런 일을 할 것이다'"(약 4:15).

현실적으로는 기업 대표가 최종 결정권을 가지므로 자기 마음대로 기업을 운영하기 쉽다. 그러나 킹덤 컴퍼니는 하나님이 기업의 참 소유주이고 주인이신 것을 인정하기에, 기업의 대표자는 자신의 뜻을 철저히 하나님의 뜻에 복종시켜야 한다. 예수님이 겟세마네 동산에서 가졌던 자세, 곧 "내 뜻대로 하지 마시고, 아버지의 뜻대로 해 주십시오"(마 26:39)라는 마음으로, 대표는 기업의 참 주인이신 하나님의 뜻을 절대적인 우선순위에 두어야 한다는 말이다. 기업 운영에서 대표의 뜻이나 주주들의 뜻보다 하나님의 뜻이 우선순위가 될 때, 그 기업에 하나님 나라가 임한다고 할 수 있다.

요약하면, 킹덤 컴퍼니는 기업의 대표가 기업의 소유주가 아니라 청지기이며, 기업의 대표가 절대적인 권력을 가지고 경영을 좌지우지하는 것이 아니라 하나님의 뜻이 이루어지도록 하는 기업을 말한다.

• **킹덤 컴퍼니는 돈을 바르게 벌어서 바르게 사용하는 기업이다**

킹덤 컴퍼니는 이윤을 추구하거나 돈을 벌어서는 안 된다고 생각하는 사람이 있을지 모르겠다. 그러나 그것은 아주 잘못된 생각이다. 기업이 아무리 거룩하게 보여도 이윤을 내지 못한다면 존속할 수가 없다. 그러므로 킹덤 컴퍼니도 다른 기업과 마찬가지로 기업 활동을 통해서 수익을 창출해 내야 하고, 그것으로 회사가 운영되게끔 해야 한다.

다만 킹덤 컴퍼니는 그 존재의 목적이 돈이 되어서는 안 된다. 돈은 기업을 경영하다 보면 나타나는 결과이다. 찰스 핸디(Charles Handy)라는 경영 철학자는 기업과 돈의 관계는 생명과 피의 관계와 비슷하다고 말한 바 있다. 생명을 유지하기 위해서는 당연히 피가 있어야 한다. 그러나 인간이 사는 목적이 피를 만드는 것은 아니다. 우리의 몸이 정상적으로 움직이기 위해서 피가 생겨나는 것이지, 피를 만들기 위해서 몸이 움직이는 것은 아니다. 마찬가지로 기업이 유지되기 위해서는 돈이 있어야 하고, 그러기 위해서는 수익 구조를 항상 잘 유지해야 한다. 그러나 기업이 돈을 만들기 위해서 존재하는 것은 아니다. 만일 기업이 정상적으로 경영된다면 돈은 자연스럽게 생성될 것이다. 믿음이 좋은 사람이면 누구나 킹덤 컴퍼니를 경영할 수 있다고 생각하는 것은 큰 착각이다. 하나님으로부터 재물 얻을 능력을 받은 사람들이라야(신 8:18) 킹덤 컴퍼니를 제대로 경영할 수 있다.

하나님 나라는 돈이 필요하지 않은 나라이기에, 기업에 하나님 나라가 임하기 위해서는 돈으로부터 자유로워야 한다. 기업의 매출이나 수익이 중요하기는 하지만, 그것이 주는 압력으로부터 자유로워야 한다. 그러나 현실에 존재하는 기업이 돈에 대해서 이런 자세를 가지기란 정말 힘든 일이다. 당장 돈이 부족하면 기업의 생존이 위태로워진다. 그러나 하나님의 능력을 전적으로 신뢰하는 사람은 돈의 압력을 극복해 낼 수 있을 것이다. 그러므로 킹덤 컴퍼니의 경영자들은 하나님께서 재물 얻을 능력을 주신다는 것과 기업의 재정 문제를 해결해 주실 수 있다는 확신을 가지고 있어야 한다.

IMF 시절 내가 사역했던 기업이 재정 위기를 만났는데, 일반적인 방식으로는 해결할 길이 없었다. 그러나 하나님을 의지하는 경영진들이 재정 문제를 위해서 기도하자 하나님께서 기적적인 방법으로 해결해 주셨다. 생각지도 않았던 미국 투자 회사들이 그룹의 두 계열사에 투자를 함으로써 마지막 순간에 기적적으로 회생할 수 있었던 것이다.

그러나 이런 기적은 자주 일어나지 않는다. 그래서 기업주들이 하나님을 의지한다고 말은 하면서도 돈을 더 의지하게 되는 것 같다. 킹덤 컴퍼니는 돈의 힘만을 의지하지 않고 하나님을 더욱 의지하는 기업이다. 하지만 어떻게 돈의 힘에 의지하지 않고, 돈의 압력으로부터 자유로운 기업이 될 수 있을까? 먼저 다음 세 가지 면에서 구별되어야 한다.

첫째, 킹덤 컴퍼니는 탐욕이 돈 버는 동기가 되어선 안 된다. 돈을 버는 것은 물론 죄가 아니다. 돈을 많이 버는 것도 그 자체로 죄가 아니다. 그러나 탐욕으로 돈을 벌면, 그때부터는 죄악의 길로 들어서게 된다. 탐심은 우상 숭배이기 때문이다(골 3:5). 그리스도인 기업인은 돈을 탐욕의 열매가 아니라, 모험에 대한 보상이자 다른 사람의 유익을 위해서 수고한 것에 대한 일종의 성적표로 생각해야 한다. 그렇게 할 때, 사업의 목표가 아니라 사업을 통해서 얻는 결과로 돈을 수용할 수 있게 된다. 그러나 사업을 하다 보면 탐욕이나 경쟁심이 발동하는 경우가 비일비재하다. 남보다 더 크게 되었으면 좋겠고, 남보다 더 많이 벌고 싶은 마음이 끊임없이 욕망을 자극한다. 그럴 때마다 기업주는 그것이 하나님의 뜻이 아니라 사탄의 유혹인 것을 인식하고 뿌리쳐야 한다. 탐욕을 절제하는 만큼 기업에 하나님 나라와 의가 이루어진다. 그리고 그만큼 킹덤 컴퍼니에 가까워진다.

둘째, 킹덤 컴퍼니는 돈을 버는 과정에서 불의를 행하지 않는다. 전통적으로 기업이 번 돈으로 하나님 나라 사업을 위해 사용하면 자동적으로 킹덤 컴퍼니가 될 수 있다고 생각해 왔다. 그래서 그리스도인 기업인들이 선교 사역이나 교회 개척에 큰 액수의 헌금을 드렸던 것이다. 그러나 그것은 반쪽 진리이다. 나머지 반쪽의 진리가 훨씬 더 중요한데, 그것은 기업이 돈을 버는 과정에 하나님 나라가 임해야 한다는 것이다. 하나님 나라는 성령 안에서 누리는 의와 평화와 기쁨이다(롬 14:17). 매사에 정직해야 하고, 정의로워야 하고, 정확해야 한다. 물론 이 세상에서 돈 버는 과정이 완벽하게 깨끗할 수는 없다. 그러나 그렇게 되려고 애쓸 때 하나님 나라가 임한다.

지속 가능한 기업이 되기 위해서는 당연히 이윤을 창출해야 한다. 그러나 과도하게 이윤을 취하는 것은 옳지 않다. 물론 어느 정도가 적당하고, 어느 정도가 과도한지를 결정할 객관적인 기준은 없다. 그래서 어렵다. 현실에서는 수요 곡선과 공급 곡선이 만나는 시장 가격이 가격을 결정한다. 그러나 적어도 그리스도인은 이 부분에서도 양심에 거리낌이 없어야 한다. 종종 시장 가격도 정의롭지 못한 경우가 있기 때문이다. 불의하게 번 돈으로 교회를 건축하거나 선교에 헌금한다고 해서 그 돈이 거룩해지지 않는다(신 23:18). 돈을 버는 과정에서 하나님 나라가 보이지 않는다면 그 돈을 사용하는 곳에 하나님 나라가 임할 수 없다.

셋째, 킹덤 컴퍼니는 번 돈을 공평하게 나눈다. 기업이 번 돈은 기업에 속한 모든 사람들이 함께 수고해서 번 것이므로 수고한 사람들에게 적절하게 분배되어야 한다. 그런데 자본주의 사회에서는 부가 분배되는 과정에서 자연스럽게 부익부 빈익빈이 되어 버리기 쉽다. 킹덤 컴퍼니는 이것에 문제의식을 가지고 보상과 분배가 공정하게 이루어지도록 힘써야 한다.

혹자는 기업 구성원의 필요에 따라 수익을 분배해야 한다고 주장하기도 한다. 얼핏 들으면 하나님의 뜻처럼 느껴지는데, 그것은 하나님 나라의 원리라기보다는 세속적인 유토피아 관점에 가까운 것 같다. 하나님 나라가 아직 완성되지 않은 이 땅에서는 완전히 평등한 분배란 현실적으로 불가능하다.

성경에서도 다양한 형태의 분배를 소개한다. 그중 하나는 달란트 비유다. 주인은 세 종의 재능에 따라 다섯 달란트, 두 달란트, 한 달란트를 주었다. 이때 다섯 달란트 받은 종은 다섯 달란트를, 두 달란트 받은 종은 두 달란트를 남겼으나, 한 달란트 받은 종은 아무것도 남기지 못했다(마 25:14-30). 둘째는 므나 비유다. 여기서 주인은 열 명의 종에게 각각 한 므나씩 주었는데 열 므나를 남긴 종도 있고, 다섯 므나를 남긴 종도 있고, 아무것도 남기지 못한 종도 있었다(눅 19:11-27). 셋째는 포도원 비유다. 아침부터 일한 종이나 오후 늦게 일을 시작한 사람이나 다 똑같은 돈을 받았다(마 20:1-16). 이러한 예들이 말해 주는 것은, 수익 분배에서 획일화된 분배의 원칙이 있는 것이 아니라는 점이다.

현실적으로 고용주와 피고용인의 소득 차이가 있을 수밖에 없다. 피고용인들도 기업에 기여하는 정도에 따라 소득이 달라질 수밖에 없다. 그러나 분배 과정에 하나님 나라의 의가 이루어지기 위해서는 기업주가 좀 더 공정한 분배가 이루어지도록 관심을 기울여야 한다. 물론 이 문제에도 완벽한 기준은 없다. 지나치게 현실적이거나 지나치게 이상적인 것을 추구하기보다 하나님의 뜻을 따르는 길을 찾는 것이 중요하다. 분명한 것은 적어도 사회 통념이나 상식에 비추어 볼 때 공정한 분배가 되도록 노력해야 한다는 것이다.

• **킹덤 컴퍼니는 일을 통해 세상을 섬기는 기업이다**

기업은 제조, 서비스, 유통 등의 다양한 일을 통해서 세상을 섬기며 또 세상을 하나로 연결하고, 세상을 하나의 공동체로 만든다. 하나님 나라는 바로 이러한 세상 한가운데로 임한다. 킹덤 컴퍼니는 이렇게 세상으로 임하는 하나님 나라의 전초기지가 될 수 있다. 그러기 위해서는 킹덤 컴퍼니가 일과 관련하여 다음과 같은 원리를 기억하고 실행해야 한다.

첫째, 킹덤 컴퍼니가 하는 일은 하나님 나라의 법에 합당한 일이어야 한다. 이 땅의 법을 어겨서는 안 된다. 기업은 세상에서 필요로 하는 것이면 무슨 일이든 할 수 있다. 그 일이 제조일 수도, 서비스일 수도, 유통일 수도 있다. 다만 사회의 실정법을 어기는 것은 킹덤 컴퍼니가 될 자격을 잃게 된다. 예를 들어, 짝퉁을 만들어 파는 것이나 타인의 기술이나 디자인을 베끼는 일은 명백하게 불법이다. 경우에 따라서 무지로 인해 법을 어길 수 있으므로 정말 조심해야 한다.

한 발 더 나아가서 킹덤 컴퍼니는 세상 법을 초월하여, 하나님 나라의 법을 지키겠다는 기준을 가져야 한다. 미국의 어느 유대계 식품 기업의 자기소개가 인상적이었다. 다른 회사는 정부의 식품 규제법을 지키지만, 자신들은 그보다 훨씬 더 높은 곳에 있는 분의 법을 지키려고 한다는 소개였다. 기업에 하나님 나라가 임하기를 원한다면 이처럼 기준이 세상 나라의 법에서 하나님 나라의 법의 수준으로 높아져야 한다.

합법적인 일이지만, 별로 덕이 되지 않거나 유익하지 않은 경우라면 피해야 한다(고전 10:23-24). 하나님의 영광을 가리는 일은 피해야 하는 것이다(고전 10:31). 무슨 일이든 주께 하듯 해야 한다는 기준이 있어야 한다(골 3:23). 이렇게 생각하면 킹덤 컴퍼니가 할 수 있는 일에는 상당한 제한이 있을 수밖에 없다.

예를 들어, 포도주를 제조하는 일은 아주 정상적인 기업 활동이 될 수 있다. 그러나 한국의 음주 문화에서는 양조업이나 유흥업을 하는 것이 덕이 되지 않을 수 있다. 과거에는 담배를 생산하고 판매하는 기업이 문제가 되지 않았을지 모른다. 그러나 현대 사회에서 그런 기업은 킹덤 컴퍼니가 되기에 곤란한 측면이 있다.

둘째로 킹덤 컴퍼니는 하나님이 주신 지혜로 탁월함을 추구해야 한다. 세상의 기업들은 일하는 데 탁월함을 추구한다. 킹덤 컴퍼니는 탁월함 같은 것은 신경 쓸 필요가 없다고 생각하기 쉽지만 그렇지 않다. 기업의 주인 되시는 하나님은 완전하신 분이고, 완전하신 분이 통치하는 하나님 나라 역시 완전하다. 그러므로 기업에서 하나님 나라가 임하기 위해서는 모든 영역에서 완전함, 곧 탁월함을 추구해야 한다. 아버지가 완전한 것처럼 우리도 완전해야 한다. "그러므로 하늘에 계신 너희 아버지께서 완전하신 것같이, 너희도 완전하여라"(마 5:48).

이 원칙은 기업 경영에도 적용될 수 있다. 물론 사람이 이 땅에 살면서 하나님의 완벽함에 도달할 수는 없다. 그러나 그렇게 되도록 최선을 다할 수는 있다. 하나님은 그렇게 할 수 있도록 우리에게 지혜를 주신다. "농부에게 밭농사를 이렇게 짓도록 일러 주시고 가르쳐 주신 분은, 바로 하나님이시다"(사 28:26). 고대 농경 시대에 농부에게 밭농사를 짓도록 지혜를 주신 하나님은 현대 사회에서 다양한 기업을 경영하는 사람들에게 필요한 지혜를 주실 것이다.

교회가 하나님 나라의 도구이듯이 기업도 하나님 나라의 도구가 될 수 있다. 킹덤 컴퍼니는 하나님 나라의 도구로서 탁월성을 보여 주어야 한다. 사람들이 그 도구를 통해서 하나님 나라를 맛볼 수 있기 때문이다. 이 말은 기업이 생산하는 제품이 최고 품질을 가져야 하고, 기업이 제공하는 서비스도 최고가 되어야 한다는 말은 아니다. 최고는 아니더라도 적어도 고객이 그 제품이나 서비스를 통해 기업의 신실함을 볼 수 있어야 한다.

탁월함을 얻기 위해서는 경쟁이라는 과정도 어느 정도 필요하다. 기업에서 성과를 내기 위해서는 경쟁을 피할 수 없다는 말이다. 기업 간의 경쟁도 있지만 내부에서의 경쟁도 있다. 때로 기업은 생산성을 높이기 위해서 내부 구성원들 간의 경쟁을 과도하게 조장하는 경우도 있다. 하나님 나라의 기업도 이 세상에 있는 동안 경쟁을 피할 수 없다. 다만 세상 나라의 경쟁은 상대를 넘어뜨리는 데 초점을 맞춘다면, 킹덤 컴퍼니에서는 경쟁을 통해서 구성원들이 자신을 최고로 발전시킬 수 있도록 이끌어야 할 것이다(고전 9:24-25). 그러므로 기업 내는 물론이고 외부 기업과 경쟁해야 하는 상황에서, 될 수 있으면 경쟁심을 절제하되 경쟁력은 키우도록 해야 할 것이다.

프랑스에 있는 복음주의 교회인 미션디모데교회의 젊은 기업인이 한 말이 킹덤 컴퍼니를 잘 설명해 준다. 그는 기업 경영에 최선을 다하는데 그 이유가 자신의 기업 자체가 중요하기 때문이 아니라, 그것이 하나님 나라를 이루는 데 아주 유용한 도구이기 때문이라고 했다. 그는 자신의 기업을 최고의 기업으로 만들려고 하는 이유가 바로 하나님 나라가 자신의 기업과 일터에 임하게 하기 위함이라고 했다.

셋째, 킹덤 컴퍼니는 하나님 나라의 안식을 지킨다. 세상에서도 워라밸이란 말이 회자된다. 일과 삶의 균형을 말하는 것이다. 킹덤 컴퍼니는 기업 활동을 통해서 하나님이 맡기신 일을 하지만 그와 병행해서 하나님이 안식하신 것처럼 구성원들이 안식을 누릴 수 있도록 배려해야 한다. 곧 킹덤 컴퍼니는 일과 안식의 균형을 이루는 기업이다.

세상의 기업들은 경쟁에 이기기 위해 과도하게 일할 뿐 아니라 직원들에게도 그것을 요구한다. 그래서 많은 이들이 안식을 누리지 못하고 몸과 마음의 병을 얻거나, 가정 문제를 겪곤 한다. 하지만 킹덤 컴퍼니는 하나님 나라의 안식을 기본으로 하는 기업이다. 기업은 일하는 사람들이 충분히 휴식을 가질 수 있도록 배려해야 한다. 가급적 주일에는 일하지 않는 것이 바람직하다. 기계적으로 일요일에는 문을 닫으라고 요구하기 어려울 수 있다. 세상을 섬기기 위해서는 주일에도 일해야 하는 경우가 적지 않기 때문이다. 일의 성격상 주일에 쉬지 못하더라도 개개인이 일주일에 하루는 쉴 수 있어야 한다. 킹덤 컴퍼니가 절대 놓쳐서는 안 되는 중요한 원칙이다.

이를 위해 기업인이 먼저 안식의 본을 보이고, 직원들이 충분히 안식할 수 있도록 배려해야 한다. 하나님 나라는 안식의 나라이다. 기업에 하나님 나라가 임하기 위해서는 하나님 나라의 안식을 체험할 수 있는 기업이라야 한다.

• **킹덤 컴퍼니는 사람의 가치를 중시하는 기업이다**

기업은 돈을 벌기 위해서 일을 하며, 그 일을 위해서 사람을 고용한다. 그러므로 기업의 우선순위는 돈이 일보다, 일이 사람보다 더 중요시되기가 쉽다. 그러나 킹덤 컴퍼니는 우선순위가 반대가 되어야 한다. 돈보다 일이, 일보다는 사람이 더 중요하다.

첫째, 킹덤 컴퍼니는 사람들을 위해 일자리를 제공한다. 기업은 일하는 데 사람이 필요하기에 고용을 한다. 그런데 킹덤 컴퍼니는 사람이 일보다 더 중요하기에 사람에게 일자리를 주기 위해서 고용한다는 마음을 가져야 한다. 일의 필요를 위해서 사람을 고용하는 것이 잘못되었다고 말하는 것이 아니다. 사람을 위해서 일을 만들어서 그들에게 일자리를 주는 것이야말로 이 땅을 창조하시고 사람들에게 일하도록 하신 하나님의 뜻을 잘 드러내는 것이라는 말이다. 오늘날 우리 사회에서는 그런 기업을 '사회적 기업'이라고 부르는데, 킹덤 컴퍼니의 기본 속성을 잘 보여 준다. 우리 사회의 현실에서도 매우 필요한 일이다. 돈을 주는 것보다 일자리를 주는 것이 훨씬 더 대상의 존엄성을 높인다. 그런 의미에서 하나님 나라의 기업은 효율이나 생산성 이상으로 사람의 가치를 더 중요하게 생각한다.

둘째로 킹덤 컴퍼니는 일하는 사람을 인격적으로 대접한다. 현대 기업 활동의 많은 부분이 기계나 컴퓨터로 대체되지만 결국에는 사람에 의해서 일이 이루어진다. 그러므로 기업은 사람을 고용하지 않을 수 없다. 세상 나라에서는 고용된 사람이 일의 도구가 되기 쉽다. 역사적으로 노예가 보편화되었던 것이 그 증거다. 하나님 나라에서는 모든 사람이 다 똑같이 하나님의 형상이다. 기업에 하나님 나라가 임하면 기업 내 모든 사람을 인격적으로 대한다. 욥은 자기가 종들을 인격적으로 대했다고 하면서 이런 고백을 남겼다. "나를 창조하신 바로 그 하나님이 내 종들도 창조하셨다"(욥 31:15).

직원들을 기업 성장의 도구로만 생각하지 않고, 기업이 직원들의 성장의 통로가 되도록 할 필요가 있다. 킹덤 컴퍼니는 기업과 직원의 성장을 함께 이루어야 한다. 사람이 일의 도구가 아니라 일이 사람의 성장을 위한 도구가 되어야 한다. 물론 평생직장이라는 개념이 사라진 지 오래되었고, '긱 워커'(Gig Worker: 디지털 플랫폼 등을 통해 단기로 계약을 맺고 일회성 일을 맡는 등 초단기 노동을 제공하는 근로자)가 유행하는 현실에서 이런 생각이 순진하게 느껴질지도 모르겠다. 그러나 사람의 가치를 최고로 두는 킹덤 컴퍼니는 이런 생각을 항상 지키도록 해야 할 것이다.

셋째, 킹덤 컴퍼니는 하나님 나라의 공동체를 이룬다. 모든 사람은 하나님의 형상으로 창조되었으나 누구도 똑같이 창조되지 않았다. 사람들은 모두 다르다. 다양한 배경과 과거를 가지고 있고, 다양한 능력과 적성을 가지고 있다. 같은 주님을 믿는 그리스도인도 은사가 서로 다르다. 이들은 그리스도 안에서 한 몸이 되었으므로 서로가 서로를 인정하는 공동체를 이루어야 한다(롬 14:4-5). 그러기 위해서는 다양한 차이가 차별로 변질되지 않도록 주의해야 한다. 그리스도 안에서 민족, 계층, 남녀의 차이가 있지만 그것이 차별의 요인이 되어서는 안 된다. 모두가 그리스도 안에서 하나이기 때문이다(갈 3:28).

물론 바울의 이 말은 예수 그리스도의 몸이 되는 교회에 대한 말씀이지만, 하나님 나라가 임하기를 원하는 기업에도 똑같이 적용해 볼 수 있다. 마태복음 13장의 천국 비유 중 밀과 가라지의 비유를 보면 이 세상이라는 밭에 하나님 나라 복음이 뿌려져서 그 싹이 자라나는 것을 볼 수 있다. 하지만 좋은 싹과 가라지가 공존한다. 교회 안에 밀과 가라지가 공존하는 것은 이 때문이다. 마찬가지로 기업에서도 신자와 비신자가 공존할 수밖에 없다. 신자와 비신자가 공존하는 그런 기업에서도 하나님 나라가 임한다고 할 수 있다.

킹덤 컴퍼니는 구성원의 다양성을 수용할 뿐 아니라 그것을 적극적으로 활용하며, 차이가 차별이 되지 않도록 세심한 주의를 기울인다. 많은 기업에서 차별의 문제가 대두되고 있다. 킹덤 컴퍼니는 차별의 문제도 하나님 나라의 관점에서 다루어야 한다. 종종 기독교를 표방하는 기업에서 종교가 차별 요인이 되는 경우를 볼 수 있다. 킹덤 컴퍼니는 구성원의 신앙을 격려하는 것이 종교적인 차별로 변질되지 않도록 조심해야 한다.

예수님의 제자들이 누가 더 큰 자인지를 두고 싸운 적이 있다. 그때 예수님께서는 세상 나라는 힘을 가진 사람이 더 큰 자이지만, 하나님 나라에서는 위대하게 되려는 사람은 섬기는 사람이 되어야 하고, 으뜸이 되고자 하는 사람은 종이 되어야 한다고 말씀하셨다. 그러면서 예수님 자신이 섬기는 자로 이 땅에 오셨다고 했다(마 20:24-28). 하나님 나라의 왕이신 예수님이 섬김의 본을 보여 주신 것이다. 그러므로 자신의 기업에 하나님 나라가 임하기를 원하는 기업인은 예수님을 본받아 직원들을 섬기는 지도자가 되어야 하며, 직원들 서로가 섬기는 공동체가 되도록 해야 한다.

- **킹덤 컴퍼니는 세상에 하나님 나라를 소개하는 기업이다**

하나님 나라가 이 땅에 이루어지기 위해서는 하나님 나라를 알리고 그 나라로 사람들을 초대할 필요가 있다(마 22:1-14). 주님은 하나님 나라를 기다리는 사도들에게 그 사명을 주셨고(행 1:8), 그들은 교회를 통해서 그 사명을 감당했다. 이 사명은 세상 속의 기업과는 관련이 없다. 그러나 킹덤 컴퍼니는 하나님 나라를 드러내는 기업이므로 이 사명을 감당해야 한다. 다만 기업은 종교 기관이 아니기에 드러내 놓고 종교 활동을 하는 것은 자제할 필요가 있다. 그러나 기업을 통해 하나님 나라를 보여 주고 초대하는 것은 하나님 나라 백성으로서 중요한 책임이다(벧전 3:15).

첫째, 킹덤 컴퍼니는 종교적 갑질을 삼간다. 전에 내가 사역했던 기업은 초창기부터 믿지 않는 직원들에게 복음을 전하는 일에 헌신했다. 그래서 직원뿐 아니라 관련이 있는 매장주나 하청 업체 직원들이 복음을 들을 수 있는 기회를 자주 마련했다. 회사의 그런 열정 덕분에 꽤 많은 사람이 예수님을 믿게 되었다. 나는 이런 경험을 하면서, '하나님은 헌신된 기업을 통해서 복음을 전하시는구나' 하고 인정하게 되었다.

그러나 시대가 바뀌면서 점차 종교 다원화를 인정하는 사회로 변하고 있다. 그래서 이런 접근에 대해서 많은 사람들이 종교적 갑질이라는 인식을 하게 되었다. 이러한 변화는 기독교 재단에 속한 미션 스쿨에서 먼저 시작되었다. 새롭게 변화된 시대에서 기업은 종교 기관처럼 직접적인 전도를 하기 어려워졌으며, 열매도 점차 거두기 어려워졌다. 따라서 가급적 기업 내에서 직접적 전도는 삼가는 것이 좋다고 생각한다.

그러나 새로운 시대라고 해서 전도의 사명이 사라지지는 않는다. 그럼 어떻게 전도의 사명을 감당할 것인가? 기본적으로 기업이 하는 전도는 비종교적이고 간접적인 형태를 취하는 것이 좋다. 그리고 전도에는 인내가 필요하다는 사실도 기억해야 한다.

둘째, 킹덤 컴퍼니는 기업주나 기업에 속한 신자들의 삶을 통해서 전도한다. 기업 내의 비신자 직원들이 기업의 여러 방침을 보고 좋은 생각을 하게 되고, 또 기업 내 그리스도인 직원들이 선한 영향력을 끼칠 때 전도가 가능할 수 있다. 비신자들은 기업 내에 있는 종교적인 요소를 보고 하나님을 인식하기보다는, 윤리적으로 자신들보다 나은 모습을 보고 하나님을 인식하며, 하나님께 영광을 돌릴 수 있다(마 5:16).

그렇게 되면 비신자들이 하나님과 그분의 사랑, 복음에 대해서 관심을 갖게 되는데 이때 비로소 전도가 행해지는 것이다. 베드로전서 3장 15절은 이에 대해서 아주 정확하게 가르쳐 준다. 그리스도인이 거룩하게 사는 모습을 보고 소망에 관한 이유를 물을 때, 그들에게 온유한 마음으로 대답해 주는 것, 이것이 바로 전도이다.

너무 오래 걸릴 것 같지만 전도에는 인내의 과정이 필요하다는 사실을 기억해야 한다. 전도를 이웃 사랑의 표현으로 생각한다면 사랑은 오래 참고, 모든 것을 참으며, 모든 것을 견딘다고 했다. 전도는 대상을 기독교인으로 만드는 것이 아니라 영혼이 주 안에서 새롭게 태어나게 하는 것이다. 바울은 성도들이 그리스도의 형상이 이루어지기까지 해산의 고통을 겪는다고 했는데(갈 4:19), 기업을 통해 전도하려는 사람들에게도 이와 같은 인내의 고통이 필요하다.

셋째, 킹덤 컴퍼니는 서비스나 제품을 통해서도 하나님의 영광을 드러낼 수 있다. 개인의 선행이 사람들부터 하나님께 영광을 돌리게 한다면 하나님 나라의 기업은 좋은 서비스와 좋은 제품이 선행에 해당한다고 볼 수 있다. 만일 완성된 하나님 나라에도 기업이 존재한다면, 그때의 기업은 모든 면에서 완벽할 것이다. 세상에 있는 동안에는 어떤 기업도 완벽할 수 없다. 하지만 그 기업 안에서 하나님 나라가 이미 시작되었으며 시작된 하나님 나라는 계속 성장한다. 하나님 나라 백성은 이를 위해 수고해야 한다(빌 3:12).

부활하신 예수 그리스도는 만유의 주시다. 이는 그리스도께서 일반 기업도 통치하신다는 뜻이다. 일반 기업 가운데에도 하나님 나라가 임하기 시작했다. 킹덤 컴퍼니에는 더 말할 것이 없다. 아무도 그것을 깨닫지 못할 때도 하나님 나라의 백성은 그것을 인식해야 한다. 직원들은 소극적으로 기업인은 적극적으로 그것을 실체화시키도록 해야 한다.

다시
보기

✓ 성령님은 미래에 있을 하나님 나라의 삶을 현재의 그리스도인 공동체 안에 창조하신다. 성령님의 역사로 우리는 종말론적 하나님 나라를 지금 이곳에서도 희미하게 맛볼 수 있다.

✓ 하나님 나라 백성은 교회뿐만 아니라 일터에서도 성령의 열매를 맺으므로 하나님 나라의 삶의 방식을 세상에 보여 줄 수 있다.

✓ 교회는 하나님 나라가 아니지만 아주 밀접한 관계를 가진다. 이 땅에 하나님 나라를 이루는 데 교회의 역할은 매우 중요하다.

✓ 올바른 전도는 하나님 나라가 이미 이 땅에서 시작되었고, 곧 전 세계가 하나님 나라가 될 것을 선포하는 것이다.

✓ 경제적인 영역에서 하나님 나라를 구하는 것은 수고하고 열심히 일해서 책임을 다하는 것이다.

✓ 기업에 하나님 나라가 임하기를 원한다면 준법의 기준이 세상 나라에서 하나님 나라 수준으로 높아져야 한다.

나눠
보기

1 내가 받은 성령의 은사가 무엇인지 고민해 보고, 그것을 공동체와 세상 일터를 위해 어떻게 사용할지 나누어 보자.

2 나에게 가장 필요한(혹은 부족한) 성령의 열매가 무엇인지와 그 이유를 나누어 보자.

3 하나님 나라와 교회를 동일시해서 생긴 두 가지 오류는 무엇인가?

4 모인 교회와 흩어진 교회의 차이점을 비교해 보자.

5 돈과 관련하여 하나님 나라와 어울리지 않는 잘못된 자세가 내게 없는지 돌아보고 나누어 보자.

6 주변에 모범이 되는 킹덤 컴퍼니의 예가 있다면 나누어 보고, 반면교사로 삼을 만한 회사들에 대해서도 이야기해 보자.

6

하나님 나라와
일터 속의 그리스도인

예수를 믿는 사람은 하나님의 자녀가 된다(요 1:12). 하나님의 자녀가 된다는 것은 하나님의 가족의 일원으로 입양되는 것을 말한다. 하나님을 아버지라고 부를 수 있다는 것이다(롬 8:15-16). 하나님의 자녀가 예수 믿는 사람의 기본 정체성이기는 하지만 그것이 전부는 아니다. 하나님의 자녀가 된 사람은 자연스럽게 하나님 나라의 백성이 된다. 마치 왕의 아들이 아버지의 아들인 동시에 아버지 나라의 백성이 되는 것과 마찬가지이다. 하나님 나라를 올바르게 이해하기 위해서는 예수 믿는 사람은 하나님이 왕으로 통치하시는 나라의 백성이라는 사실을 알아야 한다.

베드로는 신자의 이런 정체성에 대해서 아주 정확하게 표현했다. "그러나 여러분은 택하심을 받은 족속이요, 왕과 같은 제사장들이요, 거룩한 민족이요, 하나님의 소유가 된 백성입니다. … 여러분이 전에는 하나님의 백성이 아니었으나, 지금은 하나님의 백성이요, 전에는 자비를 입지 못한 사람이었으나, 지금은 자비를 입은 사람입니다"(벧전 2:9-10). 베드로는 이방인 성도들이 민족적으로는 이스라엘 백성이 아니지만 예수 그리스도를 통해서 하나님의 백성이 되었음을 분명히 밝혔다.

예수님께서도 이렇게 말씀하셨다. "누구든지 다시 나지 않으면, 하나님 나라를 볼 수 없다. … 누구든지 물과 성령으로 나지 아니하면, 하나님 나라에 들어갈 수 없다"(요 3:3, 5). 신자가 하나님 나라에 들어갈 사람, 즉 하나님 나라 백성이라는 것을 암시한 말씀이다.

우리말로 '백성'(百姓)이란 왕국에 속한 구성원을 표현하는 말인데 현대 사회와는 잘 맞지 않는 표현이다. 요즘 사람들은 자신이 백성으로 불리는 것을 낯설어 한다. 스스로 하나님 나라의 백성인 것을 알면서도 그 의미를 충분히 이해하지 못하는 사람들이 많다. '백성'이라는 단어가 주는 뉘앙스 때문인 것 같다.

백성은 왕정 체제에서 양반과 구별되는 피지배 계층을 말한다. 즉, 지배를 받을 뿐 정치에 참여할 수 없는 사람들을 지칭한다. 그러니까 백성은 오늘날 민주 사회에 사는 사람들에게는 적절한 용어가 아니다. 국민은 국가의 구성원을 가리킨다. 백성도 의무와 권리를 갖는 국적 있는 국가의 구성원을 가리키지만 권리보다는 의무가 더 강조된다. 반면에 '시민'의 문자적 의미는 도시의 구성원을 말하지만 역사적으로 보면 자신이 나라의 주권자임을 자각하고 행동하며 책임을 지는 사람을 가리키는 말이다.

백성, 국민, 시민, 이 세 용어를 비교해 보면 민주 사회에서 사는 우리는 백성이란 말 대신 국민이나 시민이란 말을 사용하는 것이 바람직하지 않을까 생각한다. 그리고 국민과 시민 중 하나를 택한다면 시민이 성경에서 의미하는 바를 잘 드러낼 수 있을 것 같다. 사도 바울은 빌립보 교회 성도들에게 성도의 시민권은 하늘에 있다고 말했는데, 이로써 성도들이 하나님 나라의 구성원임을 표현했다(빌 3:20).

하나님 나라의 시민

성도의 정체성에 대한 성경의 표현 중에서 가장 인상적인 것이 바로 "시민권"이란 말이다. 바울은 로마 제국의 관원들에게 불법적인 대우를 받았을 때, 자신이 로마 시민권자임을 밝혔다(행 16:37; 22:25). 그리스도를 위해서 모든 것을 배설물처럼 여겼다고 했지만(빌 3:8), 불법이 난무하는 상황에서는 로마 시민권자임을 드러내 합법적인 대우를 요구했다. 그 시대 상황에서 로마 시민권이 의미하는 가치를 모두가 다 알기 때문이다. 바울은 빌립보 교회 성도들에게 하나님 나라 시민이 되는 것은 로마 시민이 되는 것보다 훨씬 더 영예로운 것임을 암시하기 위해서 그들의 시민권이 하늘에 있다고 말했다(빌 3:20). 성도는 이 세상에 살지만 하늘의 시민이다. 성도는 이 땅의 법에 복종하지만, 그들의 삶은 그 법을 능가한다.

이 말을 들은 빌립보 교회 성도들은 어떤 느낌이었을까? 분명 하나님 나라 시민권자라는 개념으로 자신의 정체성을 새롭게 생각하게 되었을 것이다. 빌립보 교인들은 비록 로마 황제가 다스리는 로마 제국에 살지만 그들의 진짜 정체성은 하나님 나라의 시민권자였던 것이다. 물론 세상에서 하나님 나라의 시민권은 인정해 주지 않는다. 이들은 이 땅에서 거류민과 나그네와 같은 처지로 살 수밖에 없다(벧전 2:11). 하지만 나그네로 살아도 영적인 자부심을 가지고 살 수 있다.

하나님 나라 시민권자로서의 정체성은 인간이 가질 수 있는 최고의 특권이다. 하나님의 자녀가 되는 것도 놀라운 특권이지만(요 1:12), 하나님 나라의 시민이 되는 것은 그보다 더 큰 특권이다. 그 특권을 인식한다면 세상에서 영적인 자부심을 가지고 사는 것이 당연해진다. 마치 요즘 한국 사람들이 외국에 나가 대한민국 시민권자인 것을 자랑스럽게 느끼는 것과 비슷하다. 하나님 나라의 시민권자는 이 세상 속에 살지만 이 세상에 속하지 않는 존재다(요 17:16). 그러니까 이 세대를 본받지 않고 마음을 새롭게 해서 하나님 나라의 왕 되신 하나님의 뜻을 분별하게 되는 것이다(롬 12:2).

동시에 의무도 행해야 한다. 대한민국 국적을 가진 사람이라면 미국에 살더라도 대한민국 국민의 의무를 다해야 하듯이 하나님 나라의 시민은 세상 속에서 하나님 나라 시민의 의무를 다해야 한다. 황제에게 세금을 바치는 문제로 예수님께 나아와 질문한 사람에게 예수님께서 황제의 것은 황제에게 돌려주고 하나님의 것은 하나님께 돌려 드리라고 하셨듯이(마 22:21), 로마의 시민으로서 납세 의무를 다하는 동시에 하나님 나라의 시민으로서 납세 의무를 다해야 한다. 헌금을 구약의 십일조의 연장선에서 생각할 수도 있고, 초대 교회 구제 헌금의 연장선으로 생각할 수도 있지만, 하나님 나라와 관련해서는 시민적 의무로 이해할 수 있다. 일터에 하나님 나라가 임하기를 원하는 그리스도인은 자신이 하나님 나라의 시민이라는 의식을 분명히 하고, 이 세상에서 하나님 나라의 시민권자답게 살고자 결단해야 할 것이다.

하나님 나라의
상속자

하나님 나라의 시민이 된 그리스도인에게 주어진 또 하나의 중요한 특권은 바로 상속권이다. 하나님 나라의 시민권자는 모두 다 상속권을 갖는다. 시민권과 상속권은 조금 다르다. 시민권은 지금 이 땅에서 누리는 특권인 데 반해, 상속권은 예수 그리스도께서 재림하신 뒤, 이 땅에 하나님 나라가 완성될 때 누리는 특권이다.

요즈음 우리 사회에서 상속에 관한 이야기를 하면 마음이 씁쓸해진다. 상속이 특권인 경우는 재벌 집 자녀들처럼 받을 것이 많은 사람들에게나 해당되는 이야기이기 때문이다. 그런데 성경은 예수 믿는 사람을 하나님의 자녀인 동시에 하나님 나라의 상속자라고 말한다(롬 8:17). 예수님을 믿는 순간 우리는 하나님 나라의 상속자로 결정된다. 그러나 실제적으로 상속을 받는 시점은 예수님이 재림하실 때이다.

하나님 나라의 상속권은 그리스도인들이 누리는 특권의 절정이다. 전통적으로 예수를 믿으면 천국의 입장권을 받게 된다고 믿어 왔는데, 성경은 이 땅에서 그 나라의 시민권을 받을 뿐 아니라, 동시에 천국의 상속권을 받게 된다고 약속한다. 만일 우리가 재벌의 상속자가 된다면 얼마나 엄청난 특권이겠는가! 하나님 나라의 상속자가 된다는 것은 그 것과 비교도 할 수 없는 엄청난 특권이다.

상속자가 된다는 것은 한편으로는 특권이지만, 동시에 의무도 발생시킨다. 부모가 가진 것을 그대로 상속받는 것은 자녀가 누리는 고유한 권리이고, 부모가 물려주는 것이 크면 클수록 그 권리는 더욱 커진다. 지위가 높고 재산이 많을수록 상속자의 특권도 비례하여 커지는 것은 당연한 이치이다. 하지만 동시에 상속자에게는 의무가 있고 그것을 지키지 않으면 자칫 상속권을 잃어버릴 수도 있다. 그 의무란 피상속인의 부양과 같은, 상속자로서 마땅히 지켜야 할 의무를 말한다.

• 상속자에게 부여된 의무

하나님 나라의 상속자로서 가장 큰 특권은 그리스도와 함께 영광을 받는 것이다. 하나님 나라가 완성될 때 우리는 예수 그리스도께서 받으실 영광을 같이 받게 된다. 이에 대해서 성경 여러 곳에서 약속한다. "사랑하는 여러분, 이제 우리는 하나님의 자녀입니다. 앞으로 우리가 어떻게 될지는 아직 밝혀지지 않았습니다만, 그리스도께서 나타나시면, 우리도 그와 같이 될 것임을 압니다. 그때에 우리가 그를 참모습대로 뵙게 될 것이기 때문입니다"(요일 3:2).

예수님의 영광은 어떤 영광인가? 왕의 영광이다. 고로 우리도 예수 그리스도와 함께 왕의 영광을 누리게 될 것이다. 하나님 나라가 완성될 때 모든 믿는 자들은 그 영광을 바라볼 뿐 아니라, 주님과 같은 모습으로 변화해서 점점 더 큰 영광에 이르게 될 것이다(고후 3:18). 사도 바울은 성도들이 그것을 알도록 기도했다. "[여러분의] 마음의 눈을 밝혀 주셔서, 하나님의 부르심에 속한 소망이 무엇이며, 성도들에게 베푸시는 하나님의 영광스러운 상속이 얼마나 풍성한지를, 여러분이 알게 되기를 바랍니다. 또한 믿는 사람들인 우리에게 강한 힘으로 활동하시는 하나님의 능력이 얼마나 엄청나게 큰지를, 여러분이 알기 바랍니다"(엡 1:18-19). 자신이 누릴 영광을 아는 것이 현재의 삶에 지대한 영향을 끼치기 때문이다.

그리스도인은 하나님 나라의 상속자로서 그리스도의 영광을 함께 받기로 결정되었기에 그에 걸맞은 삶을 살아야 한다. 바로 세상의 빛으로 사는 것이 하나님 나라 상속자의 첫 번째 의무이다. "이와 같이,

너희 빛을 사람에게 비추어서, 그들이 너희의 착한 행실을 보고, 하늘에 계신 너희 아버지께 영광을 돌리게 하여라"(마 5:16). 세상의 빛으로 사는 삶은 미래에 누릴 영광의 빛을 지금 이곳에서 미리 보여 주는 삶이다.

하나님 나라의 상속자에게 부과된 두 번째 의무는 고난이다. "자녀이면 상속자이기도 합니다. 우리가 그리스도와 함께 영광을 받으려고 그와 함께 고난을 받으면, 우리는 하나님이 정하신 상속자요, 그리스도와 더불어 공동 상속자입니다"(롬 8:17). 우리는 그리스도와 공동으로 왕권을 상속받게 된다. 그러기 위해서는 고난도 함께 받아야 한다. 그래서 예수님이 당했던 고난을 받는 것은 하나님 나라의 상속자인 것을 확인하는 기회가 된다. 사도 바울은 이제 막 예수를 믿은 사람들에게 "우리가 하나님 나라에 들어가려면, 반드시 많은 환난을 겪어야 합니다"(행 14:22b)라고 권면하기도 했다.

상속자가 왜 고난을 받아야 하는가에 대해서는 예수님께서 이미 잘 가르쳐 주셨다. "세상이 너희를 미워하거든, 세상이 너희보다 먼저 나를 미워하였다는 것을 알아라. … 사람들이 나를 박해했으면 너희도 박해할 것이요"(요 15:18, 20). 우리는 예수님과 공동 상속자이므로 이 땅에서 예수님과 공동 운명을 지닐 수밖에 없다. 그래서 고난을 함께 받을 수밖에 없는 것이다. 이 고난은 상속자에게 주어지는 고난이다. 그래서 바울은 빌립보 성도들에게 고난이 특권이라고 말했다. "하나님께서는 여러분에게 그리스도를 위한 특권, 즉 그리스도를 믿는 것뿐만 아니라, 또한 그리스도를 위하여 고난을 받는 특권도 주셨습니다"(빌 1:29).

셋째 의무는 하나님 나라를 상속받기 위해서는 세속의 죄악에 물들지 않아야 하는 것이다. 예수를 믿으면 자동으로 하나님 나라를 상속받게 된다고 생각할 수 있다. 그런데 사도 바울은 에베소 교회 성도들에게 이렇게 권면한다. "음행하는 자나 행실이 더러운 자나 탐욕을 부리는 자는 우상 숭배자여서, 그리스도와 하나님의 나라를 상속받을 몫이 없습니다"(엡 5:5b). 에베소 교회 성도 중에 이 말을 듣고 당황한 사람들이 있었을 것이다. 예수를 믿어도 하나님 나라의 상속이 보장되지 않는다는 말이기 때문이다.

바울 사도의 말은 윤리적으로 흠이 없어야 하나님 나라를 상속할 수 있다는 말이 아니다. 하나님 나라의 상속자라면 적어도 그런 죄에 빠지지는 않아야 한다는 일종의 권면의 말씀이다. 당시 로마 제국의 많은 사람들은 음행이나 탐욕에 빠져 살았다. 바울은 하나님 나라의 상속자들은 그들과 달라야 한다는 점을 강조한 것이다.

"불의한 사람들은 하나님 나라를 상속받지 못하리라는 것을 알지 못합니까? 착각하지 마십시오. 음행을 하는 사람들이나, 우상을 숭배하는 사람들이나, 간음을 하는 사람들이나, 여성 노릇을 하는 사람들이나, 동성애를 하는 사람들이나, 도둑질하는 사람들이나, 탐욕을 부리는 사람들이나, 술 취하는 사람들이나, 남을 중상하는 사람들이나, 남의 것을 약탈하는 사람들은, 하나님 나라를 상속받지 못할 것입니다"(고전 6:9-10). 다른 말로 하면 하나님 나라 상속자는 하나님 나라에 어울리는 삶을 살아야 한다는 것이다. 일터에 하나님 나라가 임하기를 원하는 사람은 자신이 하나님 나라의 상속권을 가진 사람인 것을 알고 지금부터 자신이 상속할 하나님 나라에 어울리는 삶을 살도록 애써야 할 것이다.

하나님 나라의 대사

하나님은 세상을 사랑해서 자기 아들을 보내셨다. 사람들로 하여금 예수를 믿어 영생을 얻게 하기 위해서다(요 3:16). 사도 바울은 하나님께서 우리를 당신과 화해하게 하시려고 아들을 보내셨다고 했다(고후 5:18). 하나님은 자기 아들을 사신으로 보낼 만큼 이 세상을 너무너무 사랑하셨다. 자기 아들로 육신의 몸을 입고 세상에 들어가 살게 하셨다. 죄악 세상을 하나님과 화목하게 하기 위해 예수님이 이 땅에 오셨다(고후 5:18-20). 예수님은 하나님 나라의 대사로 오신 것이다.

십자가에서 죽었다가 부활하신 예수님은 마찬가지로 자신의 제자를 세상에 보내셨다(요 20:21). 이때도 주님은 세상과 싸우라고 보낸 것이 아니라 세상이 하나님과 화목하도록 하기 위해서 보내셨다. 이처럼 주님을 믿는 모든 사람은 하나님 나라의 사신이 되는 것이다(고후 5:20).

하나님 나라는 세상에 이미 임했다. 왕 되신 그리스도께서는 이미 세상 속에서 그 나라를 통치하고 계시며, 예수 믿는 사람들은 그 나라 백성이 되어서 이 세상에서 산다. 그러나 세상 나라는 이 모든 것을 알지 못한다. 하나님 나라의 시민은 이 세상에 하나님 나라를 홍보할 필요가 있다. 그래서 예수님은 하나님 나라에 대해서 묻는 제자들에게 "그러나 성령이 너희에게 내리시면, 너희는 능력을 받고, 예루살렘과 온 유대와 사마리아에서, 그리고 마침내 땅 끝에까지 이르러 내 증인이 될 것이다" 라고 하셨다(행 1:8). 그것은 마치 다른 나라에 자기 나라를 소개하기 위해서 나라를 대표하는 외교관을 보내는 것과 비슷하다.

세속 국가에서 외교관의 역할은 크게 세 가지로 말할 수 있다. 첫째는 본국을 대표하는 것이다. 외교관은 주재국에서 본국에 대한 자부심을 가지고 행동하며, 본국의 명예를 지켜야 한다. 둘째, 주재국의 정보를 수집하는 것이다. 이미 공개된 정보 외에도 주재국의 지도층 인사들이 어떤 생각을 하는지 등을 알아내고, 주재국의 상황이나 지역 정세를 확인하는 일을 한다. 셋째, 본국에 대해 홍보하고 주재국과 관련된 본국의 입장을 설명한다.

하나님 나라 대사도 이와 유사한 역할을 해야 한다. 하나님 나라를 대표하는 대사는 사실상 그 나라의 왕 되신 예수 그리스도를 대리하게 된다. 예수님이 부활하신 후에 제자들에게 지상명령을 내리신 것은(마 28:18-20) 하나님 나라의 왕으로 등극한 후 사신들을 보내어 자신이 다스리는 세상에 그 소식을 전하라고 하신 것이다. 그리고 이 사신으로서의 역할이 바로 지상명령이라고 말하는 전도의 사명이다.

또한 대사의 가장 중요한 역할 중 하나는 두 나라 사이의 관계를 조정하는 것이다. 하나님 나라의 대사가 하는 일도 세상을 그리스도 안에서 하나님과 화해하게 하는 것이다(고후 5:19). 그는 세상 나라의 상황과 정세에 대해서 알아야 한다. 세상 나라는 기본적으로 하나님을 대적한다. 하지만 그 대적하는 양상이 시대마다 달라지기에 시대에 대한 분별이 필요하다.

하나님 나라의 대사는 하나님 나라를 대표한다. 세상 사람들은 그를 통해서 하나님 나라를 알 수 있다. 항상 본인이 대표라는 사실을 잊어서는 안 된다. 사도 바울이 성도들에게 그리스도의 향기가 되고 그리스도의 편지가 되어야 한다고 한 말은 하나님 나라의 대사로서의 역할을 잘하라는 것이다(고후 2:15; 3:3). 동시에 하나님 나라의 대사는 기회가 주어질 때마다 그 나라의 왕 되신 주님이 세상을 위해서 하신 일을 전해야 한다. 그렇게 해서 궁극적으로 세상에 있는 사람들이 하나님 나라로 귀화하도록 권유해야 한다.

일단 원칙적으로 예수님을 믿는 모두가 하나님 나라의 대사이다. 요즘 우리나라 사람들이 외국에 갈 기회가 적지 않다. 그들이 외국에서 처신을 잘못하면 나라가 망신을 당하게 된다. 보통 여행객 개인을 비난하기보다는 그 나라를 도매금으로 비난한다. 그래서 관광객들은 민간 외교관이 되어야 한다. 마찬가지로 하나님 나라의 시민들은 이 세상에서 하나님 나라를 대표하는 민간 외교관이 되어야 한다.

일터에 하나님 나라가 임하기를 원하는 하나님 나라 시민은 그곳에서 외교관처럼 행동해야 한다. 주변 동료들에게 하나님 나라를 홍보하고 세상에 속한 이들이 하나님 나라로 넘어오도록 권해야 한다. 물론 정말 조심해야 한다. 베드로가 아주 잘 가르쳐 주었다. "소망에 관한 이유를 묻는 자에게는 대답할 것을 항상 준비하되 온유와 두려움으로 하고"(벧전 3:15, 개역개정).

하나님 나라의 군사

하나님은 세상을 사랑해서 자기 아들을 보내기까지 하셨지만 다른 한편으로 마귀의 영향 아래 있는 세상과는 싸우신다. 그리고 자기 백성들도 세상과 맞서 싸우라고 하신다. 그러니까 하나님 나라의 시민은 세상에서 대사의 역할을 감당함과 동시에 하나님 나라의 군사로 세상과 맞서 싸워야 한다. 두 나라는 영적으로 적대적인 관계에 있기 때문이다.

하나님이 통치하는 하나님 나라와 악마의 세력 아래 놓여 있는 세상 나라(요일 5:19)는 현재 전쟁 중이다. 예수님이 십자가에서 세상의 통치 권자의 배후에 있는 마귀의 세력을 정복하셨지만(골 2:15) 아직도 펄펄 살아서 하나님 나라를 대적한다. 그래서 하나님 나라의 백성은 영적인 전투에 참여할 수밖에 없다. "우리의 싸움은 인간을 적대자로 상대하는 것이 아니라, 통치자들과 권세자들과 이 어두운 세계의 지배자들과 하늘에 있는 악한 영들을 상대로 하는 것입니다"(엡 6:12).

지구상에 있는 모든 나라마다 군인이 있다. 군인이 필요 없을 것 같은 나라에도 적게나마 군인들이 있다. 예를 들어 지구상에서 가장 작은 나라인 산마리노 공화국에도 70명으로 구성된 군대가 있다고 한다. 이는 한 나라가 존재하는 데 군인이 필수적인 요소라는 사실을 보여 준다. 세상 나라와 적대 관계에 있는 하나님 나라에도 당연히 군인이 필요하다. 바울이 디모데에게 헌신을 권면하면서 그리스도의 군사가 되어서 고난을 달게 받으라고 한 것은(딤후 2:3-4) 하나님 나라에 군인이 필요함을 시사한다.

어느 나라에서나 군인을 세우는 데에는 두 가지 방법이 있다. 하나는 징병제이고 다른 하나는 모병제다. 우리나라는 대표적인 징병제 국가이다. 북한과 적대하고 있기에 모든 남자들은 군복무를 하는 것이 국민으로서의 의무이다. 하나님 나라의 군대도 징병제다. 물론 이 땅의 국가들이 하는 방식으로 백성들을 징집하지는 않는다. 하지만 하나님 나라의 백성은 마땅히 군사가 되어야 한다. 현재 세상 나라와 전쟁 중에 있기 때문이다. 우리에게 익숙한 찬송가를 보면 하나님 나라의 군사를 징집하는 것 같은 찬송이 많다. "믿는 사람들은 주의 군사니 앞서가신 주를 따라갑시다"(351장), "십자가 군병들아 주 위해 일어나 기 들고 앞서 나가 담대히 싸우라"(352장), "십자가 군병 되어서 예수를 따를 때 무서워하는 맘으로 주 모른 체할까"(353장), "주 믿는 사람 일어나 다 힘을 합하여 이 세상 모든 마귀를 다 쳐서 멸하세 저 앞에 오는 적군을 다 싸워 이겨라"(357장), "주의 진리 위해 십자가 군기 하늘 높이 들고서 주의 군사 되어 용맹스럽게 찬송하며 나가세"(358장) 등의 가사를 보면 기본적으로 모든 그리스도인은 하나님 나라를 지키기 위해서 사탄의 세력과 싸워야 할 군인으로 묘사된다.

• 　어느 곳에서든 벌어지는 영적 전투

세상 사는 동안 하나님 나라 백성은 지속적으로 영적 전투에 임하게 된다. 그리스도인의 전쟁은 타 종교인이나 믿지 않는 사람들과 싸우는 것이 아니라, 마귀와 싸우는 영적 전쟁이다. 마귀와의 전투는 정규전이 아니라 일종의 게릴라전이다. 언제 어디서 전투가 벌어질지 모른다. 그렇기에 항상 전투태세를 갖추고 살아야 한다.

전투 현장이 가정일 수 있고, 일터일 수도 있다. 심지어는 교회 내부일 수도 있다. 사탄 마귀가 우는 사자처럼 삼킬 자를 찾고 있기에 어느 곳에서도 안심할 수 없다(벧전 5:8). 그렇게 보면 하나님 나라의 군사는 정규 군인보다는 일제 강점기에 일본군과 싸웠던 항일 무장 독립군이나 나치와 싸웠던 프랑스의 레지스탕스와 비슷하다. 전투의 시간과 장소가 정해져 있지 않다는 말이다. 레슬리 뉴비긴은 《변화하는 세상 변함없는 복음》에서 영적 전쟁을 이렇게 표현했다. "우리는 언제나 하나님의 통치를 사탄의 통치와 구분시키는 경계선에 예수와 함께 있다. 그곳은 두 나라, 두 정권 사이에 날마다 매시간 전쟁이 벌어지는 장소이다."

하나님 나라의 군사와 세상 나라 간의 싸움은 기본적으로 영적인 싸움이다. 이에 대해서 사도 바울은 아주 섬세하게 묘사한다. "우리의 싸움은 인간을 적대자로 상대하는 것이 아니라, 통치자들과 권세자들과 이 어두운 세계의 지배자들과 하늘에 있는 악한 영들을 상대로 하는 것입니다. 그러므로 하나님이 주시는 무기로 완전히 무장하십시오. 그래야만 여러분이 악한 날에 이 적대자들을 대항할 수 있으며 모든 일을 끝낸 뒤에 설 수 있을 것입니다"(엡 6:12-13).

• **내면에서 일어나는 영적인 싸움**

영적인 싸움은 사탄이 직접 역사하기에 눈에 보이지 않는데, 주로 인간의 내면에서 일어난다. 성경의 여러 부분에서 이것을 다룬다. 바울은 로마서 7장에서 그 싸움을 이렇게 말했다. "나는 속사람으로는 하나님의 법을 즐거워하나, 내 지체에는 다른 법이 있어서 내 마음의 법과 맞서서 싸우며, 내 지체에 있는 죄의 법에 나를 포로로 만드는 것을 봅니다"(롬 7:22-23). 갈라디아서 5장에서는 조금 다르게 표현한다. "육체의 욕망은 성령을 거스르고, 성령이 바라시는 것은 육체를 거스릅니다. 이 둘이 서로 적대 관계에 있으므로, 여러분은 자기가 원하는 일을 할 수 없게 됩니다"(갈 5:17).

이 싸움은 우리 안에 있는 육체의 욕망과 눈의 욕망이나 세상 살림에 대한 자랑 같은 세속적인 욕망과의 싸움을 말한다(벧전 2:11-12; 요일 2:15-16). 성령을 거스르는 육체의 행실과의 싸움이기도 하다. 곧 음행과 더러움과 방탕과 우상 숭배와 마술과 원수 맺음과 다툼과 시기와 분 냄과 분쟁과 분열과 파당과 질투와 술 취함과 흥청망청 먹고 마시는 놀음과 그와 같은 것들과의 싸움인 것이다. 왜냐하면 이런 일을 하는 사람들은 하나님 나라를 상속받지 못할 것이기 때문이다(갈 5:19-21). "그러므로 땅에 속한 지체의 일들, 곧 음행과 더러움과 정욕과 악한 욕망과 탐욕을 죽이십시오. 탐욕은 우상숭배입니다"(골 3:5).

• **다양한 영역에서 일어나는 영적인 싸움**

이 싸움은 세상의 다양한 영역에서 여러 형태로 나타나기도 한다. 가장 쉽게 눈에 띄는 것은 종교적 형태의 싸움이다. 사회 환경에 따라 다르지만 기본적으로 세상은 예수 믿는 사람을 미워한다. 이슬람 사회나 공산주의 사회에서는 그 핍박의 정도가 훨씬 심하지만, 그렇지 않은 사회에서도 예수 믿는 사람들은 직간접적으로 적지 않은 핍박을 받는다. 그렇기에 세속 사회에 사는 그리스도인은 기본적으로 믿지 않는 사람들과 종교적인 면에서 갈등이 있다. 우리나라는 종교의 자유가 있는 나라이기에 국가에 의한 공식적인 박해는 없다. 그러나 일터에서 신앙을 핍박하거나 기독교를 비난하는 일은 적지 않게 겪는다. 이것도 우리가 겪는 영적인 싸움 중 하나다.

다음으로는 사상적인 형태로 나타난다. 사도 바울은 그 당시에 헬라 문화가 판치는 세상에서 성도들이 경험하는 영적인 싸움을 이렇게 표현했다. "누가 철학이나 헛된 속임수로, 여러분을 노획물로 삼을까 조심하십시오. 그런 것은 사람들의 전통과 세상의 유치한 원리를 따라 하는 것이요, 그리스도를 따라 하는 것이 아닙니다"(골 2:8). "싸움에 쓰는 우리의 무기는, 육체의 무기가 아니라, 하나님 앞에서 견고한 요새라도 무너뜨리는 강력한 무기입니다. 우리는 궤변을 무찌르고, 하나님을 아는 지식을 가로막는 모든 교만을 쳐부수고, 모든 생각을 사로잡아서, 그리스도께 복종시킵니다"(고후 10:4-5). 그런 사상은 시대마다 변하기는 하지만 기본적으로 하나님의 뜻에 적대적이다. 돈이 모든 것의 가치를 결정하게 하는 것이라든가, 매사를 효율성과 성과만으로 평가하는 것이 현대인들의 사고방식을 점령하고 있다면 그것 역시 영적 싸움의 대상이 될 수도 있다.

영적 싸움은 윤리적인 영역에서도 나타난다. 특히 세속 일터에서는 이런 갈등이 비일비재하다. 그리스도인의 양심에 비추어 보면 어떤 형태의 비리도 행할 수 없다. 비리가 관행처럼 굳어진 경우, 극심한 갈등이 생긴다. 관행대로 하면 사람들과의 갈등은 없겠지만 양심에 찔린다. 신앙 양심에 따라 행동하면 다른 사람들과 갈등이 생길 수밖에 없다. 이런 것이 바로 현실에서 경험하는 영적 싸움이다. 많은 경우 흑백 논리로 풀 수 없는 회색 지대가 많고, 속한 사회에 따라 애매한 기준이 광범위하다. 이런 싸움을 효과적으로 수행하기 위해서는 예수님이 가르쳐 주신 전략을 잘 적용해야 한다. "뱀과 같이 슬기롭고, 비둘기와 같이 순진해져라"(마 10:16b).

영적 싸움은 문화적 갈등으로 나타나기도 한다. 경건하게 살려고 하는데 세속의 문화는 그러지 못하도록 방해한다. 술 취함과 방탕의 문화, 패거리 문화 등이 그것이다. 특히 우리 사회에서는 정도의 차이는 있지만 문화로 인한 영적인 싸움을 피할 수 없다. 야고보는 말하기를, 세상과 친구가 되려는 사람은 하나님과 원수가 된다고 했다(약 4:4). 우리는 세상과 하나님 사이에서 양자택일을 강요받을 때가 많다.

사도 베드로는 하나님 나라의 백성이 된 사람들은 이제 더 이상 방탕과 정욕과 술 취함과 환락과 연회와 가증스러운 우상 숭배에 빠져서는 안 된다고 했다. 그 당시 이방인들은 숨겨진 하나님 나라를 알 수 없었다. 그들은 일반적인 관행과 문화를 따르지 않는 하나님 나라 백성들을 향해서 '왜 다르게 행동하느냐'며 비방했다(벧전 4:3-6). 아브라함의 조카 롯은 소돔 땅에서 무법한 사람들의 방탕한 행동 때문에 마음에 큰 갈등을 겪었으며, 그들의 불의한 행실 때문에 고통을 느꼈다고 했다(벧후 2:7-8). 바로 이런 것들이 하나님 나라의 군사들이 피할 수 없는 영적 싸움이다.

일터에 하나님 나라가 임하기를 원하는 그리스도인은 그곳이 영적 싸움의 현장인 것을 인식하고 다양한 형태의 싸움을 감당해야 한다. 이 싸움은 우리의 힘만으로는 도저히 이길 수 없다. 그러나 이미 십자가에서 승리하신 주님을 의지할 때 승리할 수 있다(요 16:33). "하나님에게서 태어난 사람은 다 세상을 이기기 때문입니다. 세상을 이긴 승리는 이것이니, 곧 우리의 믿음입니다"(요일 5:4).

하나님 나라의
일꾼

하나님 나라의 일꾼은 하나님 나라의 일을 하는 사람을 말한다. 예수님이 제자들을 보내시면서 부탁하신 하나님 나라의 일은 예수님 자신이 지상에서 하시던 일이다. "예수께서 온 갈릴리를 두루 다니시면서, 그들의 회당에서 가르치며, 하늘나라의 복음을 선포하며, 백성 가운데서 모든 질병과 아픔을 고쳐 주셨다"(마 4:23). "예수께서 그 열둘을 한자리에 불러 놓으시고, 모든 귀신을 제어하고 병을 고치는 능력과 권능을 주시고, 하나님 나라를 선포하며 병든 사람을 고쳐 주게 하시려고 그들을 내보내시며"(눅 9:1-2).

그런데 주님은 제자들과 함께 하나님 나라의 일을 하시면서 일꾼이 부족한 것을 느끼고 탄식하셨다. "추수할 것은 많으나, 일꾼이 적다. 그러므로 추수하는 주인에게 추수할 일꾼을 보내 달라고 청하여라"(눅 10:2). 그러면서 하나님 나라의 일꾼이 어떤 자세로 일해야 하는지를 가르쳐 주셨다(눅 10:3-12).

예수님이 지상 사역을 하실 때는 제자들이 하나님 나라의 일꾼이었다. 이와 관련해서 우스갯소리가 있다. 예수님이 하늘로 돌아가셨을 때, 천사들이 "벌써 돌아오시면 어떻게 하십니까?"라고 물었다고 한다. 이 질문을 듣고 예수님은 열두 사도들에게 잘 부탁하고 왔노라고 답하셨다. 그 말을 들은 천사가 이렇게 반문했다. "그 사람들이 잘 해낼 수 있을까요? 그 사람들을 믿어도 될까요?" 이 물음에 대해서 예수님이 대답하셨다. "잘 해낼 거예요. 염려가 되어서 보혜사 성령님을 보냈잖아요. 그러나 만일 그들이 제대로 못한다면, 그럴 리가 없다고 생각하지만, 나에게 다른 대안은 없어요."

사도들이 성령을 받은 후에 하나님 나라의 일꾼으로서 제일 먼저 시작한 하나님 나라의 일은 이전에 예수님을 따라다니며 했던 일, 곧 그리스도의 복음을 전하고, 그 말을 들은 사람들과 함께 친교하는 것이었다. 그 결과로 교회 공동체가 세워졌다. "그들은 사도들의 가르침에 몰두하며, 서로 사귀는 일과 빵을 떼는 일과 기도에 힘썼다. ⋯ 믿는 사람은 모두 함께 지내며, 모든 것을 공동으로 소유하였다"(행 2:42, 44). 이 땅에서 하나님 나라 백성들이 해야 할 가장 중요한 일은 하나님 나라를 보여 줄 수 있는 공동체, 즉 교회를 세우는 것이다.

· **어떤 일꾼이든 하나님 나라의 일꾼이다**

사도들은 이 공동체를 통해서 하나님 나라의 일을 했다. 가장 중요한 일은 역시 말씀을 전하고 기도하는 일이었다. 그런데 교회 공동체의 숫자가 늘어나고 다양한 사람들이 함께하면서 새롭게 할 일들이 생겨났다. 그래서 사도들은 그 일을 감당하도록 새로운 일꾼들을 뽑았는데, 바로 일곱 집사들이다. 그들은 말씀을 전하고, 기도하는 일 외에 가난한 사람들에게 음식을 나누어 주는 일을 했다(행 6:1-3). 반면 사도들은 기도와 말씀 사역에 전념하게 되었다. 집사들은 사도들과 약간 다른 일을 했지만 그들도 동일한 하나님 나라의 일꾼이었다.

집사 중의 일부는 실제로 사도들과 같은 사역을 감당하기도 했다. 스데반은 복음을 증거하다가 순교당했고, 빌립은 사마리아에 가서 복음을 전하는 한편, 구스 내시에게 복음을 전했으므로 실제로는 사도들보다 먼저 선교 사역을 감당했다. 이들처럼 교회 내에서 '평신도'라고 불리는 이들은 그들에게 맡겨진 일이 무엇이든 간에 목회자들과 똑같은 하나님 나라의 일꾼이다.

바울은 하나님 나라의 일꾼으로 선택되어서 먼저 부름 받은 사도들과 함께 하나님 나라의 일을 했다. 특히 그는 이방인들이 사는 지역에서 하나님 나라를 전했다. 그 과정에서 천막을 만드는 일을 브리스길라와 아굴라 부부와 함께하며 사역했다(행 18:1-3). 바울의 경우에서 볼 수 있듯이, 하나님 나라의 일은 복음 전도뿐만 아니라 흔히 세속의 일이라고 생각하는 천막 만드는 일에까지 확대되었다.

데살로니가 교회에 보낸 편지 중에서 바울은 자기가 하나님 나라의 일꾼으로 밤낮 일을 하면서 하나님의 복음을 전파했다고 말한다(살전 2:9). 그가 했던 천막 만드는 일은 경제적인 필요 때문에 한 일이기는 하지만, 그 일이 하나님 나라와 무관한 것은 아니었다. 바울은 자기가 하는 텐트 만드는 일은 물론, 그 당시 가장 낮은 계층인 노예들이 하는 매우 평범한 일, 일반인들이 보기에 초라하게 보이는 일도 하나님 나라의 일이 될 수 있음을 암시했다.

특히 임박한 종말 신앙을 가지고 하나님 나라를 기다리던 데살로니가 성도들이 일하지 않고 경제적인 면에서 다른 성도에게 의지하는 것을 보고 강하게 권면했다. "그리고 우리가 여러분에게 명령한 대로, 조용하게 살기를 힘쓰고, 자기 일에 전념하고, 자기 손으로 일을 하십시오. 그리하여 여러분은 바깥 사람을 대하여 품위 있게 살아가야 하고, 또 아무에게도 신세를 지는 일이 없도록 해야 할 것입니다"(살전 4:11-12). 하나님 나라의 백성이 일할 수 있는데도 일하지 않아서 이 세상에서 다른 사람의 짐이 된다는 것은 바울에게 결코 용납할 수 없는 일이었다. 경제적인 책임을 위해 일하는 것도 결국 하나님 나라를 위한 일이 된다.

- **주의 일에 매진하는 하나님 나라의 백성**

완성된 하나님 나라에서도 일하게 될 것을 알았던 바울 사도는 그 나라를 기대하면서 주의 일에 매진할 것을 성도들에게 부탁했다. "그러므로 나의 사랑하는 형제자매 여러분, 굳게 서서 흔들리지 말고, 주님의 일을 더욱 많이 하십시오. 여러분이 아는 대로, 여러분의 수고가 주님 안에서 헛되지 않습니다"(고전 15:58). 이 권면 중 바울이 말하는 '주님의 일'이 무엇인가에 대해서는 주석가들의 의견이 똑같지는 않다. 그러나 대부분의 주석가들은 우리가 흔히 생각하듯이 교회와 관련된 일로만 해석하지 않고, 일상생활의 모든 영역에서 우리에게 부탁하신 일로 해석한다.

이들의 주석을 참고해서 '주의 일'이 어떤 의미를 가지는지 정리해 보자. 첫째, 바울은 '주의 일'에 힘쓰라고 하면서 대조되는 것처럼 느껴지는 '세상일'에 대한 언급을 하지 않았다. 일의 종류를 '주의 일'과 '세상일'로 구분하지 않았다는 사실에 주목해야 한다.

둘째, '주의 일'은 좁은 의미로는 복음을 전하는 일로 해석되지만 그 일로만 제한되지는 않는다. 그리스도인이 일상의 영역에서 해야 할 모든 일이 여기에 포함될 수 있다. 세속 직장에서 하는 일도 당연히 '주의 일'에 포함된다.

셋째, '주의 일'은 '교회적인 활동'과 반드시 일치하는 것은 아니다. 교회적인 활동도 그리스도와 관련되지 않는 일이라면 주의 일이 될 수 없다. 즉 주의 일은 교회 밖에서 하는 일체의 일들도 포함된다고 보아야 마땅하다.

그리스도인은 본인이 원하든 원치 않든, 하나님 나라의 시민권자가 되는 동시에 상속자가 된다. 그리고 하나님 나라의 대사(외교관)가 되는 동시에 군사 그리고 일꾼이 된다. 베드로 사도는 모든 성도를 다 왕 같은 제사장이라고 선언했다(벧전 2:5, 9-10). 이 말씀에 의하면, 모든 사람은 다양한 배경이나 경험에도 불구하고 다 하나님 나라의 일꾼임을 알아야 한다.

다시
보기

✓ 하나님 나라 시민권자로서의 정체성은 인간이 가질 수 있는 최고의 특권이다.

✓ 하나님 나라의 시민은 세상 속에서 하나님 나라 시민으로서 의무를 다해야 한다.

✓ 시민권은 지금 이 땅에서 누리는 특권인 데 반해, 상속권은 예수 그리스도께서 재림하신 뒤, 이 땅에 하나님 나라가 완성될 때 누리는 특권이다.

✓ 일터에 하나님 나라가 임하기를 원하는 성도는 그곳에서 외교관처럼 행동해야 한다. 주변 동료들에게 하나님 나라를 홍보하고 세상에 속한 이들이 하나님 나라로 넘어오도록 권해야 한다.

✓ 하나님 나라의 군사로서 해내야 할 영적 전쟁은 사상, 윤리, 문화 등 다양한 영역에서 벌어진다.

1 하나님 나라의 백성/ 국민/ 시민, 세 단어를 비교해 보고 어떤 단어가 가장 적합한지 나누어 보자.

2 "세상을 그리스도 안에서 하나님과 화해하게 하는" 하나님 나라의 대사로서의 역할을 위해 각자 직장에서 구체적으로 어떤 일을 할 수 있을지 나누어 보자.

3 하나님 나라를 위한 영적 전투는 언제 어디서나 벌어진다. 자신이 현재 놓인 영적 전투의 상황을 나누어 보자.

4 어떤 일꾼이든 하나님 나라의 일꾼이다. 지금 내가 하는 일에 대해 하나님 나라 백성으로서의 자부심이 있는가?

5 하나님 나라를 위해 공동체, 가정, 직장에서 각각 어떠한 일을 감당하는지 나누어 보자.

계속되는 바람과 기대

그동안 몇 권의 책을 집필했지만 대부분 기존에 있던 원고들을 묶어서 책으로 만든 것이다. 그랬기에 그다지 힘들지 않게 책을 낼 수 있었다. 그런데 이번에 집필한 책은 처음부터 특정한 주제를 다루려는 목적을 가지고 시작했기에 글이 완성될 때까지 시간이 참 많이 걸렸다. 그리고 글을 쓰는 과정에서 계속 새로운 생각들이 솟아 나와서 그것들을 새롭게 정리하는 것이 쉽지 않았다. 내가 쓴 글을 처음부터 다시 읽어 보면서 하나님께서 인도해 주시고 지도해 주신 것을 실감했다.

거창한 주제를 다룬 것에 비해 참고한 도서들은 많지 않다. 평소에 생각하던 것을 써 내려가다 보니 다른 사람들의 말을 참고하거나 인용할 생각을 하지 못했다. 그러나 이 책에 소개된 내 생각이라는 것이 내게서 나왔다고 생각하지 않는다. 무엇보다도 오랫동안 읽고 묵상해 온 성경 말씀이 기본이 되었고, 그동안 하나님 나라와 일터에 관해서 읽은 책들의 내용이 자연스럽게 스며들어 있을 것이다. 본의 아니게 표절한 내용이 있을지도 모르겠다.

이 책이 하나님 나라와 일터 사역을 연결하는 의미 있는 시도가 되길 소망한다. 오랫동안 관련 사역을 해 왔고, 강의도 하고, 글도 썼기에 일터 사역에 관한 글을 쓰는 것은 어렵지 않았다. 하나님 나라에 관한 내용도 일터 사역만큼 익숙하진 않았지만 관련 자료들이 워낙 많아 괜찮았다. 그러나 그 둘을 연결하는 일은 정말 쉽지 않았다. 책을 다 써 놓고도 과연 제대로 했는지 잘 모르겠다. 이 책을 시발점으로 해서 하나님 나라와 일터 사역을 연계하는 책들이 더 많이 나오면 좋겠다.

이 책을 읽는 사람들이 책을 읽기 전보다 일터에서 하나님 나라를 이루어 가는 일에 관심을 가지거나, 더 알게 되었다면 그것으로 보람을 느낄 수 있을 것이다. 그리고 이 책이 일터 사역을 실천하거나 소개하는 데 사용된다면 더욱 보람되리라 기대한다.